Susanne Fröhlich & Constanze Kleis

Weltretten für Anfänger

Von guten Vorsätzen, miesen CO_2-Bilanzen und
dem Versuch, ein besserer Mensch zu werden

Susanne Fröhlich & Constanze Kleis

Weltretten für Anfänger

Von guten Vorsätzen, miesen CO_2-Bilanzen und dem Versuch, ein besserer Mensch zu werden

* Ja, wir haben auch dieses Buch zu zweit geschrieben. Es gab so viel auszuprobie-ren, so viel zu diskutieren und dabei manche Fehlschläge einzustecken – da ist man froh, wenn man die beste Freundin an seiner Seite hat. Trotzdem taucht im Text nur ein „Ich" auf. Das hat ganz praktische Gründe. Wir finden beide, dass es den Lesefluss doch erheblich stört, sobald wir jedes Mal erklären müssen, wer von uns jetzt eigent-lich die Konservendosensammlung von Onkel Willy reorganisiert hat und wem sich das Blutbad in der Dusche verdankt.

INHALT

ALLER ANFANG IST SCHWER

So viel vorneweg: Ich bin wirklich ein Profi im Verdrängen. Ich kann Abgabetermine ebenso gut aus meinem Gedächtnis streichen wie den Hausputz. Ganze Jahrzehnte habe ich komplett übersehen, dass meine Waage längst am Limit ist, Rauchen total ungesund – und Sport vielleicht eine gute Idee sein könnte. Selbst einen rosa Elefanten in der Fußgängerzone würde ich erst dann bemerken, wenn er mir schon auf den Füßen steht. Aber eines ließ sich irgendwann beim besten Willen nicht mehr ignorieren: die Horrormeldungen über den Zustand unseres Planeten. Sie verfolgten mich bis ins Bett, wenn ich abends noch mal aufs Smartphone schaute, und waren morgens schon da, sobald ich ins Bad ging und Radio hörte. Alle Welt berichtete darüber, dass die Pole schmelzen, in den Ozeanen gerade neue Plastik-Kontinente entstehen, neun Prozent aller Nutztierrassen ausgestorben sind, knapp ein Viertel der Landfläche als ökologisch heruntergewirtschaftet gilt und durch die Zerstörung von Küstengebieten wie Mangrovenwälder die Lebensgrundlage von bis zu 300 Millionen Menschen gefährdet ist. Irgendwann fühlte ich mich, wie sich die meisten von uns vermutlich fühlen: als Trauzeuge bei der Vermählung von Depression und Panik. Und wie die meisten wusste ich: Bevor die sich jetzt auch noch vermehren, sollte ich dringend über Verhütung nachdenken, darüber, wie man dem so düsteren Horizont wenigstens wieder einen kleinen Silberstreif verpassen kann. Kurz: Es war an der Zeit, dass endlich nicht mehr „sich", sondern „ich" etwas ändern muss. Aber was? Und wie viel? Und für wie lange?

Zum Glück haben sich in den letzten Jahren sehr viele sehr viel bessere Menschen als ich darüber viele Gedanken gemacht. Und zwar nicht in aller Stille, sondern dank *Fridays for Future*, Facebook, Instagram und Co. in aller Öffentlichkeit. Menschen, die in einer Woche bloß ein winziges Einweckglas Müll produzieren, während ich im selben Zeitraum ganze Tonnen fülle. Die bei den Tests, die man im Internet machen kann, um seinen ökologischen Fußabdruck zu ermitteln, höchstens Kinderschuhe angepasst bekommen, während mir das Portal eine Schuhgröße attestiert, die man vermutlich noch vom Weltall aus sieht. Von ihnen wollte ich nun lernen, etwas zur Rettung der Welt beizutragen. So schwer kann das doch gar nicht sein, dachte ich mir, und ehrlich gesagt auch ein wenig daran, wie gut mir ein Superheldinnenkostüm stehen würde. Ich hatte ja keine Ahnung. Nicht davon, dass so ein 100-prozentiges Lycra-Superheldinnen-Leibchen leider auch aus Plastik ist – und damit auf die Liste der Dinge gehört, die ich in Zukunft tunlichst meiden müsste. Und auch nicht davon, wie unfassbar viel noch zu tun sein würde. Ich fühlte mich, als sollte ich in nur einer Woche sämtliche chinesische Dialekte lernen und mich außerdem noch auf einen Marathon vorbereiten. Es war uferlos und ziemlich verwirrend.

Eine Erfahrung, die ich nun in diesem Buch mit Ihnen teilen möchte, auch, um all den anderen blutigen Anfängern draußen zu sagen: Ihr seid nicht allein. Ich möchte eine – hoffentlich ziemlich schadstofffreie – Orientierungshilfe für jene geben, die wie ich etwas ändern möchten, aber bislang nicht gerade zum inneren Kreis der Umweltenthusiasten gezählt haben. Auch und vor allem aus Altersgründen. Wer über 40 ist, wer Familie hat, wird beim Weltretten bald feststellen: Natürlich macht es einen Unterschied, ob man mit Unverpackt-Läden, veganen Restaurants und Greta aufwächst. Ob man sich seine WG-Mitbewohner von Anfang an danach aussuchen kann, ob sie ihre Klamotten bei Primark oder auf dem Flohmarkt kaufen. Oder ob man etwa seinem Gatten, der sonst zuverlässig auf eine tägliche Fleischration in Form von Aufschnitt, Grillgut, Braten und Würstchen bauen konnte, nun bloß noch das Elend mit der Massentierhaltung auftischt. Ich gehöre zur Babyboomer-Generation – bin also eine von sehr, sehr vielen, die mit der Idee aufgewachsen sind, dass grundsätzlich alles begrüßenswert ist, was einem das Leben erleichtert. Egal, ob es aus Plastik oder Aluminium ist. Ich habe zu meinem und zum großen Glück des Vaters bereits die Kinder, auf die man heute – so ein ernsthafter Vorschlag – besser verzichten sollte, wollte man den

Klimawandel ernsthaft bremsen. Schließlich bedeutet jedes nicht geborene Kind eine CO_2-Einsparung von 58,6 Tonnen im Jahr. Genauso viel können 684 Heranwachsende einsparen, wenn sie den Rest ihres Lebens ihre Abfälle systematisch recyceln. Wie die meisten meiner Generation habe ich meine mehr als 50 Jahre weidlich dazu genutzt, ein Hochgebirge aus Alltagsroutine und Zeug anzuhäufen, ohne auch nur einen einzigen Gedanken an die Folgen zu verschwenden. Das war die Ausgangslage. Also eine ganz andere als bei jenen, die statt mit Barbies zu spielen, schon im Kinderzimmer Bienenwachstücher selbst herstellen und auf der Fensterbank Tomaten züchten.

Deshalb wird es in diesem Buch auch weniger darum gehen, wie man mit Kaffeesatz, Zucker und Kokosöl ein Peeling anrührt oder aus Wasser, Weizenmehl, Salz, Sonnenblumenöl und Rote-Bete-Saft Knete fürs Kind selbst herstellt (um nachher neue Bezüge für das Sofa zu nähen). Es wird sich vielmehr um die Zwickmühlen und Fettnäpfchen, die Hürden und Fallstricke drehen, die überall herumliegen, wenn man sich erst einmal vorgenommen hat, ein besserer – also ein achtsamer, umweltbewusster, tierschützender, verantwortungsvoller, ressourcenschonender, sorgsamer – Mensch zu werden. Ist es etwa zumutbar, sich die Haare mit Roggenmehl-Pampe zu waschen, weil das die Umwelt freut – obwohl man nachher so aussieht, als hätte man nicht nur einen „Bad Hair Day", sondern gleich ein ganzes „Bad Hair Day"-Leben? Wie hält man durch, falls man erlebt, dass wahrlich nicht alle es gut finden, wenn man doch nur Gutes will? Dass im Gegenteil irgendeiner immer beleidigt ist? Die einen, weil man ihnen nicht weit genug geht; die anderen, weil sie einen sofort als Spaßbremse bezeichnen, merkt man nebenbei an, dass die Klamotten, die sie gerade so wunderbar günstig geshoppt haben, das Karmapunktekonto so dermaßen in die Miesen bringen, dass sie höchstens als Flechte wiedergeboren werden? Sie werden dabei sein, wenn ich als Neue auf dem zweiten Bildungsweg im Weltretter-Klassenzimmer durchaus mal aus den Kurven fliege, die einem diese große Aufgabe serviert. Nicht nur bei der Reorganisation des Alltags, der Hausarbeit, der

Schönheitspflege, dem Reisen, überhaupt der ganzen Mobilität. Sondern auch bei all den sozialen, emotionalen und moralischen Aspekten, die dem Thema innewohnen. Wer die Welt retten will, muss ja nicht nur ungefähr 539 gute Vorsätze fassen, sondern wird sich beinahe ebenso oft bei konsequenter Inkonsequenz ertappen (und von anderen dabei ertappt werden). Machen Sie sich also auf einiges gefasst.

Auch darauf, dass Ihre ganze schöne Alltagsroutine, an der Sie jahrzehntelang hart gearbeitet haben, auf der Sondermülldeponie landet und Sie wieder ganz von vorne anfangen müssen. Und auf den Moment, in dem Sie in der Zeitung lesen, dass im Golf von Mexiko aus einem seit 15 Jahren bestehenden Leck an einer Ölplattform vor der Küste des US-Bundesstaats Louisiana täglich zwischen 1.440 und 17.000 Liter des Stoffes ins Wasser gelangen. Sie selbst aber gerade sieben Stunden bei brütender Hitze im absoluten Bahnchaos verbracht haben, vorwiegend im Stehen übrigens, weil Sie Ihre CO_2-Bilanz mit einem Inlandsflug nicht noch mehr versauen wollten. In solchen Situationen braucht man jemanden, der einem die Hand hält und mit der anderen über den Kopf streicht und sagt: „Du tust das Richtige!" Und ich hoffe, dass dieses Buch genau diese Aufgabe erfüllt. Selbstverständlich will es Sie auch durch all jene Bereiche begleiten, die beim Weltretten eine Hauptrolle spielen. Falls Sie nach den Nebenrollen fragen: Es gibt keine. Alles ist wichtig: Wie wir uns ernähren, uns kleiden, wie wir reisen, shoppen und was wir morgens und abends im Bad tun. Und seien Sie ebenfalls darauf gefasst, dass Sie sich nicht damit beliebt machen, alles auf den Prüfstand zu stellen. Aber, hey, wir sind Frauen: Wir wissen, dass immer einer heult – und manchmal wir das sind. Wir bringen also die allerbesten Voraussetzungen für all das mit, was passiert, wenn man seinen Kindern keinen Planeten hinterlassen will, der eigentlich auf eine Palliativstation gehört. Es wird anstrengend, es wird schmutzig, es wird hässlich, sogar blutig – und Sie werden am Ende leider auch nicht mehr zu jenen gehören, die von sich behaupten können: „Ich hatte ja keine Ahnung!" Aber wissen Sie was: Das wäre ja dann wirklich mal ein richtig guter Anfang.

Ich bin eine Klima-sünderin

ch habe es natürlich geahnt. So, wie man spürt, dass man mit Sicherheit mindestens fünf Kilogramm zugenommen hat oder dass auch ganz wenig Rauchen nicht unbedingt gesundheitsfördernd ist. Aber, wie bei allen vagen Ahnungen, schwingt immer noch ein bisschen Hoffnung mit … es wird schon nicht ganz so schlimm sein. Eins mal vorneweg: Ich will dem Klima gar nichts Böses – ganz im Gegenteil, es ist mein ureigenster Wunsch, dass es dem Klima bald sehr viel besser geht. Und ich weiß, es gibt keine Alternativen zum sofortigen Handeln. Keinerlei Verhandlungsspielraum. Mit anderen Worten: Der Ernst der Lage ist mir durchaus bewusst. Ich habe verstanden. Genauso wie mir klar war, dass es in meinem Verhalten noch Luft nach oben für jede Menge Verbesserungen gibt. Allerdings dachte ich auch, man kann über mich zumindest sagen: „Sie hat sich bemüht." Nach Schulnoten hätte ich mir etwa eine Drei minus gegeben. Sozusagen die Eins des kleinen Mannes. Wie grausig es mit meiner eigenen Klimabilanz dann doch steht, hätte ich nicht für möglich gehalten. Den ersten Schock bekam ich, als ich meinen ökologischen Fußabdruck überprüfte. Das kann man, sehr umweltverträglich, schön von zu Hause aus erledigen. Im Netz gibt es einen empfehlenswerten Test bei fussabdruck.de von Brot für die Welt.

Falls Sie sich nun fragen, was genau denn der ökologische Fußabdruck ist, kann ich Ihnen mit der Onlineerklärung von wikipedia.org weiterhelfen: „Unter dem ökologischen Fußabdruck (auch englisch Ecological Footprint) wird die biologisch produktive Fläche auf der Erde verstanden, die notwendig ist, um den Lebensstil und Lebensstandard eines Menschen (unter den heutigen Produktionsbedingungen) dauerhaft zu ermöglichen. Er wird als Nachhaltigkeitsindikator bezeichnet. Das schließt Flächen ein, die zur Produktion von Kleidung und Nahrung oder zur Bereitstellung von Energie benötigt werden, aber z. B. auch zur Entsorgung von Müll oder zum Binden des durch menschliche Aktivitäten freigesetzten Kohlenstoffdioxids. Der Fußabdruck kann dann mit der Biokapazität der Welt oder der

Region verglichen werden, also der biologisch produktiven Fläche, die vorhanden ist."[1]

Ich bin schon ganz gespannt: Welche Schuhgröße wird mein Abdruck wohl haben? Voller Elan lege ich los. Zu Beginn des Tests habe ich sofort ein sehr erhabenes Gefühl, schließlich geht es als Erstes um die Ernährung. Nun lebe ich seit einigen Jahren fleischlos und weiß, dass das dem Klima verdammt guttut. „Wie oft isst Du Fleisch und Wurst?", lautete auch gleich die erste Frage, und stolz wie eine Erstklässlerin, die sich schnipsend meldet, wähle ich „Nie" aus – direkt in freudiger Erwartung einer ganzen Reihe von Fleißsternchen. Aber schon bei Frage zwei sind die ersten Sternchen im Kopf ausradiert: „Wie oft verzehrst Du weitere tierische Produkte?" Ich muss es hier gestehen: Im Kaffee trinke ich ab und an Hafermilch, aber noch immer ist mir die schnöde Kuhmilch sehr viel lieber. Ja, ich weiß! Aber es kommt noch schlimmer: Von Quark bin ich geradezu abhängig. Auch Eier finde ich ehrlich gesagt sehr lecker. Schon deshalb muss ich in dieser Kategorie „Häufig" anklicken.

Bei der Frage nach dem Fischkonsum geht es mir ähnlich. Obwohl mir natürlich klar ist, dass es gut wäre, neben dem Fleisch auch auf Fisch zu verzichten … Aber das Wissen über etwas ist das eine, der Verzicht das andere. Ich mag Fisch, leider nicht nur in den Weltmeeren, sondern auch auf meinem Teller. Dazu kommt – wenn ich neben Fleisch auch noch auf Fisch verzichten müsste –, dass es teilweise doch schwierig im Restaurant wird, irgendwas zu finden. Ich entstamme einer Generation, in der ein Essen ohne Fisch oder Fleisch gar keine richtige Mahlzeit darstellt. Dass Sättigungsbeilagen ein ganzes Gericht sein sollen, ist für uns schwer vorstellbar. „Da fehlt doch was!", will man sofort ausrufen.

Und, mal ehrlich, Fisch ist ja auch so gesund. Habe ich jedenfalls jahrelang gedacht und auch überall gelesen. Nachdem ich mit Professor Michalsen, dem Ernährungspapst, in Berlin für ein Buch darüber gesprochen hatte, hat sich jedoch eine gewisse Ernüchterung eingestellt. Fisch ist, was die gesundheitlichen Aspekte angeht, eine Art Schweiz der Nahrungsmittel. Neutral sozusagen. Voll von gesunden Fetten und Eiweiß auf der einen Seite, belastet auf der anderen. Nimmt man die Überfischung der Weltmeere dazu, wäre Fisch eigentlich runter vom Speiseplan. Es stünde dann zwei zu eins gegen den Fisch – er hätte somit verloren oder, je nach Interpretation, gewonnen. Eigentlich. Das ist ein Wort, das mein Verhältnis zum Klima sehr gut beschreibt. Eigentlich bin ich willig. Eigentlich strenge ich mich an, nach meinem Gefühl jedenfalls schon. Aber ich bin eben auch faul. Bequem. Ein Gewohnheitstier. Eigentlich müsste man mir in den Hintern treten. Nur, wer soll das tun? Wer wird sich das trauen?

Nach dem Fisch kommt die Frage nach dem Einkaufsverhalten: „Wie oft kaufst Du Bio-Lebensmittel?" „Ausschließlich" wäre gelogen, und ich bin kurz davor, das zu tun. Zu schwindeln, um mich selbst besser zu fühlen. Um hier bei diesem Test wenigstens ein bisschen günstiger abzuschneiden. „Gelegentlich" trifft es beim Bioeinkauf allerdings eher. Ähnlich sieht es bei der nächsten Frage aus: „Wie oft kaufst Du saisonale Produkte aus Deiner Region?" Auf Erdbeeren im Winter verzichte ich. Immerhin. Aber ansonsten? Da ist noch Luft nach oben, keine Frage. Oft genug lasse ich meine Lust entscheiden, meinen Appetit, und nicht meinen Verstand. „Meistens" kreuze ich an und weiß, dass das mir gegenüber schon ziemlich wohlwollend ist.

„Wirfst Du Lebensmittel weg?", lautet die folgende Frage, und schon während ich sie lese, beginne ich mich zu schämen. Zutiefst. Regelmäßig landet Essen bei mir im Müll. Heute Morgen erst habe ich ein Plastik(!)schälchen grüne Soße, zwei faulige Nektarinen und einen Kanten schimmeliges Brot entsorgt. Außerdem einen abgelaufenen Joghurt aus dem Kühlschrank geräumt. Ich habe eine mittelschwere Phobie, was abgelaufene Lebensmittel angeht. Auch wenn ich weiß, dass das aufgedruckte Datum eine Empfehlung ist, ein Mindesthaltbarkeitsdatum. In der Theorie ist mir das klar.

13

Ich beschließe, ab jetzt zu probieren. Komme mir todesmutig vor, als ich ein Löffelchen Joghurt in meinen Mund schiebe. Allein zu wissen, dass er theoretisch nur bis vorvorgestern haltbar war, lässt einen leichten Ekel in mir aufsteigen. „Du bist bekloppt, das ist dumm!", rede ich mir selbst gut zu. Ich weiß, mein Verhalten ist lächerlich, ich kann aber nur schwer dagegen an. Der Joghurt schmeckt einwandfrei und wäre normalerweise im Müll gelandet. Ich schwöre mir selbst, ab jetzt alles zumindest zu testen.

Ich glaube, meine unnötige Wegwerferei hat sowohl mit meinem Einkaufsverhalten als auch mit meiner Ordnung zu tun. Ich neige nämlich zur Gier und gehe sehr gern einkaufen. Oft genug lachen mich Lebensmittel geradezu an und rufen aus den Regalen heraus: „Nimm mich, kauf mich, iss mich." Eine Freundin, die sehr viel klüger ist als ich, schreibt sich ganz klassisch Listen. Einkaufslisten. Sie plant, was es zu essen geben soll, und hält sich strikt an das, was auf ihrem Zettelchen steht. Und schafft es, jegliche Zwischenrufe aus den Regalen mit gebührender Strenge zu ignorieren. Danach räumt sie ihre Einkäufe nach einem ausgeklügelten Prinzip weg. Alles, was länger haltbar ist, rutscht im Kühlschrank oder im Vorratsschrank einfach nach hinten, und das, was wegmuss oder -sollte, nach vorne. Das ist keine hochkomplexe Teilchenphysik, sondern auch für jemanden wie mich durchaus machbar. Beschließe, dass sich mein „Wegschmeißverhalten" eklatant ändern muss.

Der Test spuckt mir nach dem Bereich Ernährung ein Zwischenergebnis aus: Ich liege mit 1,3 knapp unter dem Bundesdurchschnitt von 1,4. Ich atme auf, weiß aber, dass die für mich problematischen Bereiche erst noch kommen. Ich bewohne sehr viel Fläche – vor allem seit die Kinder ausgewildert sind. Natürlich könnte ich auch auf sehr viel weniger Quadratmetern noch sehr gut leben … Aber ich wohne schon seit mehr als 20 Jahren in unserem Haus, das eben ehemals eine Familie mit Kindern, Mann und Hund beherbergt hat. Und Arbeitszimmern. Ja, auch eine Zwei- oder Dreizimmerwohnung würde natürlich genügen … Aber ich hänge an dem Haus. Emotional. Und an dem Platz, was natürlich dazu führt, dass ich viel zu viel horte … Aber das ist ein weiteres Thema.

Dazu habe ich es gern warm. Sehr warm. 23 bis 24 Grad Celsius sind die Temperaturen, bei denen ich mich wohlfühle. Es gibt für mich nichts Ungemütlicheres als ein kaltes Zuhause. Bei mir könnte man auch im Bikini und barfuß überleben. Klar, dass ich dafür abgestraft werde. Zwischenbilanz fürs Wohnen: Mein Fußabdruck ist mit 1,4 sehr viel höher als der des Bundesdurchschnitts mit 1,0. Sofortmaßnahme: Ich unterbreche den Test, drehe die Heizung runter und ziehe mir einen Pullover an. Man kann sich an vieles gewöhnen, und an sich bin ich kein zimperlicher Typ. Der schöne Nebeneffekt: Angeblich verbrennt der Körper mehr Fett, wenn es kühler ist. Der Körper verbraucht also mehr Energie, die Heizung dafür weniger. Win-win. Ich tue dem Klima Gutes und erschlanke dabei. Herrliche Vorstellung. Wenn es nur nicht so kalt wäre …

Richtig schlimm wird es dann für mich beim Thema Mobilität. Ich wohne, um es mit den Worten meiner Freunde zu sagen: „am Arsch der Welt." Auf dem Land. Im Mittelgebirge. Idyllisch, ruhig und beschaulich, aber eben auch verdammt weit draußen. Der öffentliche Nahverkehr besteht aus einem Bus, mit dem man in die nächste Kleinstadt tuckern kann. Von dort aus geht es weiter mit einem Regionalzug in die Stadt. Die Fahrtzeit von mir nach Frankfurt (30 Kilometer entfernt) beträgt mindestens einneinviertel Stunden. Wenn alles fahrplangemäß klappt. Und jeder, der den öffentlichen Nahverkehr kennt, weiß, dass das ein frommer Wunsch ist.

Mit dem Auto bin ich bereits in einer halben Stunde in der Stadt. Und das Auto hat keinen so übersichtlichen Fahrplan wie der hiesige Bus. Es fährt immer. Abendliche Ausflüge in die Mainmetropole sind mit Bus und Bahn hingegen geradezu unmöglich. Ich bin keine 16-Jährige mehr, die um 22 Uhr daheim sein muss. Und so alt, dass ich um die Zeit daheim sein will, bin ich auch noch nicht. Insofern haben der Bus und ich nie wirklich zueinander gefunden. Das ist leider auch noch untertrieben, ich gestehe: Den Bus habe ich bisher nur gesehen, aber noch kein einziges Mal benutzt. Mit dem Auto bin ich immerhin schon ein paarmal Richtung Kleinstadt gefahren, habe dort dann geparkt und bin auf öffentliche Verkehrsmittel umgestiegen. Allerdings nicht mehr als 20-mal. In 20 Jahren. Das reicht für keinen noch so miesen Ablasshandel – noch nicht einmal für ein winziges Klimasternchen. Und Fahrrad fahren ist hier, mit all den Höhenmetern, nur etwas für sportlich hochambitionierte Menschen, fällt also flach. Mit anderen Worten: Ich bin auf mein Auto angewiesen.

Auch mein Flugverhalten wird abgefragt. Leider nicht im Detail. Wo ich doch so stolz auf mich bin, nicht mehr innerdeutsch zu fliegen. Ja, ich fahre mit der Bahn. Aber der Verzicht auf die innerdeutschen Flugkilometer bringt mir hier nicht wirklich viel, denn ich reise gern. Auch mal weiter als bis in den Harz oder an die Nordsee. Sehr viel weiter. Es wird gefragt, wie viele Kilometer ich jährlich in etwa mit dem Flugzeug zurücklege. Mhm, ich war dieses Jahr in Asien und mehrfach auf Mallorca. Damit komme ich locker auf mehr als 30.000 Kilometer. Das klingt gar nicht gut und kann auch durch meine Bahnfahrten innerhalb Deutschlands nur schwer ausgeglichen werden. Ich ahne, dass die Mobilität meine Achillesferse sein wird. So ist es dann auch: 2,7 im Vergleich zum Bundesschnitt von 0,8. Mir schwant Böses für meine Gesamtbilanz. Mein kleines Minus im Bereich Ernährung wird mich im Zweifelsfall hier nicht retten können.

Jetzt geht es um den Konsum: Wie viele Fahrräder, wie viele Autos besitzt man? Und wie aufwendig ist die Einrichtung? Wie viele elektrische Geräte gibt es, und welche Summen werden monatlich für weitere Konsumgüter wie Kleidung, Restaurantbesuche etc. ausgegeben? „Wie viel Müll und Altpapier produzierst Du pro Woche?" Ich denke an die Armada von gelben Säcken, die ich monatlich aus meinem Haus trage, und schäme mich ein weiteres Mal.

Das Ergebnis ist ernüchternd, wieder einmal liege ich über dem Durchschnitt. Weit über dem Durchschnitt. Um mehr als das Doppelte – um genau zu sein: 1,6 zu 0,7.

Inzwischen habe ich jegliche Illusion aufgegeben und warte entsetzt auf die Gesamtauswertung … Um es mal vorsichtig auszudrücken: Mein ökologischer Fußabdruck ist wahrscheinlich noch vom Mars aus zu sehen. Ohne Brille. Jeder Yeti wäre zutiefst beeindruckt. „7,9", sagt fussabdruck.de. Addiert zu meinen Werten wurde ein Pauschalwert von 1,0 für Infrastruktur und Co., den man nur indirekt beeinflussen kann. Das bedeutet: Hätten alle auf der Welt meinen Fußabdruck, bräuchten wir dafür 4,6 Planeten. Die Seite fragt mich, ob ich mein Ergebnis auf den Social-Media-Kanälen teilen möchte. Nein danke. Ich verzichte. Wie peinlich ist allein der Gedanke! Dafür werde ich mit Sicherheit nicht einen einzigen Like bekommen. Möchte mich nicht verbal anspucken lassen, vor allem nicht, wenn die Gegenseite auch noch recht hat.

Ich probiere noch andere Seiten und Tests, in der vagen Hoffnung, besser wegzukommen. Aber die Unterschiede sind nur marginal. Mal ein bisschen besser, mal ein bisschen schlechter. Es ist wie mit meiner Waage: Egal, wie sehr ich sie im Bad hin- und herschiebe, wirklich schönere Zahlen bekomme ich nicht zu sehen.

Ja, man kann, man muss sogar sagen: Ich bin eine Klimasünderin. Wäre ich noch Mitglied der katholischen Kirche, könnte ich wenigstens zur Beichte gehen, aber selbst das fällt flach. „Was ist mit deiner CO_2-Bilanz?", fragt mich eine Freundin. WWF biete einen Test im Netz an, erklärt sie mir, den solle ich doch mal machen … Aber danach sieht es für mich noch schlechter aus. WWF teilt mir mit: „Hoppla! Gemäß Ihren Angaben leben Sie ohne Rücksicht auf Verluste. Es wäre erfreulich, wenn wir Sie für ein nachhaltigeres Handeln begeistern könnten."[2] Manchmal gibt es Momente, da ist man doch ziemlich froh, dass das Internet anonym ist.

Ich lasse es. Jedenfalls mit den Tests. Ich habe nicht damit gerechnet, die Mutter Teresa des Klimas zu sein, aber ich dachte auch nicht, dass ich der weibliche Saddam Hussein bin. Insgeheim war ich sogar davon überzeugt, dass ich überdurchschnittlich gut sei. Da sieht man mal wieder, was die eigene Wahrnehmung mit einem macht. Das Ergebnis ist niederschmetternd – andererseits aber auch eine Herausforderung. Ich will mich bessern. Ich werde mich bessern. Ich muss mich bessern.

Auf den Schreck hin brauche ich erst mal Nahrung. Der Kühlschrank ist leer, ich muss einkaufen. Hier die erste Gewissensentscheidung: Fahre ich 20 Kilometer mit dem Auto, um in einem Biosupermarkt einzukaufen? Oder zwei Kilometer zum nahe gelegenen Discounter? Was ist am Ende schlimmer fürs Klima? Mehr Autokilometer oder weniger bio? Wenn man versucht, ein besserer Mensch zu sein, muss man ständig abwägen. Nachdenken, nachfragen, recherchieren. Man bräuchte seinen persönlichen Umweltbeauftragten, der immer mit dem Daumen nach oben oder unten zeigt. Der streng, aber doch liebevoll sagt, wo es klimamäßig langgeht. Ein Hirnwegweiser. Einer, der „Frau Eigentlich" zeigt, wie es geht. Der mich zwingt. Nötigt. Ich bin jemand, der auf Druck sehr gut reagiert.

Und ja: Natürlich habe ich eine große Einkaufstasche und nehme keine Plastiktüten. Ja, ich besitze auch kleine Stoffnetze für Obst und Gemüse. Aber muss ich jetzt auf meine geliebten Heidelbeeren verzichten, weil es sie nun mal nicht lose gibt? Sie sind doch so gesund, genau wie die Avocados. Aber gesund heißt eben nicht: klimagesund. Was dem Körper guttut, gefällt der Atmosphäre noch lange nicht. Je mehr man sich mit dem Thema beschäftigt, umso mehr Fragen tun sich auf. Fragen, die auf den ersten Blick oft lächerlich wirken.

Man sollte doch denken, dass ein Mehr an Klimabemühen in irgendeiner Form von anderen gewürdigt wird. Ich erwarte ja keine Applauskurven im Supermarkt, doch zumindest so etwas wie ein gewisses Wohlwollen. Weit gefehlt. Wer anfängt, sich klimatechnisch anzustrengen, muss sich im doppelten Wortsinn warm anziehen. Klimasünder auf dem Weg der Besserung gelten als schmallippige, besserwisserische und nörgelnde Zeitgenossen, um die man besser einen ganz weiten Bogen macht. Leider beinhaltet der Vorsatz, klimaverträglicher zu leben, auch ein gewisses Maß an Überzeugungsarbeit. Allein kann man, egal, wie doll man sich anstrengt, ja nun wirklich nicht wahnsinnig viel bewirken. Ich versuche, meinen Missionarstrieb unter Kontrolle zu halten, lege aber demonstrativ mein Obst in meine Stoffsäckchen und lasse den Plastikbeutel auf der Rolle. Und habe für den Fall der Fälle natürlich immer meinen Einkaufskorb dabei – dies alles in der Hoffnung, dass jedwede winzige Maßnahme für andere ein Anstoß sein könnte.

Wer tatsächlich anfängt, anderen zu sagen, was sie tun könnten (ja selbst der Konjunktiv macht vielen schon schlechte Laune), wird schnell abgestempelt. Als Spaßbremse, Gutmensch, naive Tante, moralinsaure Idiotin – es gibt sicher noch mehr herrliche Beschuldigungen. Alles leichter, als das eigene Verhalten einer kritischen Musterung zu unterziehen. Wer versucht, ein besserer Mensch zu sein, gilt als freudlos. Dazu muss man nicht mal missionarisch tätig werden, es langt, bei einem Abendessen aufs Fleisch zu verzichten. Ohne weitere Ansprachen. Allein das Bestellverhalten provoziert, denn jeder meint, sich erklären zu müssen. Warum man Fleisch isst. Warum man ein Recht darauf hat. Immer wieder wird mir erklärt, wie lecker Fleisch doch schmeckt (ja, ich weiß das! Ich erinnere mich!) und dass darin doch all das gute Eisen steckt. Und überhaupt: Jahrhundertelang haben Menschen Fleisch gegessen. Das allein langt vielen als Argument. Fleisch essen sei Tradition. Aber wurden nicht auch sehr lange Frauen als Hexen verbrannt? Ist etwas schon dadurch gut, weil es Menschen schon lange tun? „Wo bleibt da das Lustprinzip?", empört sich eine Freundin. Tja, das Lustprinzip. „Vögelst du etwa den Ehemann deiner Nachbarin, den du so verdammt sexy findest?", frage ich zurück. Und nein, sie tut es nicht. Weil er verheiratet ist und sie auch. Lustprinzip hin oder her. Es wäre zutiefst unvernünftig und fürs soziale Klima mehr als schädlich. Ich hätte auch Lust, morgens einfach im Bett zu bleiben, aber dummerweise geht das nicht. Lust hin oder her. Lust ist eine feine Sache, taugt aber nicht zum alleinigen Lebenswegweiser.

In der Außenwirkung bin ich also ein lebendes, nerviges Mahnmal, selbst mit meinen eher ausgesprochen niedrigschwelligen Bemühungen. Es reicht, ein Stofftaschentuch aus der Tasche zu holen. Oder auf den Plastikstrohhalm zu verzichten. Freunde finden das lächerlich, übertrieben, nachgerade albern. Irgendwie auch drollig. Aber vor allem nervig. Ich bin eine Frau, deren Gesellschaft neuerdings oft latent schlechte Laune macht. Keine Rolle, nach der ich mich gesehnt habe. Dabei halte ich mich mit Belehrungen zurück. Schließlich habe ich noch immer ausreichend defizitäre Bereiche. Ich spucke keine Plastiktütenbenutzer an. Ich ermahne nicht. Lasse den Zeigefinger unten.

Lediglich in Diskussionen halte ich nicht hinterm Berg. Diskussionen rund ums Thema Klima sind ein sehr zähes Geschäft. Allein der Name „Greta" führt bei manchen Menschen schon zur bedrohlichen Schnappatmung. Dass eine so junge Frau Menschen derart auf die Palme bringen kann, ist erstaunlich. Ja, sie ist jung. Verdammt jung. Aber haben wir nicht immer beklagt, dass unsere Jugend so antriebslos sei? So egoistisch? So lethargisch? So oberflächlich? So sehr auf Äußerlichkeiten fixiert? Jetzt schafft es eine junge Schwedin, die Politik zu beeinflussen, andere junge Leute anzustecken – und statt anhaltend zu klatschen und zu jubeln, wird gemeckert, was das Zeug hält. Sie sei instrumentalisiert, naiv, eine Marionette, gucke so streng und unfreundlich. Nein, sie hat eine Mission. Sie ist bereit, dafür etwas zu tun. Sie hat allein angefangen. Saß mit einem Schild in der Hand vor dem Parlament. Und jetzt gehen Hunderttausende auf die Straßen. Weltweit. Sie interessiert sich für die Welt, in der wir leben. Sie traut sich was. Sie reißt andere mit. Sie schafft etwas, wovon viele Politiker seit Jahrzehnten träumen: Sie mobilisiert Menschen.

Aber wir lassen uns nun mal nicht gern was sagen. Vor allem nicht, wenn wir kritisiert werden. Wenn uns jemand verbal auf den Fuß tritt. Uns unsanft schubst. Und dazu noch jemand so Junges. Und auch noch eine Frau. „Das ist wirklich anmaßend", sagen die Menschen. „Woher will die das wissen? Dieses kleine Mädchen, das noch dazu ja Asperger hat!" und: „Was fällt der eigentlich ein?" Wäre alles ganz anders, wenn die Gallionsfigur männlich und um die 50 wäre?!

„Die nervt mich inzwischen!", hat eine Freundin ausgerufen und mit den Augen gerollt. Tja, das ist ihre Jobbeschreibung. Sie muss nerven. Wer etwas verändern will, wird mit netten Appellen, mit freundlichem Grinsen nicht weiterkommen. Wer Veränderung herbeisehnt, muss hartnäckig bleiben. Akzeptanz durch Penetranz. Dauernerven. Niemand lässt sich gern etwas vorschreiben. Niemand hat gern ein schlechtes Gewissen. Und das gibt es, wenn man sich mit dem Thema Klima beschäftigt, gratis dazu. Ohne schlechtes Gewissen ist hier nichts zu haben. Sobald man auch nur einen kleinen Wink in Richtung besserer Ökobilanz macht, geht die große Fragerei schon los. Und danach wird man zugeballert mit Ausreden – alles um schön in der eigenen CO_2-Komfortzone zu bleiben.

Eines der Topargumente gegen jegliches Engagement: „Warum sollte ich was machen? Bringt doch eh nichts!" Individueller Verzicht ist nicht mehr als Pillepalle. Das ist einfach nur Quatsch. Es ist wie bei allem: Einer muss anfangen, damit aus individuellem Verzicht irgendwann ein kollektiver wird – siehe Greta. Verzicht kann etwas Virales haben. Anstecken.

„Das ist doch eine Aufgabe für die Politik, das sollen die machen!" Ja, natürlich ist das eine politische Angelegenheit. Aber wir können Druck auf die Politik machen. Und wir sollten Druck machen. Seitdem Menschen fürs Klima verstärkt auf die Straße gehen – Greta quasi allgegenwärtig erscheint –, hat auch die Politik begriffen, dass sie das Thema tunlichst in ihre Agenda aufnehmen muss. Wir haben mehr Einfluss, als wir denken. Vor allem im Kollektiv.

„Was soll so ein fuzzikleines Land wie Deutschland denn bewirken? Ich meine, guck doch mal nach China oder Indien!" Diese Argumentation hinkt. China ist ein großer Klimasünder, das Land stößt mehr Treibhausgase aus als die USA und Europa zusammen. Aber China bleibt dran an der Sache. Und umgelegt auf die Zahl der Einwohner, sind die Chinesen oder auch die Inder lange nicht die Umweltsünder, als die wir sie gern darstellen, um uns besser zu fühlen. Außerdem: Schlimmer geht immer. Besser aber auch. Die alte Taktik, mit dem Finger auf die zu zeigen, die noch böser sind, bringt uns nicht voran. Das ist ein bisschen wie früher in der Schule, wenn man eine Vier geschrieben hatte: „Die Louisa hat eine Fünf und der Dennis sogar eine Sechs." Ja, stimmt, aber drei Viertel der Klasse haben Einser, Zweier oder Dreier. Nach obenhin ist allemal Luft. Mehr als nach unten.

Eines kristallisiert sich bei diesem Thema eindeutig heraus: Wer die Welt verändern will, kann nicht erwarten, dass alles so bleibt, wie es ist. Wer eine bessere Welt will, muss in Kauf nehmen, dass es für einen selbst leider eher schlechter wird. Oder zumindest anders. Zum Teil auch anstrengender. Das erscheint nicht besonders verlockend. Wer sich anstrengt, will belohnt werden. So funktioniert der Mensch. Man macht Diät, quält sich und hat nachher dafür eine Kleidergröße weniger. So soll es sein: Mühe soll sich auszahlen. Direkt. Wir wollen die Punkte auf unserem Karmakonto sehen. Unmittelbar – als Direktüberweisung – und nicht wie hier indirekt. Uns fehlt es an der berühmten Frustrationstoleranz. Wir haben es gern einfach: Onlineshopping, Fast Food und Plastikkram. Es ginge anders, aber das wäre ja ziemlich anstrengend. Dazu haben wir keine Lust. Wir haben es uns so schön gemütlich gemacht in unserer Komfortzone. Generell darf man sich im Leben aber nicht immer nur fragen: Was bringt mir das? Das fällt uns schwer. So sind wir nicht gepolt. John F. Kennedy hat bei seiner Amtsantrittsrede als amerikanischer Präsident 1961 gesagt: „Fragt nicht, was euer Land für euch tun kann – fragt, was ihr für euer Land tun könnt." Und jetzt geht es nicht nur um ein Land, sondern um unseren Planeten, um unsere Existenzgrundlage. Da darf man nicht nur „eigentlich" erwarten, dass sich alle im Rahmen ihrer Möglichkeiten ins Zeug legen, sondern: „unbedingt".

Und so, wie es den einen nicht weit genug geht, finden die anderen es vollkommen übertrieben. Nie stimmt das Maß, dabei muss jeder seines finden. Ich werde leider nie eine Frau werden, deren Müll im Jahr nicht mehr als ein Einmachglas füllt. So realistisch muss ich sein. Ich bin und bleibe „Frau Eigentlich". Aber ich bin voller Bewunderung für Menschen, die das so konsequent durchziehen. Sie sind meine Vorbilder. Ich will wenigstens versuchen, mir etwas von diesen Leuten abzugucken.

Der letzte Strohhalm

SO ISSES ...

Als ich erst für mich und dann für dieses Buch anfing, mich mit dem Zustand unseres Planeten zu befassen, fielen mir die Arztwitze ein, die mit dem Satz beginnen: „Wollen Sie zuerst die gute oder die schlechte Nachricht?" Natürlich will man als Erstes die gute Nachricht hören ... Die lautet: „Also, Sie haben noch zwei Tage zu leben." Und nein, der Arzt hat sich nicht in der Reihenfolge vertan. Denn die schlechte Nachricht klingt so: „Ich versuche, Sie schon seit vorgestern zu erreichen!"

So ungefähr sieht die Lage aus, in der wir uns befinden. Natürlich könnte man es weiterhin so genau gar nicht wissen wollen. Man könnte sich, wie kürzlich Donald Trump, seine Wetterkarte auch einfach selbst malen. Wäre durchaus legitim und letztlich ja Privatangelegenheit, ob man entspannt in einem brennenden Haus sitzen bleibt, weil ganz bestimmt irgendjemand vorbeikommen wird, um das Feuer zu löschen ... Oder ob man schon mal den SUV verkauft oder weniger Fleisch isst oder den Einkauf im Textildiscounter streicht. Man könnte auch schlichtweg behaupten, es würde gar nicht brennen ... Oder dass das Problem ganz einfach mit einer Klimaanlage zu beheben sei und man den Vorgarten planieren könne, weil dort eh nichts mehr wächst und man deshalb genauso gut einen Parkplatz draus machen kann.

Solange die Arktis nicht vor unserer Tür schmilzt, der Regenwald nicht um die Ecke brennt und die Kinder, die in den Kobaltminen im Kongo Nachschub für unsere Smartphone-Akkus fördern, nicht an unserer Haustür vorbei zur Sklavenarbeit gehen, ist es ja ohnehin ganz leicht, sich all die Notausgänge offenzuhalten, die sich seit Jahrzehnten bewährt haben. Nämlich: Das ganze Gedöns ums Klima als Hysterie abzutun. Und zu glauben, dass diese eine Jeans, diese eine Avocado, diese eine Flugreise bestimmt wegen Geringfügigkeit unter dem Umweltradar durchfliegen. Oder wie es eine Bekannte nach einem Rundflug über ein Naturschutzgebiet in Kanada formulierte: „Ehrlich, ich verstehe die ganze Aufregung um die Kaffeekapseln nicht. Ist doch noch so viel Natur da!"

Ja, es war wirklich sehr nett von der Klimaerwärmung, der Vermüllung der Meere, dem Artensterben, den Sturmfluten, dem Gletschertod, sich irgendwo anders auszutoben. Das Gute am Schlimmen war ja, dass es nie dort stattfand, wo wir uns gerade aufhielten – und wir uns so für nichts verantwortlich zu fühlen brauchten, weil wir auch für nichts die Konsequenzen tragen mussten.

Aber jetzt ist langsam auch vor der eigenen Haustür Schluss mit lustig: Morgens singen kaum noch Vögel, die Sommer sind so heiß, dass man es nur noch in der abgedunkelten Wohnung aushält, und nicht mal mehr drei Tage kann man wegfahren, ohne den Schrebergarten unversorgt zu lassen, weil sonst alles vertrocknet. Kein Tag vergeht, in dem nicht in den Zeitungen oder im Fernsehen über eine weitere Umwelttragödie berichtet wird. Manchmal wünsche ich mir dann schon, weiterhin ahnungslos vor mich hinleben zu können.

Andererseits bin ich auch froh, die Eckdaten der Katastrophen zu kennen, die sich allerorten anbahnen – um zu verstehen, dass Veränderungen alternativlos sind. Und zwar nicht nur die kleinen, sondern gleich auch die mittleren und großen. So seltsam es klingt, aber ich bin damit gleichzeitig David und Goliath. Weil ich zu den vielen gehöre, die sich weit mehr herausgenommen haben und herausnehmen, als ihnen zusteht und als die Natur, als unser Planet verträgt. Zumindest kann ich jetzt versuchen, etwas zu ändern und also auch David sein, der bei aller Aussichtslosigkeit es wenigstens probiert haben will. Denn eines habe ich verstanden: Es geht längst nicht mehr um Verzicht und darum, ob es zumutbar ist, die Bahn zu nehmen statt des Fliegers, und die Heizung etwas herunterzudrehen. Sondern darum, ob man die Zukunft des Planeten und die seiner Kinder gleich noch mit stornieren will. Deshalb an dieser Stelle am besten schon mal Taschentücher bereitlegen. Aus Stoff natürlich. Denn für die Herstellung der Papiervarianten werden viel Energie, Wasser und auch Chemie verbraucht, und das werden Sie spätestens nach der Lektüre der nächsten Absätze nicht mehr wollen.

DR. JEKYLL UND MR. HYDE

Zugegeben, jetzt könnte es ein wenig langweilig werden. Sie können diesen Teil auch gern auslassen. Aber um als Weltretterin ernst genommen zu werden, sollte man vielleicht doch wissen, was eigentliche dieses CO_2 ist, von dem immer alle reden – und das einerseits so gut und andererseits so böse sein soll. Auch dafür finde ich im Netz eine verständliche und informative Seite, nämlich die von co2online: „CO_2 ist die chemische Summenformel für das aus Kohlenstoff und Sauerstoff bestehende Molekül Kohlenstoffdioxid, auch als Kohlendioxid bekannt. Das Gas Kohlenstoffdioxid ist farblos, gut in Wasser löslich, nicht brennbar, geruchlos und ungiftig. Es ist neben Stickstoff, Sauerstoff und sogenannten Edelgasen ein natürlicher Bestandteil der Luft …"[3] Es macht dort zwar nur etwa 0,038 Prozent aus, spielt aber als Treibhausgas eine entscheidende Rolle für unser Klima: CO_2 nimmt nämlich einen Teil der von der Erde in das Weltall abgegebenen Wärme auf und strahlt sie wieder zurück. Durch diesen natürlichen Treibhauseffekt entsteht eigentlich das gemäßigte Klima, in dem an sich alles prächtig gedeiht. CO_2 entsteht bei der Zellatmung vieler Lebewesen oder auch bei der Verbrennung von Holz, Kohle, Öl oder Gas. „Einmal in die Atmosphäre abgesondert, baut sich CO_2 im Gegensatz zu anderen Stoffen nicht selbst ab. Es wird durch Gewässer gespeichert und durch Grünpflanzen im Zuge der Photosynthese abgebaut. Dabei wird mit Hilfe von Sonnenlicht Kohlenstoffdioxid in Glucose (die als kohlenhydrathaltige Biomasse ein Grundstoff für alle Organismen ist) und Sauerstoff umgewandelt. Der Sauerstoff wird an die Umgebung abgegeben."[4] Man nennt das Kohlenstoffkreislauf.

Kleines Beispiel: Eine Fichte nimmt in 100 Jahren etwa 2,5 Tonnen CO_2 aus der Luft auf. Beim Abholzen geht also zum einen ein CO_2-Speicher verloren, zum anderen setzen wir das im Holz gespeicherte CO_2 frei, wenn wir es verbrennen. So weit zu Dr. Jekyll.

Mr. Hyde tritt auf den Plan, sobald mehr CO_2 freigesetzt wird, als gebunden und umgewandelt werden kann. Und das ist es, woran wir emsig arbeiten. Seit Beginn der Industrialisierung haben wir 1.400 Milliarden Tonnen CO_2 ausgestoßen. Durch die Verbrennung von Kohle, Erdgas, Erdöl in der Industrie und beim Heizen hat sich der globale CO_2-Ausstoß dabei allein seit Mitte des 20. Jahrhundert fast vervierfacht. Und als ob das nicht schon dämlich genug wäre, zerstören wir gleichzeitig die natürlichen CO_2-Speicher wie etwa den Regenwald durch Rodung und Brandstiftung. Milliarden Tonnen von CO_2 sind so in der Atmosphäre gefangen und heizen die Erde immer weiter auf.

Befeuert wird der Effekt im wahrsten Sinne des Wortes noch von Methan, das rund 25-mal so klimawirksam ist wie CO_2. Es entsteht, wenn organisches Material unter Luftausschluss abgebaut wird. Also in der Land- und Forstwirtschaft und in den Mägen von Tieren. Ja, es sind die furzenden und rülpsenden Rinder, die sich für ihr erbärmliches Leben als Schlachtvieh der Massentierhaltung rächen. Eine weitere Methanquelle sind Klärwerke und Mülldeponien. Noch dazu wird bei der Gletscherschmelze in großem Umfang Methan freigesetzt.

Und um die höllische Truppe leidlich komplett zu machen, gehört hier noch das Lachgas genannt. Das kommt in der Atmosphäre zwar nur in sehr geringem Umfang vor, nimmt aber 298-mal stärkeren Einfluss auf das Klima als CO_2. Lachgas gelangt durch stickstoffhaltigen Dünger und Massentierhaltung sowie chemische Prozesse in der Industrie in die Atmosphäre, so das Bundesministerium für Umwelt.[5]

Damit ist die Menschheit – also wenigstens die in den Industrienationen – der derzeit heißeste Anwärter auf den *Darwin Award*. Seit über 20 Jahren bekommen diejenigen den Preis zu Ehren des Vaters der Evolutionstheorie, die den menschlichen Genpool verbessern, in-

dem sie sich selbst daraus entfernen. Und daran arbeiten wir ungefähr
so hart wie an der Vergrößerung unseres ökologischen Fußabdrucks.
Man könnte auch sagen: Wir sind alle Selbstmordattentäter. Weil wir
nicht nur uns, sondern gleich auch allen anderen die Lebensgrundlage entziehen.

Folgen der selbst gemachten Klimaerwärmung sind ja unter anderem
extreme Wetterphänomene wie Stürme, aber auch Dürren, Über-
schwemmungen und die Erhöhung der Meeresspiegel. Bis heute ist
das Wasser bereits um etwas 23 Zentimeter gestiegen. Klimaforscher
glauben, dass der Meeresspiegel bis 2100 noch um bis zu 1,80 Meter
zulegen kann, wenn die Eismassen in Grönland, Alaska, Kanada,
Asien und den südlichen Anden weiterhin so rasant schmelzen wie
bisher. Sturmfluten wirken sich dann durch den höheren Wasserpe-
gel noch verheerender aus, Böden versalzen. Weltweit sind rund 200
Millionen Menschen in tief gelegenen Küstengebieten von dieser Ent-
wicklung betroffen, 30 der 50 größten Städte liegen am Meer. Laut
einem Bericht des Wissenschaftlichen Dienstes des Bundestags leben
allein in Deutschland rund 3,2 Millionen Menschen in überflutungs-
gefährdeten Gebieten.[6] Vor allem Schleswig-Holstein, Niedersachsen
und Mecklenburg-Vorpommern wären teilweise unbewohnbar.

Die Erderwärmung verwandelt zudem ganze Regionen in Sauna-
landschaften. Allerdings ohne Eisbecken. Aufgrund der Hitze fallen
auch hierzulande die Ernten immer bescheidener aus, und weil sich
nun selbst Schadinsekten aus dem Süden in Deutschland wohlfüh-
len, kommen noch mehr giftige Pestizide zum Einsatz. Auch das
Ökosystem Wald ist angesichts der Trockenheit kollabiert. Was die
Hitze nicht schaffte, erledigte der Borkenkäfer, der bei den durch das
Extremklima geschwächten Fichten quasi freien Eintritt hatte und die
Gunst der kuscheligen Temperaturen nutzte, um sich haltlos zu vermehren. Auch Schwammspinner und Eichenprozessionsspinner –
spezialisiert auf Eichen und andere Laubbäume – liefen zu Hochform
auf. Um den bisherigen, durch Trockenheit und Schädlingsbefall ent-

standenen Schaden auszugleichen, müssten deutschlandweit etwa 300 Millionen Bäume gepflanzt werden. Allerdings benötigt so ein Baum bis zur Erreichung seiner maximalen Leistungsfähigkeit als CO_2-Speicher Jahrzehnte. Und manche Gruppenmitglieder des klassischen deutschen Waldes scheiden in Zukunft schon deshalb aus, weil sie dem Klimawandel im wahrsten Sinne des Wortes nicht mehr gewachsen sind. „Wir müssen umdenken und uns auch gegenüber Baumarten aus anderen Klimabereichen, zum Beispiel Baumhasel, Zeder, als weitere Mischbaumarten öffnen",[7] meint Hans-Werner Schröck von der Forschungsanstalt für Waldökologie und Forstwirtschaft Rheinland-Pfalz im ZDF.

Die Vermüllung und Überfischung der Meere, das Abholzen der Wälder und die industrielle Landwirtschaft haben außerdem ein Artensterben ungeahnten Ausmaßes in Gang gesetzt. „Wenn keine Gegenmaßnahmen ergriffen werden, wird sich die Geschwindigkeit, mit der Arten derzeit aussterben, die bereits zwischen zehn und hundert Mal höher liegt als im Schnitt in den gesamten vergangenen zehn Millionen Jahren, weiter erhöhen", heißt es auf der Intergovernmental Science-Policy Platform on Biodiversity and Ecosystem Services. Und die Naturschutzorganisation BUND schreibt: „In Deutschland sind 70 Prozent der natürlichen Lebensräume bestandsgefährdet, zwei Drittel der Amphibien- und Reptilienarten als gefährdet eingestuft oder vom Aussterben bedroht ..."[8] Weil viele Tiere und Pflanzen bestimmte Temperaturen brauchen, um zu überleben, müssten sie in kühlere Regionen ausweichen. Ist das nicht möglich, sterben sie. Wenn hierzulande vor allem die Population der Insekten dramatisch abnimmt – in den letzten 27 Jahren um 76 Prozent –, liegt der Grund laut dem BUND hauptsächlich in den von der Landwirtschaft verwendeten Pestiziden wie Glyphosat oder Insektiziden. Darunter leiden auch bestäubende Insekten wie Bienen und Schmetterlinge, deren zahlenmäßiger Rückgang wiederum die Fortpflanzung unterschiedlicher Pflanzenarten gefährdet. Aber es besteht eben auch ein direkter

Zusammenhang zwischen Arten- und Klimakrise. Oder anders formuliert: Was den Arten hilft, hilft auch dem Klima und umgekehrt.

Aber es sterben nicht nur die Eisbären und die Bienen. Der Klimawandel tötet auch Menschen. Schon der Hitzesommer 2003 hat in der EU
über 70.000 Menschenleben gefordert. Bei einer globalen Erwärmung
um weitere drei Grad Celsius und häufigeren Hitzeperioden rechnet
die Europäische Umweltagentur (EUA) bis 2100 mit zusätzlichen
86.000 Toten pro Jahr, allein in Europa. Weltweit sieht die Bilanz natürlich noch trostloser aus. Die Verknappung von Wasser, Nahrung –
und damit Lebensraum – sowie extreme Wetterphänomene sorgen
dafür, dass immer mehr Menschen auf der Flucht sind und heimatlos
werden. Aber auch, dass die Konfliktherde zunehmen. Schon „2015
warnten die G7-Außenminister, der Klimawandel sei ‚eine der zentralen Sicherheitsbedrohungen des 21. Jahrhunderts'".[9]

Einige der größten und blutigsten Auseinandersetzungen der letzten Jahre werden von Experten bereits jetzt mit auf den Klimawandel
zurückgeführt: Die Gewalt in Darfur 2007 auf die extreme Dürre, die
damals schon im Sudan herrschte. Und auch der syrische Bürgerkrieg
soll laut US-Forschern durch die lange Trockenheit in dem Land mit
verursacht worden sein – er zwang Millionen Syrer, vom Land in die
Städte zu ziehen. „Je stärker der Klimawandel ausfällt, desto größer
ist die Wahrscheinlichkeit, dass sich in den kommenden Jahrzehnten
klimainduzierte Konfliktkonstellationen nicht nur auf einzelne Länder oder Subregionen auswirken, sondern auch auf das Global-Go-
vernance-System insgesamt", schreibt der Wissenschaftliche Beirat
der Bundesregierung Globale Umweltveränderungen (WBGU). Und
weiter: „Eine kluge Global-Governance-Strategie zur Vermeidung
dieser neuen Sicherheitskrisen bestünde vielmehr zunächst in einer
wirksamen Klimapolitik – diese wird in den kommenden Jahrzehnten zu einer zentralen präventiven Sicherheitspolitik."[10]

Das ist nur ein kleiner Einblick. Sozusagen der Trailer des Horror-
films *Klimawandel*. Wer jetzt glaubt, dass an irgendeiner Stelle dieses

Dramas sicher ein Prinz vorbeireiten wird und uns wach küsst (weil das alles doch nur ein verdammt mieser Traum sein kann) oder wenigstens Bruce Willis alias John McClane auf den Plan tritt, um den Karren aus dem Dreck zu ziehen, den muss ich leider enttäuschen. Nicht mal alle Marvel-Helden zusammen könnten das noch stemmen. Für die Details sollten Sie nun besser die Kinder rausschicken … Und wer beim Tod von Bambis Mutter bereits geheult hat, braucht auf jeden Fall eine Hand zum Festhalten UND ein Glas Wein. Ach was, am besten gleich eine ganze Flasche.

DAS GROSSE BUH!

Ja, das ist das ganz große Buh, und es hat nicht nur mich, sondern auch die Politik das Fürchten gelehrt. Jedenfalls in der Theorie. 2015 haben die Industrie- und Schwellenländer im Klimaabkommen von Paris nämlich gemeinsam erklärt, ihre Treibhausgasemissionen zu verringern, um das Gröbste zu verhindern: dass die Temperatur weltweit um mehr als zwei Grad Celsius steigt und all das passiert, was Sie oben gelesen haben. Dabei halten die Klimawissenschaftler und Forscher vom Potsdam-Institut für Klimafolgenforschung (PIK) bereits 1,5 Grad Celsius für das absolute Maximum, will man verhindern, dass sogenannte Kippelemente ausgelöst werden. Also Prozesse, die unumkehrbar sind und den Klimawandel so beschleunigen, dass er nicht mehr zu beherrschen wäre. Wie etwa das Abschmelzen des Permafrostbodens in Alaska, Nordkanada und weiten Teilen Sibiriens. Dort sind enorme Mengen abgestorbener Pflanzenreste eingefroren. Taut das Eis, werden sie durch Bakterien zersetzt und die Treibhausgase CO_2 und Methan frei. „Allein im oberen Bereich der Permafrostböden stecken bis zu 1.500 Milliarden Tonnen Kohlenstoff. Das ist fast doppelt so viel, wie es derzeit in der gesamten Erdatmosphäre gibt",[11] schreibt *Zeit Online* und zitiert Professor Guido Grosse vom Alfred-Wegener-Institut: „Allein der Permafrost birgt das Potenzial, die Klimaziele von maximal zwei Grad Celsius Erderwärmung deutlich zu übertreffen."

Nun hat es aber in den nördlicheren Breiten bereits angefangen zu tauen: „Einmal in Gang gesetzt, lässt sich der schnelle Auftauprozess nicht mehr aufhalten", sagt Grosse. Trotzdem, so der Bericht des Weltklimarats IPCC, wäre es möglich, das Klimaziel noch zu erreichen. Dafür müssten die Emissionen aber so deutlich sinken, dass wir schnellstens das tun sollten, was die Bewegung *Fridays for Future* fordert: den Kohleausstieg bis 2030 und sofort ein Viertel der Kohlekraftwerke abschalten.

Aber davon ist gerade Deutschland sehr weit entfernt, wie der Klimaschutzindex zeigt. Er wurde eingeführt, um ein Klassenziel zu definieren, und misst jährlich die Bemühungen der einzelnen Länder, die Existenzgrundlage von uns allen zu schützen. 2019 blieben die ersten drei Plätze wieder einmal frei, da kein Land genug unternimmt, um den Temperaturanstieg global deutlich unter zwei Grad Celsius zu halten. Am nächsten kam diesem Anspruch noch Schweden (Platz 4), das sich mit seinem Engagement bei den erneuerbaren Energien und beim Emissionsniveau immerhin das Prädikat aller Durchschnittlichen, „Hat sich stets bemüht", verdient. Ebenso wie Marokko – auf Platz 5 –, das insbesondere mit dem rapiden Ausbau der Erneuerbaren punktet und das ambitionierte Ziel, in zwei Jahren 42 Prozent seines Strombedarfs damit zu decken, durchaus erreichen könnte. Und Deutschland? Da pfeift man einfach im dunklen Wald und hofft, dass das die bösen Geister schon vertreiben wird. Wir haben uns beim Klimaschutz nämlich nicht etwa verbessert, sondern verschlechtert, und sind von Platz 22 des Klimaschutzindex auf Platz 27 abgerutscht – also noch weiter in die Kategorie „mäßig".

Im Keller des Index befinden sich übrigens acht der G-20-Staaten, darunter auf den letzten beiden Plätzen die USA und Saudi-Arabien. Was unter anderem damit zu tun haben könnte, dass die Umwelt längst nicht mehr nur von unserem Konsum, unserer Leichtfertigkeit und Bequemlichkeit belastet wird. Nein, auch von Menschen, die das alles für bloße Hysterie und den Anfang einer Ökodiktatur halten, in der das CO_2-Dilemma nur erfunden wurde, um das Menschenrecht auf ein Steak, einen SUV, auf sechslagiges gebleichtes Toilettenpapier und Flüge zum Ballermann abzuschaffen. Von Leuten, die offenbar eine perverse Freude daran haben, anderen nicht mal mehr den kleinsten Konsum zu gönnen. Sie befinden sich damit in bester Gesellschaft: Donald Trump hat bereits 2012 getwittert, dass die Idee eines von Menschen gemachten Klimawandels bloß ein Komplott der Chinesen sei. 2015 schrieb er im Winter, es würde doch eindeutig schneien und wäre außerdem saukalt. Wo denn also bitte die Erderwärmung sei, wenn man sie mal brauche.

Klar, muss man sich auch vermeintlich qualifiziertere Dementi anhören, mit denen selbst ernannte Experten einem angeblich schlüssig nachweisen, man sei bloß auf „Klimapropaganda" reingefallen und habe sich von der „Klimahysterie" anstecken lassen wie von einem Schnupfen. Da werden Verschwörungen vermutet und empfohlen – wie so oft auch bei dem Thema „Flüchtlinge" geschehen –, die „richtigen Medien" zu Rate zu ziehen. Anstatt die „Lügenpresse", die von den linksversifften Grünen „unterwandert" sei. Behauptet wird, es habe schließlich schon immer „Kalt- und Warmzeiten" gegeben oder dass der Klimawandel nicht von Menschen gemacht sei (und deshalb eben nicht von Menschen gestoppt oder wenigstens beeinflusst werden könne). Da hilft es dann meistens auch nicht, anzuführen, was der Weltklimarat, was weltweit Experten, was leider immer mehr Indizien schlüssig nachweisen: wie schmal das Brett ist, auf dem sich die Leugner bewegen.

Und ehrlich, ich fühle mich Argumenten wie dem, dass etwa auf Seite 774 des Abschlussberichts des Klimarats angeblich stehen soll, eine „langfristige Vorhersage" sei eh nicht möglich, nicht gewachsen. Ebenso wenig wie Ausführungen, wie sie kürzlich bei einem Essen auf den Tisch kamen. Da behauptete ein Gast, die vermeintliche Vermischung des CO_2 mit der Atmosphäre und deren Konzentrationsmessung sei einem Irrtum geschuldet. Er sagte, dass Flugzeugabgase die gemessene CO_2-Konzentration verfälschen und die CO_2-Konzentration in der Atmosphäre derzeit grundsätzlich nicht zuverlässig gemessen werden kann. Ein anderer Gast war offenbar getrieben von der Sorge, die nächste Kreuzfahrt canceln zu müssen, von der er gerade berichtet hatte. Und ergänzte in einem Ton, in dem man Blondinen gewöhnlich die Abseitsregel erklärt: „Du hast wohl noch nichts von der Oregon-Petition gehört?! Da haben über 31.000 Wissenschaftler unterschrieben und somit bestätigt, dass es keinerlei Nachweis für einen Klimawandel gibt."

Eine Schnellrecherche ergab, dass die Petition erstens schon 20 Jahre alt ist und zweitens weniger als 0,1 Prozent der Unterzeichner überhaupt in der Klimaforschung tätig waren. „Als nämlich Journalisten nach Veröffentlichung der Petition die Unterschriften überprüften, stießen sie auf etliche Scherznamen: So stand beispielsweise ein Mitglied der britischen Pop-Gruppe Spice Girls auf der Liste (Dr. Geri Halliwell) oder fiktive Charaktere aus den erfolgreichen TV-Serien M*A*S*H und Star Wars."[12] Leider war ich schon daheim, als ich das herausfand. In solchen Situationen bedaure ich dann mal kurz, nicht Chemie studiert zu haben. Allerdings hatte ich immerhin noch anbringen können, was der Autor Marc-Uwe Kling, Schöpfer der *Känguru-Chroniken* auf die Frage „Was, wenn es gar keine Klimaerwärmung gibt?" als ultimative Antwort geliefert hat: „Ja, wir könnten jetzt was gegen den Klimawandel tun, aber wenn wir dann in 50 Jahren feststellen würden, dass sich alle Wissenschaftler doch vertan haben und es gar keine Klimaerwärmung gibt, dann hätten wir völlig ohne Grund dafür gesorgt, dass man selbst in den Städten die Luft wieder atmen kann, dass die Flüsse nicht mehr giftig sind, dass Autos weder Krach machen noch stinken und dass wir nicht mehr abhängig sind von Diktatoren und deren Ölvorkommen. Da würden wir uns schön ärgern."[13]

Was ich gelernt habe

- Ich bin vielleicht nicht Superwoman, aber ich kann gleichzeitig David und Goliath sein. Wobei ich mich aus Team Goliath pronto werde verabschieden müssen. Tut mir und der Welt einfach nicht gut, weiterhin dort Mitglied zu sein.

- Herr Appel, mein Chemielehrer, hatte doch recht, als er sagte, ich würde es noch mal bitter bereuen, seinen Unterricht vorwiegend im Café Lösch gegenüber der Schule verbummelt zu haben.

- „Verzicht" ist die grundfalsche Vokabel. Schließlich kann man beim Weltretten nur gewinnen – nämlich die eigene Lebensgrundlage!

- Es wird immer Leute geben, die sogar dann noch behaupten, es gäbe keinen Klimawandel, wenn in ihrem Vorgarten bloß noch Kakteen wachsen. So, wie es immer auch welche geben wird, die der Meinung sind, dass Frauen an den Herd gehören.

- Das Thema Klimawandel steht nicht gerade on top der beliebtesten Gesprächsthemen bei Essenseinladungen.

- Selbst wenn es so klingt, aber „der Klimawandel" ist kein anderer. Der Klimawandel, das sind wir.

- Für den Fall, dass man mir nicht glauben will – schon klar, ich bin ja blond und eher in der „leichten" Unterhaltung zu Hause –, hier gibt es noch mal richtig fundierten Nachschlag: klimafakten.de.

Der Klimawandel in Zahlen

- Die letzten fünf Jahre waren auf unserem Planeten die wärmsten fünf Jahre aller Zeiten.

- 97 Prozent aller Experten weltweit bestätigen, dass der Klimawandel von Menschen gemacht ist.

- In Deutschland hat sich die Durchschnittstemperatur seit dem Jahr 1880 um etwa 1,5 Grad Celsius überdurchschnittlich stark erhöht.

- 2018 verursachte in Deutschland die extreme Hitze im Sommer regionale Ernteeinbußen bei Kartoffeln und Getreide von bis zu 75 Prozent.

- Seit den 1970er-Jahren haben die Wassermassen der Ozeane etwa 93 Prozent der gesamten Erwärmung des Klimasystems aufgenommen. (Der Rest verteilt sich wie folgt: Schmelzen von Eismassen: drei Prozent; Erwärmung der Kontinente: drei Prozent; Erwärmung der Atmosphäre: ein Prozent.)

- Die Ozeane versauern, weil der pH-Wert stetig sinkt. Dies bedroht zahlreiche Meereslebewesen, weil sich Kalk bei niedrigeren pH-Werten nicht mehr gut als Schale etwa bei Muscheln und Schnecken anlagert. Ursache für diese sogenannte Versauerung ist der Anstieg von CO_2 in der Luft, das teilweise von den Ozeanen aufgenommen wird. Weiterhin hohe CO_2-Emissionen könnten bis Ende des Jahrhunderts dazu führen, dass der pH-Wert auf Werte fällt, die seit mehr als 50 Millionen Jahren nicht mehr in den Ozeanen vorgekommen sind.

Der Klimawandel in Zahlen

- Um die globale Erwärmung noch auf 1,5 Grad Celsius zu begrenzen, müssen die menschenverursachten CO_2-Emissionen bis 2030 um etwa 45 Prozent gegenüber dem Jahr 2010 sinken. Das heißt, wir müssen mehr tun als geplant. Denn selbst wenn die Staaten weltweit ihre bisher vorgelegten Klimaschutzmaßnahmen umsetzten, würde die globale Erwärmung zwei Grad Celsius noch übersteigen.

- Der grönländische Eisschild schwindet um 250 bis 300 Milliarden Tonnen pro Jahr, was mit jährlich rund 0,6 Millimetern zum Anstieg der globalen Meeresspiegelhöhe beiträgt. Das Tempo des Eisverlusts hat sich in den vergangenen Jahren beschleunigt.

- In Nord- sowie Ostsee wurde eine Zunahme um zehn bis 20 Zentimeter über die vergangenen 100 Jahre gemessen – eine Folge ist, dass die Sturmfluten höher ausfallen. Pro Jahr steigt der Meeresspiegel an der deutschen Nordseeküste um 1,6 bis 1,8 Millimeter.

- Laut des aktuellen *Global Assessment Report on Biodiversity and Ecosystem Services* der Vereinten Nationen sind von den geschätzt acht Millionen Tier- und Pflanzenarten weltweit rund eine Million vom Aussterben bedroht. Mehr als 500.000 (etwa neun Prozent) der Landtiere (weltweit schätzungsweise 5,9 Millionen Arten) haben nicht genügend Lebensraum zur Verfügung, um langfristig ohne dessen Wiederherstellung zu überleben. Mit gravierenden Folgen: Unter anderem sind mehr als 75 Prozent der Nutzpflanzenarten auf Bestäubung durch Tiere angewiesen.

- Immer wieder wird betont, es werde doch schon viel gegen den Klimawandel getan – meist verbunden mit dem Hinweis, dass der CO_2-Ausstoß seit 1990 zurückgegangen sei. Das ist falsch. Bis heute nimmt die Menge an CO_2 zu, das Jahr für Jahr weltweit ausgestoßen wird. Laut Internationaler Energieagentur (IEA) lag der durch Energieerzeugung verursachte CO_2-Ausstoß zuletzt auf einem Rekordhoch von 33,1 Milliarden Tonnen CO_2. Das bedeutet einen Anstieg von 1,7 Prozent im Vergleich zum Vorjahr.

- Eigentlich müssten Plastikverpackungen wie etwa Zigarettenschachteln mit dem Warnhinweis „Vorsicht! Kann töten!" versehen werden. Die Vereinten Nationen sowie 27 führende Forschungseinrichtungen kamen in einer Studie zu dem Ergebnis, dass sich durch die steigenden Temperaturen tropische Krankheiten wie Malaria und Denguefieber weiter ausbreiten werden – einige Fälle sind bereits in Frankreich, Griechenland und Kroatien aufgetreten. In Zukunft werden wir vielleicht nicht mehr nur über Masernimpfung, sondern auch über die Chikungunya-Prophylaxe streiten (ja, schlagen Sie das ruhig mal nach ...). Immerhin wurden in der EU bislang 1.800 einschlägig Erkrankte gezählt.

Plastik im Kopf

ICH HATTE MICH BESSER IN ERINNERUNG

Eine Freundin hat immer eine tonnenschwere Tasche dabei. Lange machten wir uns einen Spaß daraus, zu raten, was der Grund dafür sein könnte: ein Zweitmann zum Aufklappen? Eine mobile Bar oder vielleicht ein Defibrillator? Man weiß ja nie. Kürzlich hat sie die Tasche vor uns ausgepackt – und es war praktisch nichts darin, was das Gewicht gerechtfertigt hätte. Ein physikalisches Phänomen, das mir geläufig sein sollte. Denn obwohl ich nicht oft zu Hause bin und fast nichts Vorgefertigtes esse, bringe ich einmal die Woche eine riesige Tüte Verpackungsmüll zur Gelben Tonne.

Kommen nachts die Nachbarn vorbei, um ihren Müll bei mir abzuladen? Bin ich Schlafwandlerin und kaufe heimlich ein? Gut, ich bin schon einige Male noch im Schlafanzug, und das, obwohl ich bereits im Bett lag, zum Kühlschrank gegangen – aber um mir ein Butterbrot zu schmieren und nicht um ein Fünfgangmenü für zehn Personen zu kochen (womit auch?). Woher kommt also all der Müll, frage ich mich. Aber auch: Wohin geht er, und will ich das wirklich wissen? Bislang offenbar nicht. Vermutlich ahnte ich schon, dass ich mich irgendwie weiterhin heldenhafter würde fühlen können, wenn ich mir erstens den Eindruck bewahre, enorm sparsam mit Plastik zu sein … und zweitens schon ziemlich begeistert davon bin, dass ich überhaupt den Müll trenne – und somit etwas Gutes fürs Recycling tue. Jetzt will ich mir also nachweisen lassen, wie sehr ich mich irre. Und das auch noch von mir selbst!?

Aber es hilft ja nichts. Die Fakten müssen auf den Tisch. Beziehungsweise mein ganzer Abfall. Eine Woche lang will ich mir anschauen, woher ja letztlich nicht nur mein Müll kommt, sondern im Prinzip die 45 Milliarden Tonnen jährlich, mit denen die Deutschen ihren europäischen Spitzenplatz mit immer neuen Höchstleistungen verteidigen. Pro Kopf sind es allein 220 Kilogramm Verpackungsmüll. Weltweit soll der Planet sogar mit 8,3 Milliarden Tonnen Kunststoff überzogen sein, allein 5,25 Billionen Kunststoffteile schwimmen im Meer. Gut, dagegen wirkt mein Plastiksack so winzig, als könnte ich mich damit schon für einen Heiligenschein bewerben. Andererseits lässt sich aus ihm wie aus einem Kaffeesatz die Zukunft des Planeten ablesen. Und nicht nur das. In ihm entdecke ich auch eine Menge Eigenschaften, über die ich eigentlich bloß mit meinem Tagebuch sprechen möchte: nämlich Ignoranz, Bequemlichkeit, Naivität und einen Hang zum Selbstbetrug.

Tag 1

Überlege, ob ich die ganze Sache um eine Woche verschiebe. Ich habe nämlich mein Badezimmer reorganisiert und um ein paar Altlasten erleichtert. Die befanden sich allerdings allesamt in Plastikflaschen. Eine Ausnahme, so beruhige ich mich angesichts der sechs Behältnisse, die gerade dabei sind, mir meine Bilanz schon vom Start weg zu versauen. Erst überlege ich, ob ich die beiden Plastiktöpfe mit meinem Lieblingsquark einfach auf dem Schrank stehen lasse, damit der erste Tag nicht ganz so blöd dasteht und ich mit ihm. Aber ich weiß ja, dass sie dazugehören. Also kommen sie auch in die große Tüte (die immerhin wiederverwendbar und waschbar ist). Ebenso wie das Papier von zwei Hustenbonbons.

Tag 2

Ich hatte eine Jacke in die Reinigung gebracht und nun abgeholt. Natürlich war sie in Plastik eingeschlagen. Dann kam ein Päckchen – eine Onlinebestellung. Die eine Bluse darin werde ich behalten und damit auch die Plastiktüte, in der sie verpackt war. Gut, es handelt sich um ein britisches Label, das in Deutschland nicht erhältlich ist, ich aber sehr mag. Ich denke trotzdem wieder mal darüber nach, ob das unbedingt sein muss. Andererseits könnte sich wegen des Brexits diese Art von Warenfluss zwischen Deutschland und England ohnehin bald erledigt haben. Es ist eine sehr schöne Bluse. Ich nehme mir vor, vor der nächsten Bestellung dieselbe Methode anzuwenden, die schon meine Tante von Spontankäufen abgehalten hat: mindestens eine Woche vergehen zu lassen. Wenigstens bei jedem zweiten Stück waren so entweder die Anziehungskräfte verblasst oder das Kleidungsstück nicht mehr da.

Tag 3

Die Kunststoffsammeltüte bringt es an den Tag: Ich habe eine ganze Tafel Schokolade gegessen – eine von sechs, die zusammen in Plastik eingeschweißt waren und natürlich in Alufolie verpackt. Außerdem habe ich Tomaten und Brombeeren in Plastikfolie gekauft. Ich war einfach zu faul, noch in einen anderen Supermarkt zu fahren. Habe kurz kalkuliert, dass ja auch das nicht gerade in die Kategorie Umweltschutz gehört: mit dem Auto noch einmal fünf Kilometer zu einem anderen Supermarkt zurückzulegen. Zudem brauchte ich für das Dessertrezept noch Zitronen, Mandelsplitter und Sahne. Auch diese Behältnisse vergrößerten noch mal mein Müllkonto um zwei Tüten und ein Plastiknetz. Nicht zu vergessen: das Sichtfenster der Pastaverpackung und eine Spülmittelflasche. Ich glaube, man wird bald eine Müllhalde nach mir benennen.

Tag 4

Ich muss mich mittlerweile wirklich zusammenreißen, meinen Müll nicht auf die umliegenden öffentlichen Mülleimer zu verteilen. Dabei ist es heute nicht mal allein mein Müll. Eine Freundin war da und hat zum DVD-Abend Chips, Nüsse und anderes Knabberzeug mitgebracht. Klar, dass man das alles aufessen musste. Langsam wird diese öffentliche Sammelei so etwas wie ein Offenbarungseid.

Tag 5

Heute habe ich einen Termin in Hamburg. Uff! Natürlich fahre ich mit dem Zug. Innerlich klopfe ich mir dafür schon mal auf die Schulter. Nach vier haltlosen Tagen hoffe ich jetzt darauf, dass mein Rückgrat sich mal am Riemen reißt. Bis ich mich im Zug „Gern!" sagen höre, als mir ein Kaffee angeboten wird. Im Wegwerfbecher und mit Milch im Plastikschälchen (ohne wäre der Bahnkaffee wirklich ungenießbar, ich könnte ihn nicht trinken – und das wäre ja dann wirklich Verschwendung). Und weil jetzt sowieso schon alles egal ist, nehme ich außerdem noch eine voll eingeschweißte Brezel. Ich habe nämlich verschlafen und das Frühstück ausgelassen. Ebenso, wie mir brav ein paar Brote zu schmieren und sie eingeschlagen in meine neuen Bienenwachstücher mitzunehmen. Brezeltüte und Kaffeebecher addiere ich in Gedanken zu meinem Müll daheim und auch die Plastikhülle, in die das Buch verschweißt war, das ich mir für unterwegs gekauft habe. All das wäre vermeidbar gewesen. Trotzdem ist es fast mein bester Tag. Wenn man sehr großzügig mit sich ist, wozu ich neige. Wäre man strenger, fiele die Bilanz nicht so erfreulich aus. Schließlich müsste ich auch alles, was andere mir anbieten – die Einladung ins Restaurant, den Kaffee danach –, mit aufnehmen und dafür auch mit denen darüber sprechen, die mich eingeladen haben.

Tag 6

Zwei Quarkbecher, ein leerer Deoroller, Verpackung von zwei Druckerpatronen, ein Kartoffelnetz, eine Tube Tomatenmark. Die Dinge sprechen für sich, und es ist nichts, was man gern hört.

Tag 7

Nein, selbst am siebten Tage habe ich nicht geruht. Mit dem Eisbecher aus der Eisdiele (es mussten unbedingt vier Kugeln sein), einem Buttermilchbecher und zwei weiteren Hustenbonbon-Papieren summiert sich mein wöchentlicher Fallout allein an Plastik auf insgesamt 37 Teile. In einem Jahr würde ich so auf knapp 2.000 kommen. Und da haben wir noch nicht von dem ganzen anderen Müll gesprochen: Restmüll, Altpapier, Altglas, Altkleider, Biomüll, Sondermüll, Elektrogeräte, Sperrmüll ... Ich bin wirklich sehr gut darin, die Löcher im Zaun zu sehen, das Licht am Ende des Tunnels, das halb volle Glas. Mir fällt nichts ein. Außer, dass es noch schlimmer hätte sein können. Der Brite Daniel Webb hatte 2017 von Januar bis Dezember immerhin 4.490 Plastikteile gesammelt und seinen gesamten Plastikmüll ein Jahr lang in einem freien Zimmer seiner Wohnung gehortet. Danach hat er ihn in verschiedene Kategorien sortiert – Tabletten-, Obst- und Gemüseverpackungen, Chipstüten, Plastikkarten, Plastikgeschirr sowie -besteck – und daraus ein großes Gemälde gemacht, das nun in England in einem Freizeitpark steht. Ich habe kein Zimmer übrig, um all das Plastik zu beherbergen, und selbst wenn, möchte ich mir nicht in meinen kühnsten Träumen ausmalen, was meine Mutter dazu sagen würde. Sie regt sich ja schon auf, sobald ich einmal den Rasen nicht gemäht habe, und glaubt, sie hätte einen Messie herangezogen, wenn bei mir nur eine Zeitung auf dem Tisch liegt. Es muss sich also dringend etwas ändern.

BESSER GEHT'S NICHT

Mein erster Einkauf als besserer Mensch beginnt wie die Alpenüberquerung von Hannibal: mit viel Gepäck. Ich habe ja nicht nur gute Vorsätze dabei, sondern auch einen Einkaufskorb, Stoffbeutel für loses Obst und Gemüse, zwei kleine Schraubgläser, Plastikschalen, in die der italienische Lebensmittelhändler mir die Antipasti füllen soll, mit denen ich meine Gäste heute Abend bewirten will. Das Erstaunliche: Sobald man versucht, Plastik komplett zu vermeiden, sind die Regale in den Läden plötzlich so leer wie in einem nordkoreanischen Supermarkt. In einem Reformhaus will ich statt Zahnpasta Kautabletten kaufen. Aber die sind in einem Schraubglas und kosten so viel, dass ich dafür drei Zahnpastatuben bekäme, wäre ich noch in meinem früheren Leben.

Im Supermarkt gibt es Nudeln und Reis zwar in Papiertüten. Die Sichtfenster der Nudeln sind allerdings aus Plastik, und offenbar ist die Papierverpackung ein Luxusmerkmal – jedenfalls sind die Nudeln so deutlich teurer. Für meinen Lieblingsquark im Plastikbecher gibt es gleich gar keine Alternative. Außerdem wollte ich noch gern Tomaten kaufen, da sind jedoch nur die wässrigen lose zu haben. Die mit deutlich mehr Aroma sind in Plastik eingepackt. Also kaufe ich, was zweifelsfrei geht: Brot, ein bisschen Gemüse, Obst, Eier, Butter auch – obwohl ich mit schlechtem Gewissen an das Silberpapier denke, in das sie eingeschlagen ist.

Eine halbe Stunde später stehe ich im Unverpackt-Laden und warte. Es dauert, bis die beiden vor mir ihre Wocheneinkäufe erledigt haben. Alles wird einzeln abgewogen: die losen Linsen, die losen Nudeln, die Bananenchips, der Buchweizen, der Reis, das Müsli, der Kaffee. Wie immer in solchen Situationen schaue ich mir an, was man sonst noch so kaufen könnte … Und weil der Kundin vor mir immer noch etwas Neues einfällt und ich daran denke, dass ich es mir zeitlich nicht leisten kann, hier dauernd herumzustehen und es also klüger wäre, schon mal ein paar Weltretterinnen-Vorräte anzulegen, füllt sich mein Einkaufskorb: mit einem Deo im Glas, einer Seife fürs Haar sowie einem Rasierhobel aus Edelstahl. Eigentlich müsste es dazu noch kompostierbares Pflaster geben, aber das hält der Laden nicht vorrätig. Dafür gibt es Pfefferminzkautabletten – den Zahnpastaersatz – lose zum Abwiegen und deutlich günstiger als im Reformhaus. Ich nehme, als ich endlich dran bin, gleich einen ganzen Monatsvorrat in meinem vorbildlich selbst mitgebrachten Schraubverschlussgläschen mit.

Der halbe Nachmittag ist nun vorbei, und ich habe noch immer keine Tomaten geschweige denn die Antipasti. Also fahre ich auch noch in die Frankfurter Kleinmarkthalle – mit den Öffentlichen. Ich reiche der Verkäuferin am italienischen Lebensmittelstand stolz ein Plastikschälchen nach dem anderen. Sie will jedes zusätzlich mit Frischhaltefolie einwickeln, damit auch wirklich nichts passiert. Aber ich lehne dankend ab. Zu Hause stelle ich fest, dass ich zwar Kunststoffverpackung gespart habe, aber meine Hose in die Reinigung geben muss und neue Schälchen brauche. Diese sind nämlich undicht, und der Einkaufskorb auf meinen Knien hat den ganzen ausgelaufenen Sud aus Olivenöl und Essig umstandslos durchgelassen.

Fazit: Ich habe einen halben Tag mit Einkäufen verbracht und musste trotzdem eine Menge Kompromisse machen; habe mir meine Klamotten gründlich eingesaut, aber immerhin Zahnpasta für einen Monat.

Nachts träume ich von einem riesigen Plastikberg, der sich in meinem Haus wie im Märchen *Der süße Brei* immer weiter ausdehnt und mir die Luft abschnürt. Ich wache mit einer Panikattacke auf. Und wo ich schon mal mitten in der Nacht genug Adrenalin in mir habe, mache ich mir erst ein Butterbrot, bevor ich mir überlege, was verdammt noch mal eigentlich so schwer daran ist, auf noch mehr Plastik zu verzichten. Ich meine: Ich habe schon mit dem Rauchen aufgehört, ich faste regelmäßig bis zu fünf Wochen und reiße währenddessen anderen Menschen auf der Straße ja auch nicht ihr Sandwich aus den Händen. Außerdem habe ich vor vielen Jahren schon mal ein Leben mit deutlich weniger Plastik geführt, ohne dass mir irgendetwas gefehlt hätte. Und nicht ich allein. Wir, die wir alt genug sind, um uns in Rinaldo Rinaldini und Little Joe Cartwright verliebt zu haben, wissen doch eigentlich, wie es geht. Was also ist es genau, weshalb wir so schwer loslassen können? Vielleicht gerade, weil uns Plastik das Leben so leicht gemacht hat ...

ALLES SO SCHÖN BUNT HIER

Es war so um die Zeit, als der Menschheit bloß ein Planet genügte und sie nicht daran arbeitete, zwei, drei oder gar mehr zu verbrauchen. Damals wurde ich noch mit einem Henkelmann in den Kindergarten geschickt. Mittags stellten die Kindergärtnerinnen das Bleichgeschirr in ein heißes Wasserbad, und dann bekamen wir das Essen, das unsere Mütter uns am Abend zuvor zubereitet hatten, auf einem Teller serviert. Zu trinken gab es Leitungswasser und zu ganz besonderen Gelegenheiten auch mal eine Limo. Die kaufte man wie Milch oder Bier in Glasflaschen.

Den Höhepunkt gehobenen Trinkvergnügens stellte für meine Geschwister und mich damals Tri Top dar, ein Sirup, mit dem man das Leitungswasser deutlich aufwerten konnte. Es kam in Flaschen, die so ähnlich aussahen wie die so mördercoolen Lavalampen. Ich bin nachts mal heimlich und mit großem Durst in die Küche geschlichen, um einen Schluck zu nehmen. In meiner Gier habe ich aber im Dunkeln die Flasche mit dem Spülmittel erwischt. Vermutlich waren meine Geschmacksknospen noch im Tiefschlaf, vielleicht dachte ich auch, was alle Geschwisterkinder denken: Was erst mal in meinem Magen ist, kann mir niemand mehr nehmen – also beeile ich mich besser! Jedenfalls bemerkte ich den Unterschied erst, als das Zeug schon durch die Speiseröhre lief. Natürlich konnte ich unmöglich meine Eltern rufen. Ich habe mir dann den Mund mit Wasser ausgespült und bin in aller Stille wieder ins Bett gegangen, wo natürlich nicht eine Mikrofaserdecke wartete, sondern eine aus Daunen, die nachts tonnenschwer auf einem lastete.

Mit meinen Freunden verabredete ich mich mündlich. Wir hatten noch kein Telefon, und trotzdem erreichten uns die wichtigen Nachrichten – so wie damals, als meine Tante überraschend verstorben war – noch rechtzeitig genug, um zur Beerdigung anreisen zu können. Einmal die Woche wurden wir Kinder gebadet. Und zwar nacheinander in demselben Badewasser (eine einmalige Gelegenheit, sich mal zu freuen, die Älteste zu sein). Ein Umstand, der bei meinem achtjährigen Nachbarsjungen, als ich ihm davon erzählte, für Begeisterung sorgte – er soll nämlich täglich duschen.

Ja, das klingt wunderbar nostalgisch, aber ehrlich: Es war besonders für unsere Mütter ganz schön anstrengend. Klar, gab es Waschmaschinen. Aber keine Trockner und kaum Fertigprodukte. Kaffee wurde noch aufgegossen. Es existierten keine Mikrowellen. Keine vorgefertigten Pfannkuchen, kein Thermomix, keine Bügelstation, keine Großküchen, die das Essen für die Kitas in Styropor-Wärmeboxen anlieferten und auch gleich noch das für die Grundschule, die Gesamtschule, das Großklinikum und den Hort. Babys wurden in Stoff-windeln verpackt, die nicht nur olfaktorisch eine Zumutung waren, sondern auch noch gewaschen werden mussten. Die Liste ließe sich endlos fortsetzen. Man kann sie auch abkürzen und alles in nur dem einen Satz zusammenfassen, den Mr. Spock einmal zu Captain Kirk gesagt hat: „Es war Leben Jim, aber nicht so, wie wir es kennen."

Denn dann kam das Plastik und versprach, all die Mühsal im Staub der Geschichte versinken zu lassen. Gut, es war vorher schon da. Das Plastik steckte in den Autoreifen, die den Autoverkehr erst möglich gemacht hatten, in dem Isoliermaterial von Elektroleitungen, in Tele-fonen, Radios, Fotoapparaten, Brillengestellen, Schaltern, Föhnen … Es hatte überhaupt den rasanten Fortschritt und die Industrialisierung ermöglicht und ganz nebenbei die Elefanten vor dem Aussterben ge-rettet. Zelluloid, der wichtigste Kunststoff des 19. Jahrhunderts, war von dem Amerikaner John Wesley Hyatt deshalb erfunden worden, um die bis dahin aus Elfenbein hergestellten Billardkugeln zu erset-zen. Die Nachfrage war damals nämlich so groß, dass sie den Ele-fantenbestand schon empfindlich dezimiert hatte und deswegen die Billardkugelpreise in schwindelerregende Höhen geschossen waren. Hyatt nun wollte einfach die 10.000 Dollar gewinnen, die die New Yorker Firma Phelan & Collender dem in Aussicht gestellt hatten, der für vollwertigen – und billigen – Ersatz sorgte. Und er siegte, obwohl es immer zu kleinen Explosionen kam, wenn seine Billardkugeln an-einanderprallten. Der Besitzer eines Saloons aus Colorado schrieb damals: „Mir macht es nichts aus, aber jedes Mal, wenn die Kugeln zusammenstoßen, ziehen alle Männer im Raum den Revolver."

EX UND HOPP FÜR ALLE

Dass Plastik eine Geschichte hatte, wussten wir damals natürlich nicht. Und ehrlich, es war uns auch herzlich egal. Kunststoff, das be-deutete ja von Anfang an dasselbe wie bei jeder heißen Affäre: keine Fragen zu stellen. Sich nicht mit Hintergrundinformationen wie „Wo kommt es her?" und „Wo geht es hin?" zu belasten. Es ging um Oberfläche, nicht um Tiefe. Man konnte den Pril-Blumen quasi dabei zuschauen, wie sie in den Himmel wuchsen, der voller herrlicher Shoppingmöglichkeiten hing. Mit Kunststoff schien alles für alle möglich. Der Witz an den Polymeren, den synthetischen Substanzen aus langkettigen Molekülen – insbesondere der auf Basis von Kohlenwasserstoffen –, ist ja, dass sie durch Druck oder Hitze formbar, also plastisch sind. Meint: Plastik drängte sich nun mit Macht in die noch so kleinste Nische. Meine Mutter ließ jetzt das Einkaufsnetz zu Hause und kam mit Plastiktüten heim. Darin Lego und Barbie oder die Pocketkamera zum Geburtstag mit einem ordentlichen Vorrat an Plastik-Blitzwürfeln statt eines ordentlichen Fotoapparats, der viel zu teuer gewesen wäre. Es gab viele neue Kunststoffküchengeräte, die man bald nicht mehr reparieren konnte, weil nichts mehr geschraubt, sondern das meiste nun genietet oder geklebt war. Aber man musste ja nicht mehr weinen, wenn man auseinanderging – das Ding und ich. Man holte sich einfach ein neues. Preiswerte Produktionen, günstige Preise animierten ja zur Polyamorie und höchstens noch zu serieller Monogamie. Vieles war nun „Einweg", also ohnehin nur für den Moment gedacht, wie etwa das sogenannte Partygeschirr: nicht dafür gemacht, gepflegt, gewartet und aufgehoben zu werden.

Kunststoff stand für Arbeitserleichterung genauso wie für Hygiene. Nicht nur weil es abwaschbar ist, sondern auch weil man vieles lediglich einmal benutzte. Selbst Möbel oder Autos – sonst für die Ewigkeit angeschafft beziehungsweise wenigstens für ein ganzes oder halbes Leben – wurden nun zu einem Saisonartikel. „Wegwerfgesellschaft" nannte man das. Gut, es klang nicht sehr sympathisch und ziemlich nach „nicht treu sein können", aber doch nach dem „Wohlstand für alle", den Bundeswirtschaftsminister Ludwig Erhard unseren Eltern und Großeltern in den 1950er-Jahren versprochen hatte. Für uns wurde das nun mit „Wegwerfen für alle" oder auch „Ex und hopp für jeden" übersetzt.

Wer jemals die Kleidung und den Schulranzen seiner Geschwister auftragen musste und noch gelernt hat, Strümpfe zu stopfen, wird ahnen, wie groß die Erleichterung war, aus dem ewigen Wartungsdienst für Klamotten, Möbel, Geschirr, Geräte, Tisch- und Bettwäsche entlassen zu sein – und stattdessen aus dem Plastikvollen zu schöpfen. Kunststoff war die Eintrittskarte in ein schöneres, leichteres Leben, an dem nun alle teilhaben konnten. Mit ein paar Euro oder sogar nur Cent ist man seitdem überall mit dabei: in der Mode, beim Essen, Reisen, im Haushalt, in der Schönheitspflege und beim Einrichten. Man kann Student sein, komplett eingerichtet, Ikea-Einbauschränke inklusive, mit 1.000 Shoppingkarten (aus Plastik) überall noch ein paar Punkte machen und Rabatte sammeln. Selbst mit dem Cocktail im Plastikbecher auf dem Volksfest kauft man nicht bloß einen leckeren Drink, sondern auch einen Mitgliedsausweis der internationalen Hipster-Gemeinde.

Plastik flüstert: „Das bist du dir wert!" und „Die paar Cent?! Das kannst du dir doch locker leisten!" Es füttert unsere Bequemlichkeit, unsere Maßlosigkeit und zwar so, dass die beiden Terrorschwestern eigentlich schon ein Magenband verdient hätten, während die Frustrationstoleranz danebensitzt und am ausgestreckten Kunststoffarm verhungert. Meint: Niemand – mich eingeschlossen – braucht und will mehr auch nur ein leichtes Magenknurren, ein wenig Durst, einen Shoppingwunsch oder Reiselust lange aushalten. Es gibt immer alles und überall und sofort für kleines Geld, jedenfalls für gerade so viel, dass die Beträge noch unter dem Vernunftsradar fliegen, das vielleicht sagen würde: „Du hast doch bereits zehn Shirts in Grün" oder „Eben hast du in der Kantine noch ein Schnitzel gegessen, und jetzt willst du schon wieder ein Kuchenstück auf die Hand?" oder „Es gibt erst in zwei Stunden etwas zu essen. Das wirst du doch wohl aushalten können!?"

Plastik hat uns zu trotzigen Dreijährigen gemacht, die sich sofort brüllend auf den Boden werfen und schreien „Ich will aber, ich will, ich will!", sobald wir es loslassen sollen – und damit alles, was wir damit verbinden und mit dem schon die Jüngsten angefüttert werden.

Auch ihnen wird mit Kunststoff ein Gefühl von Luxus und Opulenz mit den Mitteln des Ramschs vermittelt. Etwa wenn große Burgerketten Plastikspielzeug als Lockstoff für Kindermenüs einsetzen oder die XXL-Plastikbehälter für die Fertigsuppen, die der Nachbarsjunge so liebt. Für Max ist es das Größte, nach der Schule dort sein Mittagessen einkaufen zu dürfen, daheim Wasser heiß zu machen und es über die ganze Instantpracht zu gießen. Er kann jetzt auch kochen, sagt er. In Deutschland hat sich so der Plastikmüll seit 1994 fast verdoppelt.

WEDER EIER NOCH WURZELN

Wir sind zu *Plastic People* gemacht geworden, so der Titel eines Songs, den Frank Zappa damals noch unter dem Bandnamen The Mothers of Invention bereits 1967 auf dem Album *Absolutely Free* veröffentlichte. Er handelt von Menschen, die voll „plastifiziert" sind. Von einem Mädchen, das sich mit „Plastikdreck" ihr Gesicht anmalt und sich die Haare mit irgendeinem Shampoo ruiniert: „She paints her face with plastic goo / And wrecks her hair with some shampoo …" Und von einer Stadt, die voller „widerlicher Plastiktypen" ist, in braunen Schuhen, die zu ihren Anzügen passen, die aber „weder Eier noch Wurzeln" haben: „This town is full of plastic creeps / Their shoes are brown to match their suits / They got no balls, they got no roots …"

Das Lied ist mehr als 50 Jahre alt, erweist sich aber als erstaunlich hellsichtig. Nicht bloß wegen der – abhängig von Alter und Geschlecht – 39.000 bis 52.000 Mikroplastikteilchen, die laut der amerikanischen Studie *Human Consumption of Microplastics* vom Juni 2019 jeder von uns jährlich zu sich nimmt. Plastik ist auch in unseren Gedanken, unserer Haltung, in der Selbstverständlichkeit, mit der uns der Kunststoff zu Sonnengöttern auf einem Plastikthron gemacht hat. Und jetzt auf einmal soll er der Partner sein, der nach 20 Jahren glücklicher Ehe nach Hause kommt und sagt: „Ich habe da eine andere kennengelernt, und übrigens, unsere Ersparnisse sind auch weg, und die Villa habe ich meiner Freundin überschrieben." Klar, dass man das nur schwer glauben mag. Und eigentlich auch nicht wahrhaben möchte, dass jemand, der einmal so nett war und uns so verwöhnt hat, nun der Teufel sein soll. Aber so einfach ist es dann auch wieder nicht. Plastik ist eigentlich immer noch eine gute Idee – leicht, gut formbar sowie hygienisch – und ohnehin überall: in der Medizin, der Baubranche, in Textilien sowie in praktisch allen technischen Geräten, in Smartphones ebenso wie in Computern und natürlich auch in den E-Autos und E-Bikes sowie in den gerade so hippen E-Rollern. Ohne Plastik, so der erste EU-Vizepräsident Frans Timmermans, können wir kaum leben. „Aber wir können auch daran sterben."[14]

Es gibt gleich mehrere Gründe, weshalb Plastik uns eines sehr nahen Tages killen könnte. Der vielleicht wichtigste: dass es keine wirkliche Wiederverwertung gibt. Erst kürzlich erklärte *Der Spiegel* das deutsche Recyclingsystem als „gescheitert". „Weltmeister der Wiederverwertung" seien die Deutschen vor allem durch „Taschenspielertricks".[15] Zwar will es das neue Verpackungsgesetz, dass ab 2019 58,5 Prozent der Kunststoffverpackungen recycelt werden. Doch bereits die vorher gültige Quote von 36 Prozent gehört dorthin, wo auch die Zahnfee, Dornröschen und die Sache mit „Fünf Kilo in einer Woche, und Sie können essen, was Sie wollen" zu Hause sind: ins Reich der Märchen. Denn als recycelt gilt schon, was hierzulande in eine Sortieranlage geht und einer „stofflichen Verwertung" zugeführt wird. Ein Kriterium, das bereits dann erfüllt ist, wenn der Müll etwa nach Malaysia geht. Experten schätzen deshalb, dass sich die tatsächliche Quote des recycelten Plastiks zwischen trostlosen 5,6 und 17,3 Prozent bewegt.[16] Nach Japan und den USA zählt Deutschland so zu den weltweit größten Plastikmüllexporteuren.

Ähnlich „fabelhaft" – im wahrsten Sinne des Wortes – ist auch der Umgang der Politik mit den Herstellern. Ab 2030, so hat es die EU bestimmt, sollen alle Plastikverpackungen wiederverwertbar sein. Und zwar, jetzt kommt der Riesenwitz: weitgehend freiwillig. Wie weit man damit kommt, wissen gerade Frauen. Ich sage nur „Abwasch" oder „Frauenquote". Und dann hätten wir noch die dritte tragende Säule beim Plastikwahnsinn: uns. Das zeigt sich gerade dort, wo man Kunststoff eigentlich so wenig braucht wie einen Bikini in der Antarktis: beim Mineralwasser in Einwegplastikflaschen. Abgesehen davon, dass wir – wenn wir Wasser aus Plastikflaschen trinken – so übers Jahr 90.000 Mikroplastikteilchen zu uns nehmen (zusätzlich zu den bis zu 120.000 von oben). Und ungeachtet der Tatsache, dass noch niemand weiß, wie sich das auf unsere Gesundheit auswirkt: „Bei Muscheln, Würmern und Fischen konnten in diesem Zusammenhang physiologische Störungen, Tumorbildung und erhöhte Sterberaten festgestellt werden."[17]

Es ist, sagen wir mal, nicht die klügste Entscheidung, überhaupt Wasser in Flaschen zu kaufen. Schließlich bezahlen wir für etwas, das wir umsonst und in meist viel besserer Qualität ohnehin schon daheim haben: Leitungswasser. Eines der am besten kontrollierten Lebensmittel in unserem Land und laut Stiftung Warentest den meisten von ihnen getesteten Mineralwässern deutlich überlegen. Während ein Liter Leitungswasser 0,2 Cent kostet, wird für einen Liter Markenwasser das bis zu 400-Fache verlangt. Verbraucherschützer sprechen von einem Milliardengeschäft. Allein in Deutschland betrug der Gesamtumsatz mit Mineralwasser 3,4 Milliarden Euro im Jahr 2017. Etwa 800 Millionen Kunststoffwasserflaschen sind jedes Jahr auf dem deutschen Markt in Umlauf. Dabei hat sich der Anteil der Mehrwegflaschen mehr als halbiert.

Dazu kommt noch das Problem mit den Transportwegen. Viele der über 500 Mineralwässer, die hierzulande im Angebot sind, müssten eigentlich mit Reisepässen und Proviant ausgestattet sein, so weit ist ihre Anreise zum jeweiligen Supermarkt. Womit wir dann auch beim Nachteil von Glasflaschen wären: Zwar können sie bis zu 50-mal wieder befüllt werden – bei Mehrwegplastikflaschen geht das nur maximal 20-mal –, aber dafür ist der Transportaufwand höher, weil sie schwerer sind. Außerdem ist die Glasherstellung auch ein ziemlicher Energieräuber. Allein beim Recycling wird das Material auf mehr als 1.000 Grad Celsius erhitzt. Zum Glück brauchen wir uns nicht mit solchen Überlegungen zu belasten, weil wir das Klügste tun, was man in dieser Situation tun kann: aus dem Wasserhahn trinken.

„Aber woran merke ich dann, dass mein Mann mich noch liebt, wenn er nicht mal mehr die schweren Wasserflaschenkisten für mich im Getränkemarkt holen muss?", fragt eine Freundin besorgt. Tja, man könnte ihm das Feudeln des Laminats nahebringen oder den Wocheneinkauf oder ihn bitten, den Austausch der CO_2-Patronen zu übernehmen. Wer unbedingt etwas Lebhaftigkeit in seinem Wasser braucht, der ist nämlich mit einem Trinkwassersprudler immer noch besser bedient als mit Wasser aus dem Supermarkt. Der ist zwar auch aus Plastik, aber die Umweltbelastung ist dennoch achtmal kleiner, vorausgesetzt, man benutzt ihn mindestens fünf Jahre. Mit ihm kostet Wasser zwischen 17 und 30 Cent pro Liter (Anschaffungspreis plus laufende Kosten für den CO_2-Zylinder), und damit zwar mehr als das Billigwasser vom Discounter. Allerdings sind da nicht die Transport- und Umweltkosten mit eingerechnet. Bezieht man Markenwasser oder gar „Designerwasser" in die Kalkulation mit ein – mit Literpreisen von 60 Cent aufwärts für einen Liter –, hat sich so ein Sprudler schnell amortisiert. Und für die 75 Euro, die man sich spart, wenn man sie nicht in 0,75-Liter-Gletscherwasser aus Spitzbergen im Geschenkkarton investiert, kann man sich selbst zu einem schönen Essen in ein tolles Restaurant einladen.

Auch nicht unwichtig zu wissen ist übrigens, was und wen man mit dem Geld für Mineralwasser aus der Flasche alimentiert, erzählt mir Michaela. Eine Freundin, die schon sehr viel strenger ist mit sich und anderen als ich. Sie ist in dem Netzwerk Viva con Agua engagiert, das sich für einen weltweiten menschenwürdigen Zugang zu sauberem Wasser einsetzt. Keine Selbstverständlichkeit, wenn Konzerne wie Nestlé – einer der Global Player des Mineralwassergeschäftes – weltweit Wasserrechte von staatlichen Wasserbehörden kauft, um das Wasser dann direkt aus dem Grundwasser abpumpen zu können. Dieses Wasser reinigt Nestlé und verkauft es schließlich als abgefülltes „Tafelwasser" in Plastikflaschen, zum Beispiel unter der Marke Nestlé Pure Life. Das geschieht an 95 Produktionsstandorten in 34 Ländern. Darunter auch im Süden von Afrika, in Pakistan und Äthiopien, wo das Wasser dringend für die Natur und die Bevölkerung benötigt wird.

Also: wieder etwas gelernt und mir gleich einen Wassersprudler gekauft. Selbstverständlich mit Glasflaschen. Allerdings fällt dafür wieder einmal Verpackungsmüll an. Es hört einfach nicht auf. „Und wo wir schon über Getränke sprechen", sagt Michaela, „ich habe da in deinem Auto einen Kaffeebecher gesehen. Wir müssen reden …!" So wurden früher Trennungsgespräche eingeleitet, und ich ahne, dass es auch hier um einen Abschied gehen wird.

KAFFEE FÜR SESSHAFTE

Ich liebe Kaffee und trinke sicher deutlich mehr als die durchschnittlich 162 Liter, die jeder Deutsche jährlich konsumiert. Vermutlich war auch die Frau, der wir die wichtigste Kaffee-Innovation verdanken, eine Seelenverwandte: die Dresdner Hausfrau Amalie Auguste Melitta Bentz, die 1908 den legendären Melitta-Kaffeefilter erfand. Sie hatte offenbar den Kaffeesatz zwischen den Zähnen satt. Denn zu ihrer Zeit wurde der Kaffee noch nach Cowboyart zusammen mit dem Wasser aufgekocht. Durch Filterpapier heiß aufgebrüht, schmeckte das Getränk auch gleich besser. So gut, dass eine ganze Kultur drum herum entstand: urdeutsche Institutionen wie das Kaffeekränzchen, gern „Kaffeeklatsch" genannt. Kaffee war der Inbegriff von Sesshaftigkeit. Bis 1996 der erste Kaffee to go aus den USA kam und schließlich der Kapselkaffee, bei dem man inzwischen bis zu 20 Alternativen wählen kann – und so viele Entscheidungen zu treffen hat, als gelte es, ein Kind zu adoptieren.

Die meisten sind damit offenbar so beschäftigt, dass ihnen gar nicht auffällt, wie sie dabei für ein Kilogramm Kaffee umgerechnet bis zu 200 Euro hinlegen. Was sehr viel ist, aber nichts gegen den Preis, den die Umwelt bezahlt. Bei bloß sechs Gramm Kaffee fallen bei Nespresso vier bis fünf Gramm Aluminium je Kapsel an. Das summiert sich im Jahr auf 8.000 Tonnen Müll. Die Hersteller trösten damit, dass Aluminium ja eine hohe Recyclingquote hat. „Aber", fährt mir meine strenge Freundin mal wieder in die Parade, „die meisten Menschen werfen die Kapseln doch nur in den Restmüll, und selbst wenn alte Kaffeekapseln eingeschmolzen werden, lassen sich daraus nur noch minderwertigere Aluminiumprodukte herstellen." Für die CO_2-Bilanz allein der deutschen Aluminiumkapselproduktion könnten 25.000 Menschen einmal von Frankfurt nach Palma de Mallorca fliegen und zurück, erklärt sie mir. Bin ich froh, dass ich meine Kapselmaschine schon vor längerer Zeit abgeschafft und gegen eine Schraubkanne eingetauscht habe.

Trotzdem bleibt da noch dieses unübersehbare Indiz, wie unendlich viel es in meinem Leben noch zu verbessern gibt: der Coffee-to-go-Becher in meinem Auto. (Ich wusste, ich hätte aufräumen sollen, bevor ich sie mitnehme – denn so stolz meine strenge Freundin darauf ist, kein Auto zu haben, so sehr freut sie sich, wenn ich sie nach Hause bringe). Hier ein Best-of von dem, was ich mir deshalb anhören musste: Jede Stunde wandern in Deutschland 320.000 dieser „großvolumigen Hohlkörper" in den Müll, täglich 7,3 Millionen, jährlich fast drei Milliarden. Allein für den Kaffeepappbecherverbrauch in Deutschland werden pro Jahr rund 43.000 Bäume gefällt und 1,4 Milliarden Liter Wasser verbraucht. Weil die Einwegbecher nicht nur aus Pappe, sondern anteilig auch aus Kunststoff bestehen, werden zusätzliche 22.000 Tonnen Rohöl zur Becherproduktion benötigt. Der Energieaufwand für die Herstellung beläuft sich dabei auf 320 Millionen Kilowattstunden. Dadurch werden 110.000 Tonnen CO_2 freigesetzt. Dazu kommen noch der Plastikdeckel und gelegentlich Rührstäbchen, Papiermanschetten oder Tragehilfen aus Pappe. Und das für ein Produkt, das maximal 15 Minuten in Gebrauch ist, ehe man es wegwirft.

Ja, das ist beeindruckend, zumal sich bei diesem Thema ganz neue Allianzen bilden. Denn auch mein Vater gehört schon seit Längerem mit ins Coffee-to-go-Verächter-Team. Seit ich vor einiger Zeit mit ihm am Frankfurter Hauptbahnhof an so einer Kaffee-Abfüllstation stand und ihn fragte, ob er ebenfalls einen „für unterwegs" haben wolle. Ich hätte ihm genauso gut eine Marsexpedition anbieten können. Er fand die Idee, freiwillig mit einem Becher und seinem brühend heißen Inhalt unterwegs zu sein, total irre. Zum einem gilt es in seiner Generation als Unding, auf der Straße zu essen und zu trinken, wenn einen widrige Umstände nicht gerade dazu zwingen, dort zu leben. „Man befriedigt seine Bedürfnisse nicht in der Öffentlichkeit, sondern diskret und kultiviert", meint mein Vater und findet: „Das hat einfach keinen Stil!"

Außerdem hält er es für hochriskant, ein Getränk durch eine so kleine Öffnung zu sich zu nehmen. Ohne Sichtkontakt zum Kaffee fehle ja die überhaupt wichtigste Information, ob man der Zunge nicht etwa Verbrennungen dritten Grades zufügen wird. „Es dampft ja nicht!", meint er. Zu guter Letzt ist für ihn beim Kaffeetrinken die Vorfreude einer der wichtigsten Geschmacksverstärker: „Ich kann warten. Auch auf die nächste Tasse Kaffee. Geht ja höchstens um ein paar Stunden. Ist ja nicht so, als wären wir im Krieg und wüssten nicht, ob man überhaupt wieder einen bekommt." Und dann erinnern ihn all die an Kaffeebechern nuckelnden Menschen an seine Besuche im Altenheim bei Tante Gerlinde: „Die würde sehr gern aus einer ordentlichen Tasse trinken anstatt aus einer Schnabeltasse."

Alles in allem findet er die To-go-Idee sehr befremdlich und enorm unpraktisch. Auch und gerade in den überfüllten öffentlichen Verkehrsmitteln: „Das kann doch nicht gut sein. Die sollten sich lieber festhalten, als einen heißen Kaffee mit sich herumzutragen." Wer, wie er, noch mit der stationären Kaffeeversorgung aufgewachsen ist, dem erschließt sich nur schwer die Freiheit des Überall-und-gleich-trinken-Könnens. Vor allem wenn es dafür keine Notwendigkeit gibt.

Eigentlich ist der Becher ohnehin weniger Überlebenshilfe als ein hippes Großstadtaccessoire. Anders für meinen Vater. Für ihn war Kaffee immer auch gelebtes Pausenzeichen, das Hatha-Yoga für zwischendurch und eine eigene Zeiteinheit: Eine Tasse Kaffee zu trinken bedeutete immer mindestens eine halbe Stunde Auszeit und leistete somit wertvolle Beiträge zur Beziehungspflege – innerfamiliär und auch im Job. Klingt irgendwie genau so, wie frisch gebrühter Kaffee riecht: ziemlich verlockend! In Beziehungen und Freundschaften bin ich ohnehin eher ein Fan des „to stay" als des „to go". Also weite ich dieses Faible nun auch auf den Kaffee aus. „Ja, ihr habt ja recht!", sage ich zu meinem Vater und zu meiner strengen Freundin. Aber auch, dass nicht alle Becher schlecht sind. Es gibt da nämlich den FreiburgCup, ein stadteigener Mehrwegbecher, der in 105 Cafés, Cafeterien oder Bäckereien Freiburgs gegen ein Pfand von einem Euro ausgeliehen, aufgefüllt und zurückgegeben werden kann. In München, Frankfurt und Hannover wurden solche Mehrwegbechersysteme mittlerweile ebenfalls eingeführt.

Leider zeigt sich da, worin das eigentliche Problem liegt: Der Mehrwegbecher hat nämlich wider Erwarten und trotz bester Absichten nicht zu weniger Müll geführt. Offenbar ist ausgerechnet der Becher to go, dieses Sinnbild der Emsigkeit, ein Symbol der Faulheit. Sehr, sehr viele Menschen sind anscheinend zu schwach, ihren Becher auch nur bis zum nächsten Mülleimer zu tragen. Sobald er leer ist, müssen sie ihn sofort dort stehen und fallen lassen, wo sie sich gerade befinden – auf Verteilerkästen, Fenstersimsen, Parkbänken, Straßenbahnsitzen. Und an Stränden. Hier gehören die Becher zu den zehn häufigsten Dingen, die herumliegen. „Littering" nennt man dieses achtlose Wegwerfen im öffentlichen Raum, und es zeigt mal wieder, wie das Plastik in unseren Köpfen die ein oder andere Hirnzelle verdrängt. Sehr clever ist es jedenfalls nicht, für einen meist ohnehin mittelmäßigen Coffee to go ein Vermögen auszugeben und dann auch noch dafür Schlange zu stehen. Ich bin älter, meine Lebenszeit ist begrenzt, deshalb habe ich mir einen Tumbler angeschafft – einen wiederverwertbaren Kaffeebecher. Mit dem braucht man gar nicht erst den nächsten Mülleimer zu suchen. Und falls man daheim doch mal keine Zeit hatte, kann man sich den Thermobecher überall auffüllen lassen. Allerdings hat es vier Modelle (und einige Kaffeeflecken sowie eingeweichte Manuskripte) gebraucht, bis ich den gefunden hatte, der nicht nur „100 Prozent Auslaufsicherheit" versprach, sondern auch hielt. Und in dem der Kaffee nicht schon innerhalb kurzer Zeit einen Temperatursturz erlitt. Weil die Methode „Versuch und Irrtum" auch nicht sehr ökologisch ist und man besser beim Einwegbecher bleibt, bevor man sich alle Jahre wieder in einen neuen Thermobecher verliebt – hier mein Favorit für die Langzeitbeziehung: emsa. Hält den ganzen Tag dicht und auch die Temperatur.

Ach ja, wo wir schon mal beim Kaffee sind: Genauso wie beim Kakao wäre es gut, auf Fair Trade zu achten.

Was ich gelernt habe

- Der Gelbe Sack ist die neue Psychocouch.

- Im Plastikkosmos gilt: Gerade wenn es günstig wirkt, wird es für alle enorm teuer.

- „To stay" ist besser als „to go" – nicht nur in Beziehungen.

- Wenn Glas, dann möglichst mehrweg und regional.

- Meine Zahnbürste ist jetzt aus Bambus.

- Kein Orangensaft mehr im Tetra Pak.

- Eine Politik, die Verpackungsmüll als Privatangelegenheit der Wirtschaft betrachtet, kann man direkt an der Wahlurne aus ihrem Plastikbällebad abholen.

Der Kunststoff in Zahlen

- Ich wünschte, ich hätte die Lebenserwartung einer Einwegwindel. Der Traum vom ewigen Leben – beim Kunststoff
scheint er sich zu erfüllen. Seine Deadline ist nicht nur erschreckend, sondern auch eine prima Entscheidungshilfe:

Plastiktüte . . . . 20 Jahre
Kaffeebecher . . . . 50 Jahre
Sneaker-Schuhsohle aus Gummi . . . 50 bis 80 Jahre
Schokoriegelverpackung . . . . 200 Jahre
Getränkedose . . . . 200 Jahre
Plastikflasche . . . . 450 Jahre
Einwegwindel . . . . 450 Jahre
Tampon . . . . 500 Jahre
Blechbüchse . . . . 500 Jahre
Angelschnur . . . . 600 Jahre
Styropor . . . . 6.000 Jahre
Glasflasche . . . . bis zu 1 Million Jahre

- Greenpeace hat sich einen besonders vermüllten Strand-
abschnitt auf einer Insel vor der philippinischen Hauptstadt
Manila vorgeknöpft und dort innerhalb von acht Tagen mehr
als 54.000 Stücke Plastikmüll gesammelt. Die anschließende
Auswertung ergab folgendes Ranking: Mehr als 9.000 der
gefundenen Plastikmüllteile stammten von Nestlé. Platz zwei
belegte mit rund 5.900 Teilen Unilever. Und auch Procter &
Gamble sowie Colgate-Palmolive landeten unter den Top
Ten. Hier kann man eine Produkteliste herunterladen – nur
so als Einkaufshilfe:
www.nestle.de/marken/a-z
www.de.pg.com/marken-und-produkte/
www.colgatepalmolive.de/local-brands

Das Salat-gurken-Dilemma

DAS FETTNÄPFCHEN IM GEMÜSEREGAL

Mit dem Weltretten ist es ein wenig so, als wäre man auf Tinder unterwegs: Eigentlich wirkt alles ganz einfach. Die, die bloß einen Stringtanga tragen, die sich Restauranteinladungen sparen und trotzdem Sex haben wollen, wischt man nach links. Die Attraktiven, die „als" und „wie" nicht verwechseln und ausreichend bekleidet sind, nach rechts. So etwa könnte man auch im Supermarkt die Guten – die Biolebensmittel – ins Einkaufskörbchen legen und den ganzen anderen Rest ignorieren. Dachte ich. Anfängerfehler! Die Gute, die Biogurke nämlich, war in Plastik eingeschweißt, während die Gurke aus zweifelhafter Herkunft – also die im Stringtanga – lose zu haben war.

Da stand ich nun am Gemüseregal mitten in einem moralischen Dilemma. Was wäre jetzt wichtiger? Die nachhaltige Landwirtschaft zu unterstützen, auch auf die Gefahr hin, mit noch mehr Plastik meine CO_2-Bilanz zu ruinieren? Oder schlägt „unverpackt" beim großen Umweltquartett „bio"? Sollte ich vielleicht sowieso Gurken vom Speiseplan streichen? Weil jede irgendwo einen Haken hat? Aber was esse ich dann noch? Schließlich hatte ich mich schon von meinen geliebten Avocados trennen müssen, nachdem ich erfahren hatte, was ich damit anrichte: Die Produktion von nur einem Kilogramm dieser Riesenbeere aus Mexiko – das entspricht etwa drei Stück – verbraucht 1.000 Liter Wasser. Und jährlich werden bis zu 4.000 Hektar Wald gerodet, um noch mehr Platz für den Anbau zu schaffen. Allein wir Deutschen konsumieren trotzdem fast 60 Millionen Kilogramm pro Jahr. Und zwar nachdem mehr als 80 Prozent des deutschen Avocadoimports – im Container aufwendig runtergekühlt auf sechs Grad Celsius – Tausende Kilometer zurücklegt haben. Selbst ein Nackensteak könne umweltverträglicher sein, schrieb die *Süddeutsche Zeitung*.[18] Man bräuchte für den Kauf einer Avocado also schon die Verdrängungsleistung einer Ehefrau, die ihren Mann in flagranti ertappt und ihm trotzdem glaubt, dass es nicht das ist, „wonach es aussieht". Würde es mit mir und den Gurken auch so enden? Kann man denn niemandem mehr trauen und gar nichts mehr wirklich richtig machen?

Auf jeden Fall ist es zum Verrücktwerden. Nichts ist einfach so, wie es aussieht. Man denkt, man hat George Clooney gekauft, und kommt mit Donald Trump nach Hause. In einem Stoffbeutel, der sich ohnehin schon länger in meinem Besitz befand. Zum Glück. Weil es sich mit Plastiktüten ähnlich wie mit den konventionell produzierten Gurken verhält und überhaupt mit so ziemlich allem, was man bislang völlig gedanken- und bedenkenlos gekauft, gegessen, konsumiert hat … Eben dachte man noch, man hat endlich den Durchblick – und schon ploppen wieder 1.000 Bedenken, Einschränkungen, Relativierungen auf. Klar, Plastiktüten sind Teufelszeug. Aber mit Papiertüten ist man eben auch nicht auf der umweltsicheren Seite: Papier wird aus Holz hergestellt, und Bäume speichern CO_2. Es wäre also ziemlich verrückt, ausgerechnet auf ein Material umzuschwenken, das diese Ressourcen verschlingt. Außerdem wird für die Herstellung einer Papiertüte fast doppelt so viel Energie benötigt wie für die einer Plastiktüte. Papiertüten müssten deshalb schätzungsweise mindestens drei- bis viermal genutzt werden, damit sich die Klimabilanz leidlich ausgleicht. Deshalb habe ich in letzter Zeit also brav alle Papiertütenangebote abgelehnt und auch die letzten Exemplare in meinem Besitz vorschriftsmäßig aufgebraucht. Und als ich nun so unterwegs war – in der Hand eine schon ziemlich angeranzte Papiertüte von einen Kleiderkauf aus dem vorletzten Jahr, in der sich jetzt meine Lebensmittel befanden –, habe ich mich gefragt, wie viele Paparazzi-Fotos von vermeintlich verwahrlosten Promis sich dem Umstand verdanken, dass die eigentlich nur die Umwelt schonen wollten und deshalb mit alten Tüten herumlaufen.

Aber auch Baumwollbeutel sind eine herbe Enttäuschung. Verschiedene Studien kommen zu dem Ergebnis, dass man so einen Beutel mindestens 20- bis über 100-mal nutzen müsste, damit er in der Ökobilanz die Plastiktüte übertrumpft. Die Gründe: Es soll über 70 Prozent gentechnisch veränderte Baumwolle auf dem Markt sein. Beim

Baumwollanbau ist sehr, sehr viel Wasser notwendig, und es werden viele Pestizide eingesetzt. Ja, das ist bitter. Wie immer, wenn man viele Hoffnungen in etwas vermeintlich sehr Gutes gesteckt hat, fühlt sich der Absturz in das tiefe Tal der Ernüchterung gerade dann besonders hart an. Und wo wir schon mal da unten sind: Selbst das Behältnis mit dem hübschen Namen „Bioplastiktüte" – immerhin zu 100 Prozent kompostierbar – ist auch bloß ein weiterer Heiratsschwindler. Verspricht einem das Gelbe vom Ei und das Blaue vom Himmel, um sich schließlich doch als austrainierter Ressourcenverschleuderer zu erweisen. Sie brauchen zwar in der Herstellung keine fossilen Rohstoffe, dafür aber große Mengen an Mais, Bambus, Zuckerrohr, Weizen usw. Das wächst zwar alles nach, aber mit Unterstützung von Düngemitteln und Pestiziden, die die Umwelt belasten. Laut der Universität Tübingen sogar in einem stärkeren Umfang als bei der Herstellung herkömmlicher Kunststoffe.[19] Im Prinzip wird Nahrung in Verpackungsmaterialien umgewandelt. Bei der Geschwindigkeit, mit der moderne Anlagen mittlerweile aus Bioabfällen Humus machen, kann die Bioplastiktüte außerdem nicht mithalten. Sie würde Monate für die Kompostierung benötigen und nicht Wochen. Also werden die Biotüten in deutschen Kompostierwerken genauso aussortiert wie PE-Tüten – und kommen in die Müllverbrennung. So dient sie wenigstens noch der Stromerzeugung, und außer CO_2, das auch während der Kompostierung freigesetzt wird, entstehen sonst keine Schadstoffe. Immerhin. Aber das ist dann auch das Netteste, was man über die Bioplastiktüte sagen kann.

Womit man also idealerweise einkaufen geht? Mit Biobaumwollbeuteln für Obst und Gemüse, die mit dem Siegel *Global Organic Textile Standard* (GOTS) ausgezeichnet sind. Das garantiert Standards für umwelttechnische Anforderungen entlang der gesamten textilen Produktionskette und die Einhaltung von Sozialkriterien. Oder mit Einkaufskörben vom Flohmarkt oder aus dem Secondhandhandel. Oder man erinnert sich an den Handarbeitsunterricht, näht sich selbst etwas oder häkelt sich eines von diesen Einkaufsnetzen, mit denen die Mutter oder Großmutter früher schon ihre Besorgungen gemacht hat. So weit würde ich mit Rücksicht auf mein Nervenkostüm allerdings nicht gehen. Ich bevorzuge die Wiederverwendung. Wie die meisten habe ich ohnehin so viele Stoffbeutel vorrätig, dass ich einige noch meinen Kindern vermachen könnte. Wer hätte gedacht, dass es einmal die Baumwollbeutel sein werden, mit denen man verheiratet bleibt, und zwar: bis dass der Tod uns scheidet? Und es eine reine Vernunftehe sein würde. Denn ehrlich, es hätte Hübschere gegeben. Aber wie hat der Philosoph Arthur Schopenhauer einmal so schön gesagt: Von zwei Übeln sollte man stets das kleinere wählen.

Ja, es ist knifflig und bei vielen Produkten fast unmöglich, einfach so und bloß auf den ersten Blick eine klare Entscheidung zu treffen. Wie kompliziert es wirklich ist, davon kann man sich bei der sogenannten Lebenszyklusanalyse eine Vorstellung machen – hier fließen wirklich alle Umweltwirkungen eines Produkts mit ein. Bei einem Spielzeug werden dafür schon mal die Herkunft von mehr als 100 Komponenten, das Gewicht der Verpackung, die Zusammensetzung der Batterien, die Emission für die Herstellung sowie den Transport und sogar das Verfahren der Müllentsorgung recherchiert. Oft hat man den Eindruck, man hätte ohnehin nur die Wahl zwischen Pest und Cholera. Wählt man das vemeintlich Gute, gehört bei genauerem Hinsehen immer gleich auch etwas Schädigendes mit zum Lieferumfang. Eben noch lagen Thermobecher aus Bambus im Trend – als umweltfreundliche Alternative zu Plastik oder Pappe –, da meldet die Stiftung Warentest ernsthafte Bedenken an. Aus mehr als der Hälfte der getesteten Becher würden hohe Mengen an Schadstoffen ins Heißgetränk übergehen. Und die übrigen vermitteln zwar den Eindruck, reines Bambusprodukt zu sein und als solches der Umwelt einen Dienst zu erweisen. Bei näherer Betrachtung habe sich aber herausgestellt, dass in dem „Naturergebnis" neben zermahlenen Bambusfasern auch eine Menge Melaminharz (ein Kunststoff, der sich aus Formaldehyd und

Melamin zusammensetzt) steckt. Melamin selbst steht im Verdacht, Erkrankungen im Blasen-und-Nieren-System zu verursachen. Formaldehyd wiederum kann Haut, Atemwege sowie Augen reizen und, wenn man es einatmet, Krebs im Nasen-Rachen-Raum verursachen.

Wie bei einer Matrjoschka kommen – umso tiefer man gräbt und je intensiver man sich mit dem Thema beschäftigt – immer neue Aspekte bei vielen Produkten zum Vorschein. Das hat auch was Gutes, denn so kann man schließlich die Richtigen nach links oder rechts wischen. Und wie in der Liebe entwickelt sich bei allem, was man so kauft und verbraucht, eine sehr große Zuneigung für den zweiten Blick. Weil er oft Erstaunliches zutage bringt und damit hilft, dass wir als Konsumenten wirklich an die Richtigen kommen und nicht etwa die Falschen ermuntern. Das lohnt sich. Immerhin macht unser Konsum, die Ernährung inbegriffen, fast die Hälfte unseres Pro-Kopf-Treibhausgasausstoßes aus. Insgesamt hatte 2017 jeder von uns durchschnittlich 11,3 Tonnen CO_2 auf dem Kerbholz.[20] Wie viel Macht wir haben, ist schließlich unschwer daran zu erkennen, wie sich allein in den letzten Monaten das Angebot in den Supermärkten verändert hat. Die Plastiktüten sind weitgehend verschwunden.

Es gibt sehr viel mehr loses Obst und Gemüse, und wenn man mag, kann man sein eigenes Behältnis mitbringen und sich den Aufschnitt, den Käse oder das Fleisch unverpackt dort – zum Glück nur noch im übertragenen Sinn – eintüten lassen. Es ist also ganz und gar nicht egal, für welche Gurke ich mich entscheide. Das ist die gute UND gleichzeitig auch die schlechte Nachricht. Die gute, weil wir durch diese Entscheidung viel bewegen können. Die schlechte, weil das bewusste Einkaufen etwas voraussetzt, was man gerade beim Shoppen gern tunlichst ausklammert. Bislang war das ja gerade das Schöne daran – eben keinen Gedanken an die charakterliche Eignung daran verschwenden zu müssen, ob ein Produkt überhaupt die Voraussetzungen für eine Langzeitbeziehung mitbringt. Es sollte vielmehr vor allem Leidenschaft sein, die uns zusammenbringt. Ganz spontan, rein aus Lust und ohne, dass einem ständig jemand reinquatscht, mahnend den Zeigefinger erhebt und etwas in die schöne, entspannte Konsumwelt bringt, was da vorher so wenig reingehörte wie ein Schrittzähler ins Schlafzimmer: Vernunft.

WISSEN MACHT „OH!"

Wissen ist so etwas wie der Beifang jedweder Weltretterambitionen. Bevor man das Richtige tut, sollte man ja in Erfahrung gebracht haben, was das Falsche ist. Und damit etwas in Erwägung ziehen, das fast alle mir bekannten Frauen seit dem Abitur tunlichst vermieden haben: sich mit den so spröden Themen Chemie, Biologie, Ökonomie beschäftigen. Materien, von denen ich – wie die meisten von uns – gehofft hatte, dass sie der Vergangenheit angehören. Nun aber drängen sie sich wieder überall in unseren Weltretteralltag rein. Sie sind beim Einkauf dabei, bei jedem Essen und überhaupt bei so ziemlich jeder unserer Aktivitäten: beim Shoppen, beim Reisen, bei jedweder Hausarbeit, sogar beim Sex (Licht an oder aus?! Latexanzug oder doch lieber Biobaumwoll-Unterwäsche?), beim Pornogucken (gut 305 Millionen Tonnen CO_2 wurden weltweit allein im Jahr 2018 durch Videostreaming in die Atmosphäre geschleudert). Zu jedem einzelnen Ding, das wir in die Hand nehmen, gehört nun auch ein Beipackzettel über Risiken und Nebenwirkungen auf die Umwelt. Einen, in den man sich erst einarbeiten muss und der die ohnehin endlos lange Weltretter-To-do-Liste immer noch weiter aufbläht. Vor allem einen, den wir uns selbst schreiben müssen. Gern lassen sich die Hersteller ja nicht in die Karten schauen, und so wortreich manches Etikett daherkommt, so wenig sagt es oft über die charakterliche Eignung eines Produkts aus.

Ja, das ist mühsam. Ich verstehe deshalb vollkommen, warum sich etwa das YouTube-Augenbrauen-Tutorial von Paulina Mary über 254.398 Aufrufe freuen darf, während *Eine kurze Geschichte der*

CO_2-*Emissionen* vom Potsdam-Institut für Klimafolgenforschung (PIK) in Zusammenarbeit mit dem Urban Complexity Lab der Fachhochschule Potsdam (FHP) bei vergleichsweise bescheidenen 30.008 Aufrufen dahindümpelt. Bestimmt hat es viel Schönes, dem Weltuntergang mit perfekten Augenbrauen entgegenzusehen. Andererseits: Wer nichts weiß, muss alles glauben. Dem fehlen die wichtigsten Leitsterne im Leben, nämlich Informationen, Überblick und die Haltung, die sich daraus ergibt. Unwissenheit macht klein und verursacht Ohnmachtsgefühle. Klar, muss man auch mal einfach vertrauen können. Der Wettervorhersage, weil man nicht Meteorologie studiert hat; dem Kfz-Mechaniker angesichts seines Meisterbriefs und der 20 Jahre Erfahrung, die er uns voraushat; seinem Mann, weil es viel zu aufwendig wäre, ihn 24 Stunden am Tag zu kontrollieren und es irgendwie auch nicht Zweck der Liebe ist, einen Überwachungsstaat daraus zu machen.

Auch beim Einkaufen muss man sich auf sehr vieles einfach mal verlassen können. Zum Beispiel darauf, dass die Angaben stimmen. Trotzdem sollte man immer wissen, wem man vertrauen kann und woran man das erkennt. Und da scheiden nicht nur Diätversprechen wie „Schlank mit Kuchen! Sie können so viel davon essen, wie Sie wollen!" aus, sondern auch Produkte, die hauptberuflich als trojanische Pferde tätig sind. Weil sie uns etwa mit pumperlgesund klingenden Vokabeln wie „aktiv", „natürlich" oder „Cerealien" locken, sich nach Lektüre der Zutaten aber als wahre Zuckerbomben entpuppen. Gut auch, darüber informiert zu sein, wenn Produzenten zweigleisig fahren. In Deutschland dem grünen Gedanken frönen, auf der Trendwelle ganz oben mitsurfen und andernorts äußerst zweifelhaften Aktivitäten nachgehen – etwa in den Schwellenländern Wasser privatisieren wollen oder mit Landgrabbing (der Übernahme von riesigen Anbauflächen) einfach den Kleinbauern ihre Existenz rauben.

Ich sage jetzt einfach mal, wie es ist: Weltretten ist lebenslanges Lernen. Und es läuft letztlich darauf hinaus, auch mal den Wirtschaftsteil der Zeitung zu lesen ebenso wie den Politikteil und die Beiträge aus Wissenschaft und Forschung. Und zwar solche, die dafür jeweils mehrere Spalten brauchen und nicht bloß fünf bis zehn Zeilen. Ja, man sollte eine mündige, informierte Bürgerin werden. Weil das insgesamt eine doch enorm nützliche Daseinsform ist. Nicht bloß beim Einkaufen. Überhaupt im Umgang mit dem Leben und mit Leuten, die es einem erklären wollen. Natürlich kann man das – wie ich übrigens – sehr gut mit fantastischen Augenbrauen erledigen. Und trotzdem immer noch genug Zeit haben, mal eben im Internet nachzuschauen, mit wem Sylvie Meis gerade ihre Zeit verbringt. Das Unterhaltsame und das Ernste schließen einander ja nicht aus. Frei nach Mark Twain, der einmal schrieb, hohes Bildungsniveau könne man auch dadurch beweisen, „dass man die kompliziertesten Dinge auf einfache Art zu erläutern versteht".

Gerade in den letzten Jahren haben sich ein paar fantastische Gelegenheiten ergeben, klüger zu werden und sich gleichzeitig prima dabei zu amüsieren. Etwa mit Pop Science – ein Wortmix aus „Science", Wissenschaft, und der Abkürzung für „popular", also populär. Dabei wird vor allem an die Vorstellungskraft appelliert – eine hübsch bunte und unterhaltsame Benutzeroberfläche mit Tiefgrund vermendelt. So, wie es das österreichische Wissenschaftskabarett *Science Busters* tut, wenn es schreibt: „Wer die zusätzlichen Inhaltsstoffe des Meersalzes für wertvoll hält, für den ist 2010 mit der Ölkatastrophe im Golf von Mexiko vermutlich ein besonders guter Jahrgang."[21] Humor ist ohnehin das Yin vom Yang des Weltrettens und all seinen Hausaufgaben, die es einem aufgibt. Sich beispielsweise in den Kohlenstoffkreislauf einzuarbeiten oder mit Forstwirtschaft zu beschäftigen: Wegen der Dürre und des Borkenkäfers müssten 300 Millionen Bäume in Deutschland nachgepflanzt werden – aber welche? Palmen? Kakteen? Es hat ja noch nie geschadet, klüger zu werden. Man könnte auch sagen: „Dumm ist nicht, wer nichts weiß. Dumm ist, wer nichts wissen will!" Und dem man alles erzählen kann.

Eine Möglichkeit, von der übrigens gerade bei der Lebensmittelproduktion weidlich Gebrauch gemacht wird. So wie kürzlich von der Frau auf dem Wochenmarkt, die auf die Frage, weshalb die Eier auf ihrem Verkaufstisch eigentlich keine Kennzeichnung haben, antwortete: „Das brauchen wir nicht. Die kommen ja bei uns direkt vom Hof." Wissen ist eine Supermacht. Aber selbst das muss man erst mal lernen. Besonders wenn man wie ich Motivationshilfen wie diese von Lehrern mit auf den Lebensweg bekam: „Susanne, du brauchst dir um deine Zukunft keine Sorgen zu machen. Spar dir die Ausbildung, du kannst dich jetzt schon als Biologieinvalide frühpensionieren lassen!"

Es waren also nicht gerade ideale Voraussetzungen, die ich für das Studium des äußerst wichtigen CO_2-Kreislaufs mitbekam, genauso wenig wie für die Fischratgeber-Seite des WWF. Ich war dort gelandet, weil ich ein paar Freundinnen eingeladen hatte und ihnen einen Salat servieren wollte – dazu Thunfisch in Sesamkruste. Und was soll ich sagen: Es war überwältigend. All die Informationen. Ich fühlte mich wie in einem dieser Träume, in denen man noch mal sein Matheabitur machen muss. Bloß, dass es sich hier offenbar um den Lehrstoff für die Abschlussprüfung eines Ichthyologie-Studiums (Fischkunde) handelte. Dann dachte ich daran, wie ich mich manchmal an einem einzigen Abend durch Hunderte von Instagram-Accounts klicke, Dutzende von YouTube-Videos schaue und auf Facebook ein paar Beiträge von Freunden kommentiere. Und dass von all der Informationsflut kaum mehr hängen bleibt, als dass Kim Kardashian eine neue Frisur hat. Und das auch nur für ein paar Tage. Da war das Fischethema durchaus ein größerer Anwärter auf einen festen Platz in meinem Gedächtnis. Nun weiß ich ja, dass die Thunfischbestände überfischt sind. Das gilt etwa für Großaugen-, Gelbflossenthun, Weißer Thun. So listet die Weltnaturschutzunion (IUCN) Thunfischarten wie Roter Thun und Südlicher Blauflossen-Thun als vom Aussterben bedroht. In besserer Verfassung ist nur der Thunfisch-Verwandte Skipjack oder auch Echter Bonito, der meistgefangene Thunfisch der Welt. Thunfisch enthält aber – wie andere große Raubfische ebenfalls – erhebliche Mengen Quecksilber in Form des besonders gesundheitsschädlichen Methylquecksilbers.

„Es ist nur zu eurem Besten!", habe ich deshalb meinen Freundinnen gesagt, als ich ihnen Salat servierte. Ohne Thunfisch. Und dass sie mich, sollten sie mal bei *Wer wird Millionär?* sitzen und eine Thunfischfrage haben, gern als Telefonjoker benutzen könnten. Ebenso wie für jedwede Gurkenfrage. Auch da hatte ich mich schlaugemacht: Eingeschweißt ist die Biogurke, um sich nicht, wie eine EU-Norm vorschreibt, mit den konventionell Hergestellten zu mischen – und damit die Kassiererin die eine von der anderen unterscheiden kann. Eingeschweißt hält die Gurke zudem deutlich länger, wird also mit größerer Wahrscheinlichkeit gekauft, anstatt alsbald als Ladenhüter zu enden. Es landen, dank der Verpackung, also weniger Gurken im Müll. Außerdem sind die Emissionen, die durch den konventionellen Anbau von Gurken entstehen, höher als die durch die Verpackung. Besonders wenn die Gurke in beheizten Gewächshäusern gezogen wird, damit wir im Winter nicht auf sie verzichten müssen.

Ja, das war eine Menge Gurkenwissen, das ich angehäuft hatte. Bis ich damit durch war und bereit, mich als hochqualifizierte Gurkeneinkäuferin am Gemüseregal zu beweisen, hatte die Gurke allerdings schon den Rang eines Symbolartikels erreicht: An ihr und ihrer Verpackung wurde nun festgemacht, wie engagiert sich ein Supermarkt für das Thema Nachhaltigkeit einsetzt. Sogar Aldi hatte die Biogurke deshalb zwischenzeitlich vom Plastik befreit und war der Verwechslungsgefahr mit einem Aufkleber entgegengetreten. Andere probieren gerade das, was sich „Natural Branding" nennt. Eine Art Gemüsetattoo, bei dem die Kennzeichnung auf die Schale von Avocados, Kokosnüssen, Süßkartoffeln oder eben auch Gurken gebrannt wird. Laut Hochrechnungen des Naturschutzbunds Deutschlands könnten damit jedes Jahr 93.000 Tonnen Müll weniger produziert werden. Aber nun hält die Biogurke bloß noch drei statt in Plastik 20 Tage. Es bleibt also das Dilemma am Gemüseregal. Außer, man hat einen Garten und zieht sich seine Gurken selbst oder kennt jemanden, der das tut. Aber bloß weil man keinen Tunfisch, aber eine moralisch zweifelsfreie Gurke auf dem Teller hat, bedeutet das noch lange nicht, dass man sich über einen Dauerparkplatz auf der guten Seite der Macht freuen darf. Dafür gibt es noch eine ganze Menge Entscheidungen zu treffen.

DARF'S WENIGER VOM MEHR SEIN?

Klar, war Einkaufen früher leichter. Man ging in den Supermarkt und lud sich all das in den Wagen, worauf man Lust hatte und was man sich leisten konnte. Dann kam die Gesundheitswelle, die den Speiseplan schon einmal deutlich um Fettiges einschränkte. Dafür wurden die Lücken nun rasch mit einer wahren Flut an Lightprodukten geschlossen und das Sortiment um Kalorienreduziertes aufgestockt. Übrigens ohne jeden Effekt, außer dem, dass wir immer noch dicker wurden. Und jetzt also das Thema Nachhaltigkeit: Einkaufen nach Kriterien wie bio, regional (was immer auch bedeutet: saisonal) und Verpackung. Nicht zu vergessen *Fairtrade*. Dabei handelt es sich um ein Sozialsiegel, das bestätigt, ob ein Produkt unter fairen Bedingungen, also ohne Zwangs- und Kinderarbeit oder Diskriminierung produziert wurde – mit geregelten Arbeitszeiten und gerechter Bezahlung. Daneben sollte man unbedingt noch einen Blick auf das Haltbarkeitsdatum werfen und bloß nicht zu viel einkaufen. Neben der Lebensmittelproduktion wirkt sich ja auch die Lebensmittelverschwendung auf den Klimawandel aus: 95 bis 115 Kilogramm pro Person landen im Durchschnitt jährlich in Europa im Müll.

Sollten Sie sich mittlerweile fragen, wann genau Sie neben der Beschäftigung mit der Lebensgeschichte eines jeden einzelnen Produkts auf Ihrer Einkaufsliste noch all die anderen Sachen erledigen sollen, die sonst so in Ihrem Leben anfallen, sehen Sie Ihre neue Wissbegier einfach als Bonustrack an – sie kostet ja nicht nur Zeit, sondern erspart Ihnen auch einiges. Es engt das Feld nämlich erfreulich ein, wenn man von vornherein auf Regionales setzt und/oder kein Fleisch isst. Wenn rausfällt, was aus konventioneller Landwirtschaft stammt, lange Anfahrten hatte oder gar geflogen ist, was aufwendig verpackt und stark verarbeitet wurde. Und ja, das meiste davon ist schon auf den ersten Blick zu erkennen. Wie etwa Einwegplastikflaschen, die für jeden Abfüllprozess energie- und ressourcenintensiv neu hergestellt werden müssen. Und lange Wege zurücklegen – im Fall von Mineralwässern aus Frankreich: vom Abfüllort bis nach Berlin ganze 920 Kilometer. Durch den Verkauf in der kleinen Füllgröße 0,33 Liter und der Verpackung als Achterpack in einer Schrumpffolie wird die Ressourcenvergeudung zudem noch verschlimmert. Wenig Wasser in viel Verpackung, lange Transportwege und ein Angriff auf regionale Mehrwegstrukturen in Deutschland sind ein ökologischer und sozialer Irrsinn, der praktisch danach schreit, beim Einkauf mit Missachtung bestraft zu werden. Und so geht es eigentlich bei den überwiegend meisten Dingen. Mich entspannt das. Zumal in einer Konsumwelt, in der Supermärkte bis zu 40.000 Artikel vorrätig halten, man auf Booking.com zwischen 120.000 Hotels weltweit auswählen kann und allein auf parship.de 200 Partnervorschläge bekommt – und zwar NACHDEM man das Angebot bereits auf eine Stadt, eine Altersgruppe und auf die beschränkt hat, die oben- und untenherum etwas anhaben. Gut, man könnte bei all dem so verfahren, wie es der amerikanische Entertainer Groucho Marx einmal vorgeschlagen hat: „Man kann nicht mit allen schlafen, aber man kann es wenigstens versuchen." Aber dann müsste man immer noch eine Auswahl treffen – nämlich über diejenigen, die man keinesfalls auslassen möchte, und über die, die sich besser hinten anstellen sollten.

Kein Wunder, wenn sich Entscheidungsschwäche weltweit verbreitet wie ein Grippevirus und sogar die, die von Berufs wegen Verantwortungsträger sind, die Vorstände, die Politiker, diese Last lieber kostenintensiv abgeben. Beraterfirmen wie McKinsey kassieren Millionen dafür, sogar Bundesministerien die Entscheidungen abzunehmen. Ganze Seminare kann man buchen, um das offenbar so quälende Leid zu verkürzen, zwischen hü und hott eine Wahl treffen zu müssen. Für knapp 2.000 Euro – inklusive Mehrwertsteuer. Zwei Tage lang lernt man dann komplizierte Methoden, in denen Exceltabellen, Flipcharts, heuristische Kreativitätstechniken, Kraftfeldanalysen und das Ishikawa-Diagramm der Strandhafer in den Wanderdünen der Unentschlossenheit sein sollen. Wie viel einfacher ist es dagegen, wenn ganz klare Kriterien einem all das ersparen und man einfach das nimmt, das wenigstens bio ist und am besten auch noch Fair Trade. Mit der besten aller Begründungen – solche, wie sie der Chef des Nahrungsmittelkonzerns Danone in einem Interview formulierte: „Menschen haben immer eine Wahl. Jedes Mal, wenn wir etwas essen oder trinken, können wir uns entscheiden, in welcher Welt wir leben wollen."[22] Selbstverständlich sollen wir uns für ein Danone-Produkt entscheiden. Eine Wahl, die uns der Konzern nicht nur mit Glückskeksweisheiten leicht machen will. Seit 2019 hat er für seine Produkte eine Nährwertkennzeichnung in Ampelfarben eingeführt. Wir sollen anhand der Farben Rot, Gelb und Grün auf den ersten Blick erkennen, wie viel Zucker, Fett, gesättigte Fettsäuren oder Salz das jeweilige Lebensmittel enthält.

Schon lange machen sich Verbraucherschützer dafür stark, Hersteller dazu gesetzlich zu verpflichten, und jetzt ist einer so freundlich, das von ganz allein zu tun. Ja, das ist toll. Noch toller wäre es aber, Danone würde außerdem an der Verpackung sparen. Neben Coca-Cola, Pepsi und Nestlé zählt der Konzern laut der Deutschen Umwelthilfe aufgrund der Herstellung und des Vertriebs von immer mehr Einwegplastikflaschen und Dosen zu den ganz großen Klimawandelbeschleunigern. Aber das nur nebenbei und um Ihnen die mühsame Recherche zu ersparen, die das Weltretten so mit sich bringt. Wer jetzt noch jammert, wo denn dann die schöne Vielfalt bleibt, dem sei gesagt, dass die ohnehin nur ein Gerücht ist. In den überwiegend meisten Fruchtjoghurts etwa ist dasselbe drin: Aromen, Konservierungs- und Verdickungsmittel sowie Farbstoffe und jede Menge Zucker. Bis zu elf Würfel in nur 250 Gramm – was dem Gegenwert einer halben Tafel Schokolade entspricht. Ach ja, da war noch was: das bisschen Frucht. Ihr Anteil liegt zwischen läppischen sechs und 15 Prozent. Ich sage es nicht gern, weil ich von Natur aus eher zur Maßlosigkeit neige, aber weniger bringt am Ende vielleicht doch mehr. Ich spare am Überflüssigen, kann das ins Nachhaltige investieren und habe mehr vom Besseren. Für mich, meine Gesundheit und die Umwelt – für die, die herstellen, was ich da kaufe. „Unsere Einkaufszettel sind unsere Stimmzettel" habe ich irgendwo gelesen. Da ist viel Schönes dran. Nicht, dass ich zum Größenwahn neige (jedenfalls nicht bei diesem Thema) und denke, ich gehöre bloß wegen meines ja schon ziemlich durchdachten Einkaufs, der in einem mittlerweile zum 32. Mal verwendeten Stoffbeutel nach Hause getragen wird, in die Hall of Fame der Superheldinnen. Andererseits: So nahe wie jetzt habe ich mich ihr selten gefühlt.

Was ich gelernt habe

- Salatgurken im Stringtanga sind besser als ihr Ruf.

- Das „immer Mehr" ist nicht dasselbe wie das „immer Besser".

- Beim Aufbrauchen alter Plastik- und Papiertüten schön darauf achten, dass kein RTL-Kamerateam in der Nähe ist.

- Weltretten ist lebenslanges Lernen.

- Wissen ist eine Supermacht und außerdem auch noch eine Unabhängigkeitserklärung.

- Bei Baumwolltaschen auf die GOTS-Zertifizierung achten. Das verbessert die Ökobilanz, weil bei der Herstellung keine synthetisch-chemischen Pestizide und Dünger eingesetzt werden. Gentechnik ist verboten. Weiteres Kriterium: das *Fairtrade*-Siegel. Damit gute Sozialstandards gewährleistet sind.

Die Plastikverpackung in Zahlen

- Auf 6,1 Milliarden Plastiktüten schätzt die Industrievereinigung Kunststoffverpackungen den jährlichen Verbrauch allein in Deutschland – sogenannte „Hemdchenbeutel" (Plastiktüten etwa an der Obsttheke) schlagen zusätzlich mit 3,2 Milliarden zu Buche. Das allein ergibt knapp 95.000 Tonnen Plastikmüll pro Jahr. Je nach eingesetztem Kunststoff braucht es 200 bis 500 Jahre, ehe eine Plastiktüte zersetzt ist.

- In den vergangenen 25 Jahren hat sich der Verpackungsmüll aus Plastik mit 37 Kilogramm pro Kopf im Jahr verdoppelt, so die Deutsche Umwelthilfe. Rund zwei Drittel des Obstes und Gemüses werden in Deutschland demnach immer noch in Plastik und Pappe vorverpackt. In einer großen deutschen Supermarktkette fallen allein für nur 15 Gramm Kräuter rund neun Gramm Plastikverpackung an. Bei jedem verkauften Kilo Kräuter entstehen so 600 Gramm Plastikmüll.

- Plastik ist ein Profikiller. Jedes Jahr sterben Zehntausende Wale, Robben sowie Haie durch Plastikmüll. Und Meeresschildkröten verwechseln die Kunststofftüten oft mit Quallen und fressen sie.

- Nach Angaben des UN-Umweltprogramms haben weltweit 61 Staaten die Herstellung und den Import von Plastiktüten verboten und 83 Staaten ihren kostenlosen Vertrieb. In Deutschland gibt es nur eine mit dem Handel vereinbarte Bezahlpflicht, bei der Händler freiwillig Geld für die Tragetaschen verlangen. Damit soll die EU-Verpackungsrichtlinie erfüllt werden, nach der bis Ende 2025 circa 40 Einwegplastiktüten pro Person und Jahr verbraucht werden.

Best-of-Entschuldigungs-schreiben

TROSTPFLASTER UND CO.

Immer wenn ich erzähle, wie ich nun versuche, ein besserer Mensch zu werden, ertönt kein Applaus, und niemand klopft mir auf die Schulter. Im Gegenteil: Ich muss mir einiges anhören, und nichts davon ist auch nur annähernd ermutigend. „Du verzichtest also weitgehend auf Plastik? Mal ehrlich: Das bringt doch gar nichts!", sagt eine Freundin und erzählt dann weitschweifig, wie Forscher berechnet haben, dass acht der zehn Flüsse, die das meiste Plastik in die Ozeane tragen, in Asien fließen. Eine andere behauptet, man könne genauso gut mit einem Kreuzfahrtschiff beim Supermarkt vorfahren, um jede einzelne Tomate in einer anderen Plastiktüte nach Hause zu tragen. Wegen der Chinesen, die den Planeten ja gleich im ganz großen Stil ruinieren würden. „Da können wir uns ganz hinten anstellen und bis dahin noch ein paarmal um die Welt fliegen!" Und dann höre ich auch immer wieder, dass man bloß wegen zweier heißer Sommer auf keinen Fall die Nerven verlieren und hysterisch werden sollte und ich es maßlos übertreibe, statt Zahnpasta jetzt Putztabletten zu verwenden.

Genauso aber trifft man immer wieder auf Leute, die finden, dass man damit längst nicht weit genug geht. So wie eine Freundin, die schon seit Jahren nicht mehr fliegt, das Auto abgeschafft hat und ihre Klimabilanz mit einem riesigen Garten und eigenen Hühnern enorm verbessert. „Ich hasse diese Ökohipster", offenbart sie mir und schaut mich dabei an, als hätte sie mich gerade bei einer strafbaren Amtsanmaßung erwischt. Und fügt noch hinzu, dass man beim Weltretten auch dahin gehen muss, wo es wehtut, und nicht bloß dorthin, wo ein instagramtaugliches Foto herausspringt. Bereits nach ein paar Wochen fühle ich mich wie einer dieser Superhelden, die von fiesen Gegenspielern ständig in ein völlig falsches Licht gezerrt werden: missverstanden. Zu den Bremsklötzen, die einem andere in den Weg legen, kommen ja außerdem noch die hausgemachten; die eigenen Notausgänge, die sich immer dann anbieten, sobald es mal wieder kompliziert wird. Weil ich – selbst wenn ich

79

das manchmal so empfinde – sicher nicht allein damit bin, hier ein Best-of der Entmutigungen (auch der eigenen). Übrigens total nachhaltig, weil unbegrenzt wiederverwertbar. Nur damit Sie wissen, was Ihnen blüht. Aber natürlich gibt es am Ende aller Schwarzseherei immer noch Hoffnung – ein Trostpflaster, mit dem Sie Ihr Superheldinnenkostüm garantiert kugelsicher machen …

Ich bin zu alt

Selten wird man so uncharmant daran erinnert, dass man nicht mehr 20 ist, wie beim Weltretten. Schon weil ich anders als meine Kinder mir eben nicht einfach so einen neuen Alltag erschaffen oder in eine neue Wohnung ziehen kann. Bloß mit einem Rucksack und mit Menschen, die ich mir unter anderem auch danach aussuche, ob sie Veganer sind, den Müll trennen und im Winter kaum mehr Heizung brauchen, als man benötigen würde, eine Pinguinkolonie zu halten, oder mit 25-Euro-Flugreisen nicht nur ihre, sondern auch die CO_2-Bilanz der ganzen Wohngemeinschaft ruinieren. Als ich das letzte Mal einen Mitbewohner ausgesucht habe, galten da noch ganz andere Kriterien. Solche, wie sie einmal eine potenzielle Vermieterin beim Blick auf meinen Mann aufstellte: Putzt der auch? Und hat man erst mal ein paar Jahrzehnte gemeinsam in einer Wohnung verbracht, wird es schon schwierig, den anderen von einem Tag auf den nächsten dazu zu bringen, Plastikverpackungen – ja auch die von Tiefkühlpizzen und Einwegrasierern – zu meiden und kein Fleisch mehr zu essen.

Ist man 20 Jahre alt, kann man sich außerdem locker ein ganzes Jahr lang nicht die Haare waschen oder höchstens mit Roggenmehl und sieht trotzdem super aus. Einfach weil man jung ist. Nicht alle, aber viele haben schon deshalb mehr Zeit, sich um die wichtigen Dinge zu kümmern, weil sie weder Kind noch Kegel haben, niemanden bekochen, keinem die Hemden bügeln, sich meistens das Staubwischen ganz oben auf dem Schrank sparen, sich nicht mit Gebrauchsanweisungen für den Thermomix herumschlagen müssen und überhaupt bloß einen Bruchteil der 10.000 Dinge herumstehen haben, die sich durchschnittlich im Besitz jedes Deutschen befinden. Schon weil sie das meiste davon bei uns, ihren Eltern, gelassen haben. Klar könnte man sagen: Man muss halt Prioritäten setzen! Aber es ist eben auch eine Frage, unter welchen Startbedingungen man das tut. Ob man über 40, 50 oder gar 60 Jahre daran gefeilt hat, dass das Leben leidlich rundläuft – und nun auf einmal ganz von vorne anfangen soll. Zu allem anderen, was man noch auf dem Zettel hat.

Antwort: So wenig ich lange Haare und Trägertops kampflos der Jugend überlassen werde, so wenig werde ich fürs Weltretten eine Altersbeschränkung akzeptieren. Denn Nichtstun und so weitermachen wie bislang, ist für alle Altersgruppen inakzeptabel.

Keine Zeit

Mit dem Weltretten verhält es sich – den Eindruck gewinnt man jedenfalls, sobald man sich ein wenig intensiver damit beschäftigt – wie mit dem Haushalt: Es gibt immer noch mehr zu tun, egal, wie viel man bereits erledigt hat. Arbeit für ein besseres Klima ist scheinbar der einzig nachwachsende Rohstoff, der nicht begrenzt zu sein scheint. Man wird schon sehr müde, sobald man nur darüber nachdenkt, was noch alles zu tun ist. Am liebsten würde ich meiner inneren Greta Thunberg den Terminkalender in die Hand drücken, um ein paar durchaus sehr mildernde Umstände geltend zu machen: Ich bin Mutter zweier Kinder und voll berufstätig. Ich habe einen Haushalt zu bewältigen, will außerdem noch Sport machen, lesen, Freundinnen sehen, meine Schwestern, meine Eltern, Tanten und Onkel treffen, ins Kino gehen, Serien schauen und so viel Zeit in Körperpflege investieren können, dass der zunehmende Verfall wenigstens gut aussieht. Wenn ich, wie viele andere in meiner Situation, also nach verpackten Tomaten, einem Coffee-to-go-Becher, nach Vorgekochtem und Eingeschweißtem, einer dieser dünnen Plastiktüten für Obst greife und online shoppe, um ein paar Minuten oder vielleicht sogar Stunden zu sparen, ist das nur Notwehr. Der letzte Rettungsring, der mich davor bewahrt, in all den Verpflichtungen zu ertrinken.

Unmöglich, stundenlang dabei zuzuschauen, wie heißes Wasser gaaanz langsam durch einen Kaffeefilter läuft. Oder einen halben Nachmittag damit zu verbringen, Bienenwachstücher selbst herzustellen, um sich die Frischhaltefolien in Zukunft sparen zu können. Oder mein Waschmittel selbst zu machen. Oder statt bei Amazon einfach einen Billigbohrer zu kaufen, ihn in einem „Leihladen" auszuborgen, der bloß zweimal die Woche für zwei Stunden geöffnet hat. Ebenso wie so ziemlich alle anderen Maßnahmen, die die Welt wenigstens ein bisschen retten: zum Biometzger zu gehen, statt mich im Supermarkt an der Fleischtheke zu bedienen, mit dem Fahrrad zu fahren, anstelle das Auto zu nehmen, im Kaufhaus einzukaufen, statt im Netz zu bestellen. Zeit, die ich ganz unbedingt anderweitig gebrauchen könnte. So kommt es mir jedenfalls vor. Und nicht nur mir. Gerade habe ich eine Umfrage gelesen, nach der die Zeitnot für die Deutschen in der Dringlichkeit noch vor den Geldsorgen liegt. Demnach hetzen viel zu viele wie das weiße Kaninchen mit dem Mantra „Keine Zeit, keine Zeit ...!" durch ihr Leben, fühlen sich hierzulande doppelt so viele Menschen vom Zeitdruck gestresst wie von finanziellen Problemen. Und als hätte man noch nicht genug zu tun, soll man sich nun auch noch damit beschäftigen, Ressourcen zu sparen, den eigenen CO_2-Ausstoß umfänglich zu verringern, und das Tierwohl mit auf den Einkaufszettel und den Speiseplan setzen. Was sich, so weit bin ich jetzt schon, nicht mal so nebenbei erledigen lässt. Kein Wunder, wenn es heißt, der Weg in die Hölle sei mit guten Vorsätzen gepflastert. Ich fühle mich jedenfalls eher, als hätte ich eine Runde Mitleid verdient, und weil sich dafür erfahrungsgemäß nur wenige Freiwillige melden, werde ich auch das noch selbst tun müssen.

Antwort: Wir wollen keine Zeit haben, nachhaltiger zu leben? Ernsthaft? Wir sind täglich bis zu viereinhalb Stunden online, und das ganz sicher nicht, um uns in die Quantenphysik einzuarbeiten. Dazu schaut jeder Deutsche ab drei Jahren täglich durchschnittlich 179 Minuten Fernsehen, also fast drei Stunden. Würden wir außerdem dafür sorgen, dass Männer sich zu 50 Prozent in Wirklichkeit und nicht nur in Gedanken an der Hausarbeit und der Kinderbetreuung beteiligen, hätten wir sogar noch ausreichend Zeit, Hühner zu halten, Gemüse zu ziehen, Brot selbst zu backen, unsere Bikinis zu häkeln und was man eben so tut, wenn da, wo zwei schmutzen, auch zwei putzen.

Zu viel des Guten

Erst neulich wieder las ich von einer Frau mit drei Kindern, die, obwohl sie eine Teilzeitstelle hat, ihr Obst und Gemüse selbst anbaut. Sie verzichtet auf alles, was Abfall verursacht, macht selbst Pflanzenmilch, näht die Turnbeutel ihrer Kinder aus Stoffresten, kauft in Unverpackt-Läden und schreibt über das alles natürlich einen Blog. Ich finde es wunderbar und zum Niederknien, dass es immer mehr werden, die so konsequent sind. Aber wenn ich so weit gehen soll, brauche ich ja gar nicht erst anzufangen. Ich meine: Wie soll ich es jemals schaffen, auch nur ähnlich viel zu ändern? Muss ich meinen Vorgarten ebenfalls zum Kartoffelacker umwidmen, den Rhododendron gegen Brombeerbüsche austauschen? Mein Waschpulver selbst herstellen? Darf ich niemals mehr irgendwohin fliegen? Brauche ich überhaupt erst anzufangen, mit dem Wissen, dass ich möglicherweise längst nicht so weit gehen werde und mein Leben so auf den Kopf stellen würde? Wird auf meinem ökologischen Grabstein das Mantra der Halbherzigen stehen: „Eigentlich wollte ich etwas ganz anderes, ich kam nur nicht dazu"? Keine sehr verlockende Vorstellung, etwas zu beginnen, bei dem Versagen praktisch schon in den Lieferumfang gehört.

Antwort: Weltretten ist keine Olympiade – wir sollten auch keine daraus machen und neben dem Supermutti-Kampfplatz sowie der Traumfigürchen-Arena auch noch eine Nachhaltigkeits-Formel-1 eröffnen. Idealerweise dimensionieren wir unsere Vergleichsgrößen gerade so, dass wir nicht an ihnen verzweifeln, sondern an ihnen wachsen.

Das Böse: eine Überdosis

Während ich um jeden Fetzen Plastik ringe und meine Einkäufe zunehmend eine logistische Großherausforderung werden, brennt der

Amazonas, die grüne Lunge unseres Planeten, eine der größten Kohlenstoffsenken der Welt. In Sibirien und Russlands Osten sind fünf Millionen Hektar Fläche Opfer von Bränden geworden, womit nach Berechnungen von Mark Parrington vom Copernicus Atmosphere Monitoring Service in diesem Jahr bislang rund 140 Millionen Tonnen CO_2 freigesetzt wurden. Oder man liest, dass McDonald's mit dem Wechsel zu Papierstrohhalmen in Großbritannien eine Petition mit 100.000 Stimmen überreicht bekam. Daraufhin blieb die Burgerkette doch lieber beim Plastik. Man braucht nicht mal so groß einzusteigen, um zu ahnen, wie sich Don Quijote beim Kampf gegen die Windmühlen gefühlt haben muss. Es genügt schon ein Spaziergang durch den Stadtteil, in dem meine beste Freundin lebt. Die Straßen sind von jungen Bäumen gesäumt, die in den letzten zwei Sommern sehr gelitten haben. Nun hat die Stadt dazu aufgefordert, sie zu gießen – überall hängen Zettel, die dazu ermuntern sollen. Idealerweise soll man das mit Brauchwasser tun, also mit Wasser, das man vorher etwa zum Gemüse- und Obstwaschen gebraucht hat. Ein einziger Baum sollte aber wenigstens zwei Kannen Wasser täglich bekommen – oder 300 Liter auf einen Rutsch –, um dann ein paar Tage durchhalten zu können. Wie viel Obst und Gemüse denkt die Stadt, wäscht man wohl in so einem Neubaugebiet? Manchmal fühle ich mich mit all den Aufgaben, die mir das Weltretten andient, ganz schön allein.

Antwort: „Es kann nur gelingen, was man auch versucht", sagt meine beste Freundin. Das ist eigentlich die einzig richtige Antwort auf alle oben genannten Zweifel und Entmutigungen. Denn nur wenn wir so oft wie möglich im Kleinen das Richtige tun, besteht ja vielleicht sogar die Aussicht, Einfluss auf das große Falsche zu nehmen. In der Psychologie nennt man das „Selbstwirksamkeit", womit das Gefühl gemeint ist, selbst etwas verändern zu können. Dafür muss man sich gelegentlich auch mal ein wenig auf die Schulter klopfen. Und trotzdem der manchmal so übermächtigen Versuchung widerstehen, das Projekt bereits als bewältigt abzulegen, bloß weil man jetzt mit einer Tupperdose seinen Aufschnitt einkaufen geht.

Zu wenig vom Richtigen

Ich esse schon eine sehr lange Weile kein Fleisch mehr. Wegen einer Rheumadiagnose, aber auch aufgrund der Massentierhaltung. Ich finde eigentlich, dass ich damit schon ein bisschen was für eine bessere Welt tue. Oder sagen wir: Ich dachte. Zumindest bis ich bei einer Veranstaltung an eine Veganerin geriet. Und in eine jener Situationen, die man aus Krimis kennt, wenn der Verdächtige eben noch glaubte, er wäre fein raus, weil er ein fantastisches Alibi vorweisen kann – und nun erklärt bekommt, dass er sich damit aber so was von geschnitten hat. „Aber du trinkst doch noch Milch?!", fragte mich die Veganerin. „Ja", sagte ich und auch, dass ich außerdem noch Quark esse und zwar leidenschaftlich gern. „Du weißt schon, dass man dafür Kühe fortlaufend schwängert? Und eine Kuh ist genauso wie wir neun Monate schwanger. Aber sobald sie ihr Kind hat, nimmt man es ihr sofort weg. Wenn du mal gehört hast, wie die Kühe und die Kälber schreien! Sie schreien und schreien und schreien …!" Schon beim zweiten „schreien" hatten sich alle nach uns umgedreht, und ich fühlte mich, als hätte ich gerade eigenhändig einer Kuh ihr Kind entrissen, um mich dann – anstelle des so süßen kleinen Kälbchens – an die Euter der Mutter zu hängen. Ich war kurz davor, eine lebenslange Veganermitgliedschaft zu unterschreiben. Aber ich war auch frustriert: Ist gut denn nie genug?

Antwort: Weltretten ist ein bisschen so wie Kindererziehung: ein riesiger Spielplatz für Besserwisser. Sicher ist auf jeden Fall: Es gibt Faktoren, die für den Klimaschutz von deutlich größerer Bedeutung sind als andere. Wichtig ist, wie wir unsere Wohnung heizen, das Fliegen, Autofahren und die Ernährung. Das sind die Sachen, auf die wir uns konzentrieren sollten. So gut es geht und jeder für sich. Den einen fällt es leichter, ganz auf tierische Produkte zu verzichten, dafür könnten sie an ihren Heizkosten deutlich sparen. Die anderen leben munter in einer Umgebung, in der selbst Eisbären über einen Wintermantel nachdenken würden, mögen aber auf ihr Wiener Schnitzel nicht verzichten.

„Vornehm geht die Welt zugrunde" ...

... das hat meine Großmutter oft gesagt. Lange, bevor man etwas vom Klimawandel wusste. Tatsächlich sind es die Wohlhabenden – die mit den vielen und weiten Flugreisen, den großen Autos, dem Luxuskonsum, den vielen Restaurantbesuchen, den weitläufigen Häusern und den hohen Heizkosten –, die die Umwelt zu Tode strapazieren. Während sich die Armen das alles sowieso nicht leisten können. Vielleicht heißt es in der Werbung bald wie in dem legendären Sparkassenspot: „Mein Haus, meine Jacht, mein Weltuntergang?!" Jedenfalls ist laut der Entwicklungsorganisation Oxfam die ärmere Hälfte der Weltbevölkerung nur für zehn Prozent des Ausstoßes klimaschädlicher Treibhausgase verantwortlich. Den reichsten zehn Prozent der Weltbevölkerung dagegen, so der Bericht weiter, ist die Hälfte der CO_2-Emissionen zuzuschreiben. Und auch das Umweltbundesamt kam bei der *Repräsentativen Erhebung von Pro-Kopf-Verbräuchen natürlicher Ressourcen in Deutschland* zu dem Ergebnis, dass sich Bildung und Einkommen „verstärkend auf den Ressourcenverbrauch"[23] auswirken und den im Mittel geringsten Energieverbrauch „Angehörige der einfachen, prekären Milieus" haben.[24] Ein Freund, leidenschaftlicher Gewerkschafter, reibt mir das so unter die Nase: „Nachdem die so gut Betuchten die Welt überhaupt erst in diesen bedauernswerten Zustand gebracht haben, wollen sie nun den weniger Privilegierten vorschreiben, wie ein besseres Leben geht. Und dass man dafür auf all das verzichten sollte, was wir ganz selbstverständlich für uns in Anspruch nehmen oder genommen haben." Er meint außerdem: „Um sich an einem Umzug in eine 30 Quadratmeter große Wohnung zu erfreuen, daran, sein Leben auf das Notwendigste reduziert zu haben – und aus diesem Minimalismus noch einen tollen Lifestyle zu machen –, muss man vorher erst mal 200 Quadratmeter zur Verfügung gehabt haben. Leute, die ohnehin immer beengt leben mussten und sich das eben nicht aussuchen konnten, werden sich da – mit Verlaub – schon ein wenig verhöhnt fühlen." Leute wie ich würden die höheren Preise für nachhaltige Produkte und teureres Fliegen ebenso locker abfedern können wie eine

Anhebung der Steuer für Fleisch. Für Menschen, die ohnehin wenig haben, wäre das nur eine weitere Maßnahme, sie auszuschließen.

Antwort: Wenn es die Wohlhabenden sind, die die meisten Ressourcen verschleudern, dann haben sie auch die größten Einsparmöglichkeiten – und sie hätten die höheren Belastungen, etwa bei einer CO_2-Steuer. Welche Kosten da auflaufen, hängt nämlich allein vom CO_2-Ausstoß ab. Somit wird es teurer für alle, die dickere Autos fahren, größere Häuser bewohnen und mehr fliegen. Aktuell allerdings noch längst nicht teuer genug.

Oblomowismus

So nennt sich das Aufschieben für Fortgeschrittene wie mich. Ich warte mit dem Bügeln, bis man den Wäscheberg nur noch mit einem Sauerstoffgerät besteigen kann. Zum Einkaufen gehe ich meistens erst, wenn so wenig im Haushalt ist, dass ich schon überlege, das Glas mit den Pflaumen zu öffnen, die meine Großmutter vor mehr als 20 Jahren eingelegt hat und das eigentlich bloß noch zur Erinnerung im Keller steht. Ich finde, Prokrastination ist für mich nicht das passende Wort – es ist nur ein anderes Wort für Faulheit. Ich hingegen tue nicht nichts. Ich tue es lediglich irgendwann später! So wie Oblomow, der Held des gleichnamigen Romans von Iwan Alexandrowitsch Gontscharow, der es mit legendärem Aufschieben zu Weltruhm bringt. Es dauert allein ganze 150 Seiten, bis er sich endlich einmal aus seinem Bett erhebt. Er sollte eine Reise antreten, um sein marodes Landgut zu retten, ist aber zu träge dafür. Und er zögert so lange, um seine große Liebe Olga zu werben, bis die schließlich die Verlobung löst. Sein ökologischer Fußabdruck muss fantastisch gewesen sein: keine Flüge, keine Kinder. Einerseits. Andererseits sieht er tatenlos zu, wie seine Welt untergeht. Und je weniger er tut, umso länger wird die To-do-Liste und desto mehr überwältigt ihn der Gedanke, dass jetzt ohnehin alles sinnlos ist und er auch gleich im Bett liegen bleiben kann. Es scheint enorm viele Oblomows da draußen zu geben, die denken: Ja, ich müsste etwas tun. Aber noch nicht jetzt. Irgendjemand anderes wird schon erledigen, wozu ich zu träge bin. Es muss so sein. Denn nur das erklärt die unglaubliche Diskrepanz zwischen Wissen und Handeln. Laut Umfragen sorgen sich fast drei Viertel aller Deutschen um die Zukunft unseres Planeten. Außer wenn sie auf Kreuzfahrten, Flüge, Fleisch oder das Auto verzichten sollen. Die Deutschen, ein Volk von „klimabesorgten Klimasündern",[25] urteilt das Umweltbundesamt, und *Der Spiegel* schreibt hellsichtig: „Menschen ändern ihr Verhalten, wenn der Aufwand psychologisch wie finanziell gering ist."[26]

Antwort: Wir sollten nicht nur unsere besten Absichten, sondern auch den „Schmetterlingseffekt" auf unseren Einkaufszettel setzen. Dass schon „der Flügelschlag eines Schmetterlings in Brasilien einen Tornado in Texas auslösen"[27] kann, ist nämlich keine Erfindung der Glückskeksindustrie. Der Meteorologe Edward Lorenz wollte mit diesem Bild möglichst eindrücklich seine Beobachtung beschreiben, wie selbst minimale Störungen zu drastischen Veränderungen führen können. Es ist die Fortsetzung der Volksweisheit, die das „kleine Ursache, große Wirkung" nennt. Wenn wir die durchschnittliche Erderwärmung bis 2050 auf zwei Grad Celsius begrenzen wollen, woran kein Weg vorbeigeht, dann lautet die Devise: „Wir sind hier nicht bei *Wünsch Dir was*, sondern bei ‚so isses'!" Ich bin deshalb durchaus für mehr Verbote, weil man manchmal nicht nur zu seinem Glück, sondern anscheinend auch zu seinem Überleben gezwungen werden muss. Siehe: Rauchverbot. Fand anfangs auch jeder blöd und bevormundend, hat aber bislang schon einige Leben gerettet.

Die Gutmenschenkeule

„Ah, bist du jetzt auch so ein Gutmensch?", werde ich schon mal gefragt und bin damit nun also bei den ressourcenschonenden, tierliebenden Ökonaiven gelandet. Das ist auch so eine Erfahrung: Seit ich ein besseres Leben für möglichst viele anstrebe, werde ich behandelt, als würden mir gerade Hirnzellen im vierstelligen Bereich abhandenkommen. Der Gutmenschenverdacht geht ja immer mit der Vermutung einher, dass man ganz schön dämlich sein muss, an Märchen zu glauben, in denen wohlwollende Menschen etwas zum Guten für alle bewegen können. Dagegen gilt Gutmenschenverächtern das emsige Streben nach den eigenen Vorteilen als Nachweis von Cleverness. Das bilde ich mir nicht ein. Das ist amtlich, seit das Wort 2011 auf den zweiten Platz und 2015 schließlich auf den ersten Platz der Wahl zum *Unwort des Jahres* kam. Die Begründung der Jury: „Gutmensch" wurde gewählt, weil er den Begriff Hilfsbereitschaft pauschal als naiv, dumm und weltfremd diffamiere. Im Englischen nennt man das „do-gooder derogation" (Schmähung von Leuten, die Gutes tun). Sie begegnet mir in ganz unterschiedlichen Varianten. Die häufigste: dass ich mir doch hoffentlich nicht einbilden würde, ich könne ganz allein etwas gegen die Klimaerwärmung und die Massentierhaltung ausrichten. Dicht gefolgt von dem Satz „Du kannst es dir ja leisten!" und dem Verdacht, dass Weltretten ein Wohlstandsphänomen sei und lediglich Status-symbol von Leuten, die nicht mehr wissen, wohin mit all ihrer Frei-zeit und dem ganzen Geld. Auch sehr beliebt: Realitätsferne zu un-terstellen, weil man als Gutmensch einfach nicht begriffen habe, wie die Welt tickt. In meinem speziellen Fall kommt noch Eitelkeit dazu – die Mutmaßung, ich würde nur machen, was ich tue, um mich über andere zu erheben, sie als „nicht gut genug" blöd dastehen zu lassen. Nach Erscheinen dieses Buches wird das Bessermenschen-Bashing si-cher erweitert werden um die Behauptung, dass meine bescheidenen Weltretterambitionen bloß das trojanische Pferd sind, mit dem ich meine zügellose Geld- und Aufmerksamkeitsgier zu tarnen versuche. Natürlich vergeblich, weil die Gutmenschen-Taskforce noch jedes wahre Motiv enttarnt hat. Was soll ich sagen? Ich habe vorsorglich mal wieder Taschentücher bereitgelegt. Selbstverständlich aus Stoff.

Antwort: Im Jahr 2014 ließ der Manager der Toten Hosen, Patrick die Wortmarke „Gutmensch" beim Deutschen Patent- und Marken-amt in München schützen. Die Band verkauft T-Shirts mit dem Auf-druck „Gutmensch – No one likes us. We don't care!". (Zehn Euro pro Shirt kommen dabei der Opferberatungsstelle RAA Sachsen zugute.) Dem gibt es nichts hinzuzufügen.

Klamotten-
Wahnsinn

TEXTILE TRAUMPRINZEN

„Ist die neu?", will meine Nachbarin wissen. Dabei hat sie die Bluse in den letzten zehn Tagen fast so oft an mir gesehen, wie sie mich gesehen hat. Ich habe nämlich an der *10x10 Challenge* teilgenommen, die gerade durchs Internet geistert. Dafür soll man an zehn Tagen mit zehn Kleidungsstücken – inklusive Schuhen – auskommen. Nicht mitgezählt werden Unterwäsche, Socken und Accessoires. Zweck der Übung: sich und anderen zu beweisen, dass man gar nicht so viel braucht, wie man immer glaubt, kaufen zu müssen. Sicher, es gibt weitaus größere Herausforderungen im Textilbereich. Solche, denen sich die Journalistin und Autorin Meike Winnemuth schon vor einigen Jahren gestellt hat, als sie sich vornahm, ein ganzes Jahr lang bloß ein blaues Kleid zu tragen. Sie führte darüber ein Internettagebuch, wo sie ihr kleines Blaues immer neu, mit immer anderen Accessoires, „Spielkameraden" wie Tüchern, Taschen, Shirts, Jacken oder Gürtel präsentierte. Während ihres Projekts konnte man einiges darüber erfahren, was es im Leben wirklich braucht. Wie entspannend es sein kann, nicht vor den durchschnittlich 118 Kleidungsstücken zu stehen, die jede Frau besitzt – und zu denken: Ich habe wirklich nichts zum Anziehen!

Dagegen werde ich im vergleichsweise absoluten Style-Wohlstand leben und bloß für zehn Tage die Auswahl verknappen. Ich fühle mich dafür bestens gewappnet. Schließlich kenne ich das Gefühl, mit wenig auskommen zu müssen aus der Zeit, als ich wegen einer Entzündung im Schultergelenk und in den Hüften keinen Sport machen konnte, enorm zugelegt hatte und mir 99 Prozent meiner Kleidung nicht mehr passte. Allerdings gab da die Waage die gnadenlosen Kriterien vor, und ich hatte so ohnehin nur die Wahl zwischen drei schwarzen Großraumblusen, ein paar Jeans mit so viel Stretchanteil, dass man sicher auch Moby Dick da reinbekommen hätte, und einer Jacke, in der man türkische Hochzeiten hätte ausrichten können. Jetzt ist es anders: Ich kann zwar aus dem Übervollen schöpfen. Aber genau das macht es so schwer, zu entscheiden, welche Kleidungsstücke zur Führungskraft im Eindrucksmanagement taugen. Welche stark genug sind, all die Verantwortung zu tragen, die ein Kleidungsstück nun mal hat: einen schlanker aussehen zu lassen, jünger natürlich auch, und dabei maximale Veränderungen zu bieten. Schließlich will man dieselbe bleiben, aber dabei immer anders aussehen. Ja, es ist ein bisschen wie Kofferpacken für die Ferien. Diese Challenge habe ich allerdings bislang meist dadurch und ziemlich schnell gelöst, dass ich einfach alles mitgenommen habe, was auch nur im Entferntesten infrage kam. Nun brauche ich einen ganzen Tag, um zehn Kleidungsstücke auszuwählen. Kurzfristig tausche ich eine schwarze Hose dann doch noch gegen ein Kleid aus, bevor sich mein Kleiderschrank für die nächsten Tage schließt und ich folgende Teile an meiner Garderobe hängen habe: ein Paar Stiefeletten, ein Paar Sneaker, zwei Jeans, zwei Kleider, eine Lederjacke, eine geblümte Bluse, eine pinke Bluse, ein kariertes Hemd.

Wie sich zeigt, bietet die Auswahl wesentlich mehr Abwechslung, als ich dachte. Und sie spart von Anfang an einen großen Teil der 2,7 Tage pro Jahr, die Frauen durchschnittlich mit der Frage vor dem Kleiderschrank verbringen: Was ziehe ich heute bloß an? Ich habe nun für zehn Tage schnell eine Antwort. Und das Erstaunliche: Niemand merkt die Wiederholung. Nicht meine Freundinnen. Nicht meine Nachbarin. Nicht meine Familie. Nicht mal die Zuschauer des Mitteldeutschen Rundfunks. Denn auch nachdem die zehn Tage vorbei sind, präsentiere ich mich für einige Folgen von *fröhlich lesen* in derselben Lederjacke. Dass keiner etwas bemerkt, ist nicht so überraschend. Ein wenig war ich darauf vorbereitet, schließlich hatte ich vor einigen Jahren ähnliche Erfahrungen mit der Aufmerksamkeit meiner Mitmenschen gemacht, als ich etwa 20 Kilogramm abgenommen hatte. Damals fragte ich – sehr stolz auf meine, wie ich fand, enorme Verwandlung – einen Kollegen: „Und? Fällt dir was auf?" Er: „Ah, stimmt. Du hast eine neue Frisur!?"

Das ist gleichzeitig ziemlich ernüchternd und auch sehr entspannend. Es bestätigt, was Studien längst herausgefunden haben: Man könnte praktisch nackt unterwegs sein, ohne dass es groß auffallen würde. Zumal heute, wo sowieso alle andauernd auf ihr Handy starren. Wofür ich dann einfach zu viele Kleidungsstücke besitze. Ich müsste schon die Lebenserwartung einer Galapagos-Schildkröte haben, um alles wenigstens einmal getragen zu haben. Aber mir macht Shoppen Spaß. Weil es mich tröstet, mir nach einem harten Tag – oder wenn etwas nicht so gut gelaufen ist – was Hübsches zu gönnen. Weil es mittlerweile so billig ist, sich nebenbei eine kleine Freude zu machen, dass einem erst gar nicht auffällt, wie viele dieser kleinen Freuden in nur einem Monat auflaufen und selbst die günstigsten Klamotten ins Geld gehen. Und ich shoppe auch, weil ich immer noch auf den textilen Traumprinzen hoffe, der mich in eine Königin verwandelt, indem er mir zehn Kilogramm und zehn Jahre wegmogelt. Aber vor allem: weil mein Belohnungssystem ein verzogenes Biest ist, das unersättlich nach immer neuem Futter giert. Und nicht nur meines. Laut einer Greenpeace-Studie kaufen die Deutschen inzwischen im Schnitt 60 Bekleidungsstücke pro Jahr und tragen sie nur noch halb so lange wie noch vor einiger Zeit. Diese Ex-und-hopp-Mentalität, eine Art Fashion-Ess-Brech-Sucht, wird von Teilen der Modeindustrie fleißig gefördert, indem sie unsere Öfter-mal-was-Neues-Dosis rasant erhöht. Etwa mit bis zu 24 Kollektionen jährlich. Bei so einem Umschlag können die einzelnen Teile gar nicht so viel kosten. Sonst würden die Hersteller auf ihren Sachen sitzen bleiben. So aber dürfen sich schon Taschengeldempfänger als vollwertige Konsumentinnen fühlen und zum Preis eines guten Lippenstifts drei Shirts erstehen. In Discountern sogar bis zu 15 Teile. Man braucht nicht allzu viel Fantasie, um sich vorzustellen, wie die Produktions- und Arbeitsbedingungen für Klamotten sein müssen, die neu zwei, drei Euro kosten.

„Für uns ist das ein Segen!", sagt Marianne, die ich in so einen Laden begleite. Nicht weil ich mich dort nicht allein hin traue, sondern weil ich im Unterschied zu ihr nicht darauf angewiesen bin, hier einzukaufen. Marianne ist Sozialarbeiterin und alleinerziehende Mutter von zwei Töchtern, die neue Schlafanzüge und Sportklamotten brauchen. Kaum sind wir in der Filiale der irischen Billigstklamottenkette, fällt als Erstes auf: Es riecht wahnsinnig chemisch, so, als wäre es ganz und gar nicht gesund, hier zu atmen. Tatsächlich, schreibt *Zeit Online*, sei es bekannt, dass der Discounter „billige Weichmacher für Schuhe und Taschen verwendet. Und es ist auch kein Geheimnis, dass sich in den Textilien krebserregende Formaldehyde und Dimethylformamid nachweisen lassen. Ihre Konzentration liegt im gerade noch zulässigen Bereich."[28] Der Gestank scheint niemanden zu stören. Der Laden ist gerammelt voll, auf dem Boden liegen Klamotten, die Leute offenbar beim Wühlen einfach haben fallen lassen. Viel Respekt scheint hier niemand zu haben: weder vor der Kleidung noch vor den Mitarbeitern, die das Zeug ja wieder aufheben und einsortieren müssen.

„Ja, das ist schon ziemlich ernüchternd, hier einkaufen zu gehen", räumt Marianne ein, während sie Leggings, Shirts und Kinderunterwäsche für ein bis drei Euro das Stück in ein großes Einkaufsnetz stopft. Zwei Kinderwinterjacken kommen auch noch dazu. Die hatte sie zwar nicht auf dem Einkaufszettel, „aber die sind schön, und mit 15 Euro ist der Preis unschlagbar". Als wir endlich an der Kasse sind, bezahlt sie knapp 50 Euro für alles, und wir verlassen mit einer dieser großen braunen Papiertüten den Laden, die mittlerweile das Straßenbild der Frankfurter Zeil prägen und so schön öko aussehen.

Ich habe das Gefühl, als hätte ich gerade an der Weltmeisterschaft des Apnoetauchens teilgenommen, und ringe nach Sauerstoff. „Wie lange halten die Sachen so im Schnitt?", will ich wissen, als ich wieder Luft bekomme. „Manches kaum zwei Wäschen. Aber die Mädchen wachsen so schnell, und sie sollen auch mal was Neues haben, so wie die anderen in ihrer Klasse." Sie sagt, sie wisse, dass sie mit ihrem Einkauf furchtbare Produktionsbedingungen unterstütze, wie sie sich im April 2013 offenbarten, als die Fabrik Rana Plaza einstürzte und 1.130 Menschen ums Leben kamen. Die meisten hatten für den Hersteller gearbeitet, bei dem wir gerade einkaufen waren. „Aber ich habe gelesen, dass auch die viel teureren Designerklamotten unter ähnlich miserablen Umständen entstehen – nur eben mit viel größeren Gewinnspannen." Dann erzählt Marianne noch, dass der Billigdiscounter immerhin einer der Ersten gewesen wäre, der in den Hilfsfonds zur Unterstützung der Hinterbliebenen des Unglücks in der Textilfabrik in Bangladesch eingezahlt habe: sieben Millionen von 15 Millionen Euro. Ich lese später, dass das weniger als die Hälfte der zur Versorgung der Hinterbliebenen benötigten Summe war und der Konzern allein im letzten Jahr 8,2 Milliarden Euro Umsatz gemacht hat. Tendenz steigend.

Aber Marianne hat natürlich recht. Teurer bedeutet nicht auch gleich, es würde fairer und nachhaltiger produziert. Billig aber trägt ganz sicher dazu bei, dass immer mehr Menschen immer bedenkenloser einkaufen und aus Kleidung ein Wegwerfartikel geworden ist. Man braucht kein Mathegenie zu sein, um auszurechnen, wie viel länger ein teureres und qualitativ hochwertigeres Kleidungsstück halten würde. Aber dann würde man weniger shoppen können. Man müsste auf die laut Umfragen liebste Freizeitbeschäftigung der Deutschen verzichten und sich ein neues Hobby sowie gleich noch ein neues Thema suchen. Denn auch in den digitalen Medien – besonders auf Instagram – ist Mode, neben Essen, die Sonne, um die alles kreist. Kürzlich sah ich einen Beitrag, in dem eine Influencerin mit zig Outfits in ein besonders fotogenes Hotel auf Ibiza eingecheckt war. Nicht um dort zu urlauben, sondern nur, um sich in immer anderen Styles dort ablichten zu lassen. Ein ganzes Geschäftsmodell basiert darauf, aus unserem Leben eine Umkleidekabine, den fliegenden Klamottenwechsel zum Hauptevent zu machen und den eigentlichen Anlass in den Hintergrund zu rücken. So wie bei dem legendären Coachella-Festival. Neben den Künstlern auf der Bühne, wie Eminem, Beyoncé, Lady Gaga oder David Byrne, sind auch unzählige Promis im Publikum. Solche wie Justin Bieber, Kylie Jenner, Paris Hilton oder Alessandra Ambrosio. Magazine wie *Glamour*, *Vogue*, *Elle* oder der *Stern* begleiten das Event wie eine der großen Modenschauen in Paris oder London mit Schlagzeilen wie: „Die angesagtesten Beautylooks des Coachella-Festivals …" Die Hersteller von It-Bags oder Anbieter von Kreditkarten nutzen Coachella als Werbeplattform. Und Influencer aus der Fashion- und Lifestyle-Bloggerszene zahlen manchmal bloß für ein paar Stunden den hohen Eintritt, um sich vor der Hipsterkulisse im Netz als Teil des Coachella-Lifestyles präsentieren zu können – ohne eine einzige der Musikgruppen gesehen oder gehört zu haben. Für sie ist das Festival lediglich Selbstdarstellungs- und Selfiekulisse. Denkt man diesen Trend zu Ende, ist es nur eine Frage der Zeit, bis etwa die Bayreuther Festspiele zur Fotokulisse umfunktioniert werden und auf der Bühne gar nichts mehr stattfindet, weil das Wesentliche schon vorn auf dem roten Teppich erledigt wurde. (Mancher Prominente soll sich ja heute schon den Wagner sparen – und nach dem Shooting vorn, über den Hinterausgang gemütlich ins Hotel zurückkehren, vermutlich, um Fernsehen zu gucken.) Verständlich, wenn man gern Teil dieser so coolen Inszenierungen sein möchte, aus dem Vollen schöpfen will, ohne das Gefühl zu haben, sich für all die Klamotten knechten zu müssen, und für den ganzen Spaß, den die Fotos dokumentieren.

Allerdings hatte ich nicht den Eindruck, dass das Shoppen im Billigstdiscounter für die Besucher ein großes Vergnügen ist. Eher wirkte es so, als wäre man hier auf den letzten Metern der *Hunger Games:* angestrengt und auch ein wenig desillusioniert. Ich denke, dass Mode aber genau das sein sollte – auch eine Illusion von etwas Schönerem, Glamouröseren, jenseits des Alltäglichen. Ob das Kleidung schafft, die schon am Boden liegt, bevor man sie überhaupt gekauft hat? Ich weiß auch nicht, ob wirklich alle, die hier shoppen, tatsächlich nicht genug Geld hätten, sich ein-, zweimal pro Saison ein paar hochwertigere Teile zu kaufen … anstatt in einen Berg Billigstware zu investieren, der praktisch schon dem Tode geweiht ist, noch bevor man sie das erste Mal getragen hat. Und ich denke daran, was die Fashionikone Vivienne Westwood einmal als Devise ausgerechnet und gerade für Mode formuliert hat: „Buy Less, Choose Well and Make It Last."[29] Heißt: Weniger ist schöner, hält länger und kann deshalb durchaus teurer sein. Im Grunde reden wir also vom Prinzip Sonntagskleid.

KÖNIGIN IM SONNTAGSSTAAT

Als ich Kind war und regelmäßig in ein Sonntagskleid gesteckt wurde, in dem man weder toben, rennen noch spielen durfte, hätte ich nie gedacht, dass ich einmal sagen würde: „Was für eine großartige, wunderbare Idee ist doch so ein Sonntagskleid." Wie es zumindest ein bisschen den Planeten retten könnte, wenn man in weniger, aber dafür hochwertigere Lieblingsstücke investiert und sie besonders pfleglich behandelt, damit sie möglichst lange halten. So lange wie das Nachmittagskleid meiner Mutter aus den 50er-Jahren, das noch immer darauf wartet, dass vielleicht in der kommenden Generation dieser Familie irgendjemand mal dünn genug sein wird, da reinzupassen. Meine Mutter hatte sich als junge Frau die Eleganz des damaligen Supermodels Susanne Erichsen zum Vorbild genommen und Monate auf das Seidenkleid gespart. Mehr als ein oder höchstens zwei neue Kleidungsstücke pro Jahr – mehr war zu ihrer Zeit und in ihrem Budget nicht drin.

Auch deshalb behandelte man Sonntagskleider nicht wie One-Night-Stands, sondern wie Lebensabschnittspartner, die einen eine gute Strecke durch die eigene Geschichte begleiteten und dadurch selbst Geschichte wurden. So, wie es Beth Ditto, Sängerin von Gossip, einmal beschrieb. Obwohl sie mit vielen Geschwistern in ärmlichsten Verhältnissen aufwuchs, wurde viel Wert auf ordentliche Kleidung gelegt. Auch auf ein Sonntagskleid: „Es war natürlich jahrelang viel zu groß, damit ich hineinwachsen konnte. Meine Mutter hatte es genäht, als sie noch mit meinem Vater zusammen war und mehr Zeit hatte. Später hat sie ja nur noch gearbeitet, um uns irgendwie durchzubringen. Mein Kleid war rot, es hatte einen plissierten Brustlatz und eine weiße Spitzenborte. Das ist bis heute mein liebster Schnitt. Am Valentinstag zog ich das Kleid mit weißen Strumpfhosen und roten Herzen drauf an. Zu Weihnachten normale weiße Strumpfhosen oder grüne. Und im Frühling und Sommer zog ich es ohne Strümpfe an, es war also ein sehr wandelbares Kleid."[30] Ein Sonntagskleid ist ja auch immer ein emotionaler Datenträger. Es begleitete einen durch gute wie schlechte Zeiten und oft, bis dass der Tod uns scheidet. Aufgaben, mit denen irgendein Kleidungsstück vom Discounter heillos überfordert wäre. Schon weil ihm wichtige Beziehungsqualitäten fehlen. Nicht umsonst heißt es, dass Glück eine Überwindungsprämie sei. Auf das Sonntagskleid bezogen, bedeutet das: Man hat es irgendwo entdeckt und darauf gespart, um sich dieses eine, wunderbare Teil leisten zu können. Während die Discounterware leicht zu haben und ebenso leicht wieder zu entsorgen ist. Auch die Verarbeitung ist nicht für die Langstrecke gedacht. Dazu kommt der Druck, ständig etwas anderes vorführen zu müssen. Laut Greenpeace wird etwa ein Party-Top heute nur noch durchschnittlich 1,7-mal getragen. Es landet dann entweder in der Altkleidersammlung oder irgendwo im Dunkeln unserer Schränke. Dort, wo bereits eine Milliarde anderer Kleidungsstücke ungenutzt und ungeliebt dahinvegetieren. Eine weitere Milliarde, so Greenpeace, wird nur selten getragen, sodass knapp 40 Prozent unserer Klamotten ziemlich überflüssig sind.

Eigentlich wäre das bloß ein Lagerproblem – womöglich auch ein finanzielles, wenn man bedenkt, was man mit dem Geld für die textilen Karteileichen alles Schönes hätte anfangen können –, gäbe es da nicht noch den einen weiteren Aspekt, der unbedingt für das Prinzip Sonntagskleid spricht: 63 Prozent aller bei der Kleidungsproduktion verwendeten Materialien sind aus Plastik, und die Textilindustrie emittiert mehr Treibhausgase als alle internationalen Flüge zusammen. Allein der Wasserverbrauch zum Anbau von Baumwolle ist größer als der aller weltweit existierenden Haushaltungen – und damit Urheber von Trinkwassermangel und Versteppung in Anbaugebieten wie China, Indien, Usbekistan, Pakistan. In der Textilindustrie werden zudem nach wie vor 3.500 krebserregende oder hormonell wirkende Stoffe verwendet. Solche Spitzenwerte erreicht sonst nur die viel geschmähte Zigarette. Dazu: Kinderarbeit, miserable Arbeitsbedingungen und Niedriglöhne. Bei einer 100-Euro-Jeans bekommt – so rechnet Greenpeace in der *Textil-Fibel* vor – ganze ein Prozent die Arbeiterin, elf Prozent werden für Steuern, Transport, Import veranschlagt, 13 Prozent gehen für die Materialien und den Gewinn der Fabrik im Billiglohnland drauf, 25 Prozent für den Markennamen, Verwaltung des Herstellers und Werbung, 50 Prozent verschlingen Einzelhandel, seine Verwaltung und die Mehrwertsteuer. Ja, auch Klamotten haben eine Moral. Die kann man kaufen und sieht auch noch gut aus. Längst hat sich die Ökomode von ihren eigenen, so typischen Schadstoffen befreit. Die lagen im ästhetischen Bereich, bei schlechten Schnitten, trostlosen Farben und mäßiger Verarbeitung. Das führte gelegentlich zu Trotzreaktionen beim Konsumenten: „Selbst wenn morgen die Welt untergeht, werde ich heute auf gar keinen Fall so einen Kartoffelsack tragen. Wie sieht das denn aus?" Ausreden, mit denen man heute nicht mehr durchkommt. „Fair Fashion" ist auf den internationalen Laufstegen angekommen. „Es ist sexy, die Welt verändern zu wollen", sagt U2-Sänger Bono – und es braucht nicht viel. „Capsule Wardrobe" nennt sich das moderne Prinzip Sonntagskleid. Meint: Man stellt sich für jede Saison eine Garderobe aus einer übersichtlichen Zahl von Kleidungsstücken zusammen, die miteinander kombinierbar sind. Man widersteht dabei der Versuchung, sie jeweils mit neuen Stücken zu ergänzen – oder etwa im Juli zu entdecken, dass man doch nicht so der Blümchentyp ist, wie man noch im April dachte. Wenn die Garderobe steht, dann steht sie. Es wird nicht mehr nachverhandelt! Eine herrliche Idee. Die Frage ist nur: Wie sag ich's meinem Kleiderschrank?

FASHION-VERARMUNGSÄNGSTE

Nach der *10x10 Challenge* weiß ich nun: Man kann auch mit viel weniger Kleidung nicht nur sehr gut, sondern sehr viel besser über die Runden kommen. Was tue ich aber mit den vielen anderen Stücken in meinem Besitz? Dem textilen Überschuss? Alles wegwerfen und den Altkleiderberg noch größer machen? Wäre ja erst recht die totale Verschwendung! Ich sortiere also zunächst aus, was ich noch nie oder schon länger nicht mehr getragen habe. Und ehrlich: Ich würde fast lieber mein Tagebuch veröffentlichen als die Unmengen an Fehlkäufen, die sich bald in meinem Schlafzimmer zu einem neuen deutschen Mittelgebirge türmen. Dabei lerne ich mich besser kennen, als ich es jemals gewollt habe. Dachte ich wirklich mal, ich hätte mein Leben im Griff? Offenbar bin ich total haltlos, unfassbar maßlos, besitze kaum mehr Rückgrat als eine gekochte Garnele und bin gleichzeitig so euphorisch wie andere Menschen erst nach der Einnahme von Substanzen, die zu Recht verschreibungspflichtig sind. Denn nicht wenige meiner Kleidungsstücke verdanken sich der Überzeugung, dass ich nach einer größeren Gewichtsabnahme vor einigen Jahren mein Leben fortan in extra small werde verbringen können. Das ist mindestens zwei Konfektionsgrößen her.

Bei manchen Teilen frage ich mich, ob ich vielleicht von Aliens entführt und umprogrammiert wieder zurück auf die Erde geschickt wurde. Jedenfalls muss es eine andere gewesen sein, die gekauft hat, was ich jetzt vor mir ausbreite: eine Bluse, die selbst Mutter Beimer zu trutschig wäre; eine zerrissene Jeans, die – wie ich mich dunkel erinnere – gerade deshalb so enorm teuer war, weil sie aussieht, als hätte sie Edward mit den Scherenhänden höchstpersönlich aus einem Altkleidersack gezogen; oder das Kleid, mit dem eine Verkäuferin an mir den „Conchella-Look" nachstylen wollte. Bloß haben wir beide nicht daran gedacht, dass in meinem Terminkalender Hippiefestivals ungefähr so häufig vorkommen wie etwa ein Almauftrieb. Offenbar leide ich außerdem unter T-Shirt-Verarmungsängsten. Vielleicht ein Kindheitstrauma? Muss meine Mutter fragen! Und dann Sportklamotten, in rauen Mengen, mit denen ich die nächsten Olympischen Spiele ausstatten könnte. Und zwar die von 2024 und 2028. Ein Problem. Denn gerade weil sie atmungsaktiv, schweißabsorbierend und schnell trocknend sein sollen, bestehen sie aus synthetischen Fasern, und für die wird Erdöl verwendet. Zudem sind die Kunstfasern nicht biologisch abbaubar, und beim Waschen gelangt mal wieder Mikroplastik in die Gewässer. 35 Prozent des Mikroplastiks im Meer ist laut der IUCN auf Polyesterwäsche zurückzuführen. Obendrauf kommen noch die Produktionsbedingungen, die bei dem günstigen Preis vermutlich auch eher zweifelhaft sind. Am nachhaltigsten ist deshalb: Behalten, auftragen und für die Wäsche einen Beutel anschaffen, der die winzigen Plastikteilchen auffängt, damit man sie im Restmüll entsorgen kann. Ich werde in meinem Leben wohl sehr, sehr viel Sport machen müssen und mit 90 Jahren noch meine Runde mit dem Rollator in nicht ganz altersgemäßen Joggingklamotten drehen.

Ich verzweifle aber nicht nur ob der Mengen, die zu begutachten sind. Ich verliebe mich auch neu: in einen Jumpsuit, den meine Mutter bereits in den 1970er-Jahren getragen hat, von einem Modelabel, das es gar nicht mehr gibt – und in ein Kleid, das ich irgendwann in den 1980er-Jahren gekauft haben muss. Ich kann also auch treu sein. Trotzdem wird es mit zunehmender Sichtung immer leichter, zu entscheiden, was bleibt und was rausfliegt. Was, ehrlich gesagt, auch etwas mit der zunehmenden Erschöpfung angesichts der Massen zu tun hat, die da vor mir liegen und um Aufmerksamkeit betteln.

Als ich fertig bin, sieht mein Wohnzimmer aus wie ein aufgeplatztes Sofakissen, dafür hat mein Schrank annähernd den Zustand erreicht, den man als übersichtlich bezeichnen könnte. Jedenfalls wenn man auf Wimmelbilder steht. Jedes Teil, das bleibt, soll in nächster Zeit wenigstens einmal ausgeführt werden. Beim Aussortieren habe ich nämlich gemerkt, wie ich – trotz der gigantischen Auswahl – mit wenigen Ausnahmen eigentlich immer dasselbe trage: Jeans, Stiefeletten, eine Bluse und eine Lederjacke. Anscheinend brauchte ich vor allem das Gefühl, aus dem Vollen schöpfen zu können. Andererseits stärkt dieses Volle nicht, wie es eigentlich seine Haupthausaufgabe wäre, mein Ego, sondern vor allem die Entscheidungsschwäche, sodass ich meist zu den Dingen greife, die mir als sichere Bank erscheinen. Dass sich einem zu viele Optionen wie Blei aufs Gemüt legen, hat der amerikanische Psychologe Barry Schwartz erforscht. Er sagt, ein Mehr an Möglichkeiten steigere nicht bloß die Wahlfreiheit, sondern vor allem die Unzufriedenheit. Der Grund: Jedes „Ja" zu einem Outfit ginge automatisch mit einem „Nein" zu all den anderen einher. Ein Verlust, der bei sehr vielen Optionen viel schwerer wiegt. Um das nachzufühlen, genügt es schon, sich vorzustellen, man hätte bloß zehn Männer fürs Leben zur Auswahl. Wären es aber so viele, wie ich an Kleidungsstücken besitze, könnte man praktisch mit George Clooney nach Hause gehen, hätte aber trotzdem das unbestimmte Gefühl, jemanden verpasst zu haben. Ashton Kutcher oder Brad Pitt zum Beispiel. Es liegt daran, so Barry Schwartz, dass viel Auswahl „hohe Erwartungen an die Ergebnisse unserer Entscheidungen"[31] aufbaut. Der Trick wäre deshalb, sich nicht ständig zu fragen, ob es da draußen noch etwas Besseres gäbe. Also kein „Maximierer" zu sein. So nennt Barry Schwartz Menschen, die ständig auf der Suche nach etwas sind, das noch idealer ist als das, was sie gerade haben. Ihr Fernziel wäre ein Ashton-Kutcher-Brad-Pitt-Outfit – also unerreichbar. „Maximierer" verfahren nämlich so: „Sie treffen eine Entscheidung, es ist eine gute Entscheidung, und Sie fühlen sich schlecht. Was heißt, dass Sie sich mit jeder Entscheidung schlecht fühlen."[32]

Aber wie fühle ich mich gut? Ganz einfach, sagt der Experte, indem ich die Möglichkeiten begrenze und mir sage, dass meine Wahl schon gut genug für mich sein wird. Klingt ein wenig nach Trostpreis des Lebens. Andererseits hat sich die Strategie ja schon bei der *10x10 Challenge* bewährt. Ganz zu schweigen von anderen Bereichen. Bei Männern beispielsweise. Die warten – falls sie sich noch vor Ablauf ihrer Lebenszeit paaren wollen – ja auch nicht, bis sie wirklich alle Singles zwischen 50 und 60 gründlich genug kennengelernt haben, bevor sie wählen. Ich bin über 50, da sollte man eigentlich genug Erfahrung mit den Möglichkeiten von Mode (und Kerlen) haben, um zu wissen, dass man nicht als Susanne Fröhlich in eine Umkleidekabine geht, um als Cameron Diaz wieder herauszukommen. Auch wenn das, was sich um mich herum an Fehlgriffen türmt, etwas ganz anderes behauptet. Bleibt nur die Frage: Wohin damit? „Flohmarkt!", meint meine beste Freundin und dass sie dazu auch einiges beizusteuern hätte.

UND ES HAT „KLICK" GEMACHT

„Das MUSST du nehmen!", vier Frauen stehen um Claudia herum und befeuern sie, sich endlich mal etwas Farbenfroheres anzuschaffen als das ewige Dunkelblau, in dem sie sonst herumläuft. Die Stylingberatung findet bei mir zu Hause statt und macht viel Spaß. Zwei Freundinnen haben das Ergebnis ihrer eigenen Kleiderschrankinspektion mit zu mir gebracht, und gemeinsam haben wir so ziemlich alle eingeladen, die von Körpergröße und Gewicht in unsere ausgemusterten Sachen passen könnten. Es sind bestimmt über 20 Frauen, die sich nun seit Stunden schon durch das Angebot wühlen. Es gibt Kaffee und Kuchen und die entspannte Atmosphäre einer Frauenfußballumkleide nach einem Sieg. Weltretten kann auch enorm lustig sein. Wo die Klamotten so günstig sind, da traut man sich augenscheinlich mehr zu – vielleicht sogar ein schrillpinkes Sommerkleid, das Claudia gerade offenbar für eine ähnlich große Mutprobe hält wie einen Bungee-Jump von der Golden Gate Bridge. Und auch bei Manuela habe ich das Gefühl, dass sie lieber dem Tod ins Auge blicken würde, als der Öffentlichkeit ihre Knie zu präsentieren und die Shorts zu nehmen, die ihr so gut stehen.

Es ist schon interessant zu sehen, wie sich andere wegen nichts nicht nur anstellen, sondern auch textil einschränken. Erkennt man ja immer sehr viel besser als bei sich selbst. Claudia jedenfalls entscheidet sich gegen das Kleid. „Es wäre mutiger, als ich es bin, und ich lasse mich nicht gern von Klamotten demütigen", sagt sie. Manuela aber nimmt die Shorts. „Die steht dir super!", rufen alle wie aus einem Mund. Auch ich. „Wieso behältst du sie dann nicht, wenn sie so toll sind?", fragt Manuela misstrauisch, als hätten die Shorts irgendein sehr großes, aber gut getarntes Manko. „Ich habe einfach zu viel!", antworte ich. Manuela erklärt mir: „Ich mache es so: Für jedes Teil, das kommt, muss eines gehen." „Aber wohin?", überlege ich und blicke über all die Klamotten, die noch übrig sind. Auch ein Daunenparka ist dabei – zum Glück nicht von mir. Um die gute Stimmung nicht zu trüben, habe ich die Freundin, die ihn mitbrachte, nicht darüber aufgeklärt, was sie da eigentlich einmal gekauft hat. Dass 70 Prozent der Daunenfedern von Vögeln aus Asien stammen, die – laut der Tierrechtsorganisation PETA – mit „Tausenden Artgenossen oftmals in dunklen Hallen in einer dreckigen Brühe aus Fäkalien" stehen, so Johanna Fuoß, Fachreferentin Bekleidung und Textil von PETA Deutschland.[33] Und ihnen bei lebendigem Leib die Federn ausgerupft werden, sodass sie mit blutenden Wunden übersät sind.

Klar, einen Pelz trägt keine meiner Freundinnen mehr. Dass schicke Accessoires wie der Fellkragen am Parka oder der puschelige Bommel an der Mütze aber genauso schlimm sind, habe ich erst so richtig begriffen, als ich mit einem Freund in Finnland telefonierte. Er erzählte mir, wie er am Morgen auf der Fahrt zur Arbeit einen Polarfuchs gesehen hatte, der offenbar aus einer der Pelzfarmen in der Gegend ausgebüxt war. „Was für ein Glück!", freute ich mich. „Da täuschst du dich", antwortete er und dass der Ausbruch dem Tier nicht viel nützen würde. „Der wird nicht lange überleben in der Natur. So fett, wie er ist. Um ihnen mehr Pelz abnehmen zu können, werden die Polarfüchse auf eine extreme Größe gemästet", erzählte er. Ich weiß nicht, vielleicht werde ich ja sentimental, aber ich fand dies mit das Traurigste, was ich in letzter Zeit gehört hatte. Ich meine: Da schafft es einer in die Freiheit und hat trotzdem keine Chance. Bloß für ein wenig Deko. Seitdem bin ich raus aus dem Fellapplikationen-Puschelthema. „Das könnt ihr euch in Frankfurt auch leisten", sagt mein finnischer Freund. „Wir haben hier manchmal minus 30 Grad. Da freut man sich, wenn man sich etwas aus Pelz überwerfen kann." Mag sein. In den milden Frankfurter Wintern aber braucht man ganz sicher nicht ausgestattet zu sein wie für eine Polarexpedition, selbst wenn manche Frauen das anders sehen und sofort unter Gefrierbrand leiden, sobald das Thermometer unter zehn Grad Celsius sinkt. Ich könnte sogar einen Wohnort im Mittelgebirge geltend machen, wo es durchaus auch richtig kalt wird. Aber dafür habe ich ausreichend nicht tierische Wärmequellen. „Nimmst du ihn bitte wieder mit?", sage ich zu der

Besitzerin des Daunenparkas. „Ich weiß auch nicht, was ich damit anfangen soll." Aber auch: „Auf keinen Fall in den Altkleidercontainer!" So wie jährlich mehr als eine Million Tonnen Textiles.

Es ist nämlich ziemlich egal, ob die Container karitativen Hilfsorganisationen oder privaten Abzockern gehören. Die Kleidung landet nur in den wenigsten Fällen dort, wo wir denken, dass sie hingehört. Noch tragbare Kleidungsstücke werden an Groß- und Kleinhändler in über 90 Länder verkauft, vor allem nach Afrika, Osteuropa und in den Mittleren Osten. Klar, dass diese Billigmode, die für Kilopreise eingekauft wird und die Märkte dort überschwemmt, für die Hersteller vor Ort ziemlich katastrophal ist. Was gar nicht zu gebrauchen ist, muss laut deutschem Gesetz recycelt werden – das betrifft ungefähr 15 Prozent der Spenden. Daraus werden dann Putzlappen oder Dämmmaterialien für Autos gemacht. Putzlappen aus meinen schönen Mänteln, Jacken, Blusen, Hosen, Shirts? Niemals! Manuela meint, man könne abgelegte Klamotten auch zum örtlichen Oxfamshop bringen: „Das Geld kommt der entwicklungspolitischen Arbeit von Oxfam Deutschland zugute. Auch für Unverkäufliches versucht Oxfam, eine sinnvolle Weiterverwertung zu finden – so werden nicht verkaufte, gut erhaltene Dinge an lokale Sozialkaufhäuser oder Beschäftigungsprojekte weitergegeben." Über die Website wohindamit.org könnte man herausfinden, wo seine Sachen außerdem noch Freude bereiten und sinnvoll weitervermittelt würden.

Ich hätte da eine noch bessere Idee für einen Teil meiner Sachen: das Frauenhaus Limburg, für das ich mich ohnehin engagiere. Abends liege ich ermattet auf dem Sofa. 400 Euro habe ich eingenommen und – was fast noch besser ist – nichts gekauft. Obwohl die grüne Bomberjacke und das Blumenkleid aus den abgelegten Klamotten meiner Freundinnen wirklich sehr große Versuchungen waren. Ich fühle mich immer noch, als könnte man sich auch an Kleidung übessen. Und zwar für die nächsten zehn Jahre. Offenbar hat es „Klick" gemacht. Gewöhnlich würde ich jetzt noch ein wenig im Internet surfen, mal bei den Portalen vorbeischauen, bei denen ich vorher schon mal modisch fündig geworden bin. Ich würde Angebote, Trends sichten, und ich würde bestellen. Ich schaue trotzdem aufs Smartphone. Claudia hat mir eine WhatsApp geschickt: „Ist das pinke Kleid noch da?"

WENN DER POSTMANN ZWEIMAL KLINGELT

Auf dem Sofa liegen und im größten Shoppingcenter der Welt unterwegs sein, neue Marken entdecken und riesige Warenkörbe füllen, um letztlich doch nicht viel zu kaufen – einfach herrlich. Denn ich kann ja die Hose, das Kleid, die Jacke, den Mantel auch wieder zurückschicken. Ich will ja nur mal gucken und anprobieren. Vielleicht behalte ich ja dann das ein oder andere Teil. Wenn es schon mal da ist. Und im Vergleich zu dem, was ich zurücksende, ist es ja praktisch nichts. Falls ich es zurückschicke. Denn ehrlich gesagt, manchmal bin ich auch schon zu saumselig gewesen und habe etwas nur deshalb behalten, weil ich es nicht mehr rechtzeitig in der Rückgabefrist geschafft habe, es zu retournieren. Herrlich auch die Vorfreude auf das Paket und der Spaß, die Klamotten in aller Ruhe daheim anzuprobieren. Ohne zu denken: Oh ne, jetzt habe ich in dem Laden praktisch alles schon mal angehabt. Ich kann also unmöglich gehen, ohne irgendwas zu kaufen. Onlineshopping war ein richtig großer Programmpunkt in meinem Leben.

Wie groß er wirklich war, merke ich erst, seitdem ich versuche, ohne auszukommen. Ja, das klingt, als wäre das ein großer Verzicht. Und das ist es auch. Nicht nur für mich. Gemessen an den Paketen für meine Nachbarn, die bei mir abgegeben werden, wäre es für alle ein tief gehender Einschnitt. Es werden ja nicht nur Klamotten bestellt, sondern ganze Möbel, Matratzen, Bücher, Küchengeräte, Katzenstreu, bis hin zu Drogeriekleinwaren wie Mascara oder Shampoo. Einmal habe ich sechs Kisten Wein für eine Nachbarin von einem sichtlich strapazierten und ziemlich dankbaren Paketzusteller angenommen. Und mich gefragt, wie man solche Mengen bestellen kann, mit dem Wissen, dass man ganz sicher nicht daheim sein wird, wenn sie geliefert werden. Es ist, als hätte ich noch einen Nebenjob, und manchmal bereue ich es, nicht wie andere Menschen ganz normal von neun bis 17 Uhr in einem Büro irgendwo auswärts zu sitzen, sondern daheim am Schreibtisch. Aber es tröstet, auch zu sehen, dass offenbar die ganze Welt Online-shopping-verrückt ist. Sogar die Leute, die in der Stadt wohnen und jederzeit in einem richtigen Geschäft einkaufen könnten.

Fragt man uns Vielbesteller nach den Gründen, fällt uns vor allem eines ein: Wir haben viel zu viel zu tun, um noch selbst in den Laden zu gehen. Beziehungsweise: in die Drogerie, in den Tierbedarfsladen, in die Weinhandlung, in den Buchladen, das Haushaltswarengeschäft und in den Elektrofachhandel, in das Schuhgeschäft und in die vielen Boutiquen, die man mindestens besucht haben muss, um die perfekt sitzende schwarze Hose zu finden. Wer allerdings ein Paket nicht beim Nachbarn abholen konnte, sondern sich an Samstagen und nach Feierabend in die Schlange der nächsten Postfiliale einordnen musste, der ahnt, dass es sich da um eine klassische Milchmädchenrechnung handelt. Ganz zu schweigen von den Exkursionen, die einem DPD und GLS zumuten. Ausflüge, für die man nicht nur ein GPS, sondern auch Proviant und Beruhigungsmittel braucht. Zumal es, hat man endlich sein Ziel – irgendeinen schrammeligen Kiosk im Frankfurter Outback – erreicht, oft heißt: „Das Paket ist noch nicht da. Kommen Sie morgen wieder!"

Onlineshopping ist also keine Lösung. Es ist vielmehr eine Katastrophe mit Lieferservice. Allein in Deutschland, so lese ich, werden jeden Tag elf Millionen Pakete verschickt mit mindestens so vielen Dingen, die in Plastik und Kartons verpackt sind. Jedes sechste Paket ist eine Retoure, bei Kleidung wird sogar jedes zweite Paket zurückgeschickt. Wir sehen das Onlineshopping längst als eine Art Unterhaltungsprogramm, bis dahin, dass Freundinnen sich zu Auspackpartys verabreden, alles mal durchprobieren und – nachdem sie ihren Spaß gehabt haben – den kompletten Inhalt wieder zur Post bringen. Leichten Herzens, falls der Kauf auf Rechnung ging. Laut einer Studie erhöht das die Wahrscheinlichkeit einer Retoure enorm, während sie bei Zahlung auf Vorkasse sinkt. Klar, das Geld ist eh schon weg, da sinkt die Hemmschwelle, das bereits ohnehin Bezahlte auch zu behalten. Kenne ich. Ebenso wie das Gefühl, wenn der Paketbote klingelt und man sich ein bisschen wie vor der Bescherung fühlt. Das besitzt durchaus Suchtpotenzial. Vor Jahren las ich von einer Seniorin, die schließlich von dem Händler für das Onlineshopping gesperrt wurde, weil sie sich im Monat ein Pfund Kaffee bestellte und wieder zurückschickte – nur um auch mal ein Paket zu bekommen. Ja, das ist traurig. Genauso wie die harten Arbeitsbedingungen der Paketboten für meist lausige Bezahlung. Noch so ein Grund, die Finger vom Onlineshopping zu lassen. Ganz zu schweigen von den Folgen für den stationären Handel.

Es ist also nur Notwehr, wenn ein Freund, Besitzer eines Fahrradladens, nun Geld für seine Beratung nimmt, das bei einem Kauf angerechnet wird. „Ich habe über Jahre immer wieder stundenlange Gespräche mit Kunden gehabt, die sich über meine Tipps freuten, um sie dann beim Onlineshopping anzuwenden." Und eine befreundete Buchhändlerin erzählt, wie sich das Verhalten ihrer Kunden durchs Onlineshopping geändert hat: „Die Leute sind viel ungeduldiger. Früher kamen sie noch zum Stöbern, man konnte auch mal längere Gespräche führen. Das ist heute selten. Meist bekomme ich Beschaffungsaufträge, und wenn ich die aufnehme und nachschaue, ob das Buch überhaupt vorrätig ist, werde ich schon angeblafft, wie lange das denn noch dauern soll. Es hat sich auch so eine Mentalität breitgemacht, dass ich dankbar sein muss, wenn man überhaupt bei mir kauft, wo man doch genauso gut bei Amazon bestellen könnte." Wenn die Innenstädte immer mehr und auch mental veröden und nur noch Ketten erstens die hohen Mieten und zweitens die Verluste durch den Onlinehandel auffangen können – auch weil sie selbst große Onlineshopping-Portale unterhalten –, dann hat das also auch damit zu tun, dass ich und so viele andere immer mehr im Internet bestellen. Man könnte nun seinen Heiligenschein ordentlich aufpolieren, wenn man damit aufhört. Theoretisch. Praktisch ist die Trennung zwischen Gut und Böse mal wieder gar nicht so einfach. Wer mit dem Auto in die Stadt fährt, um dort in Läden einzukaufen, deren Waren ja auch nicht irgendwie in die Regale gebeamt, sondern mit Lastkraftwagen, Zügen und Flugzeugen geliefert wurden – in Geschäfte, die Strom für Licht, Heizung und Klimaanlage verbrauchen –, ist zumindest ökologisch noch lange nicht auf der Überholspur. Und schließlich sind es immer auch die Preise, die einem die Entscheidung erschweren.

So wie letzte Woche, als ich einen Koffer kaufen wollte. Ich fuhr in die Stadt in das Fachgeschäft meines Vertrauens. Dort hatte man auch das Modell vorrätig, das ich bevorzuge. Es kostete allerdings 30 Prozent mehr als im Internet. Ich verstehe, dass Personal, Ladenmiete und all das nicht umsonst sind. Dass die Ware deshalb etwas mehr kosten muss als im Onlinehandel, und ich bin durchaus gewillt, dafür auch etwas mehr zu bezahlen. Aber 30 Prozent? Ich fragte also, ob man mir mit dem Preis nicht ein wenig entgegenkommen könne. Wollte man nicht. Also ließ ich es. Der Elektronikfachhändler in meinem Stadtteil ist da flexibler. Ich habe vom Fernseher über die Waschmaschine, den Kühlschrank bis hin zum Staubsauger alle Geräte bei ihm gekauft. Im Internet wäre das alles ein wenig günstiger gewesen, aber nicht günstig genug, um den unschlagbaren Vorteil aufzuwiegen, den der Händler vor Ort hat: Man kann ihn nämlich anrufen, falls – wie kürzlich – ein Gerät schwächelt. Und er kommt auch tatsächlich vorbei, um das Problem zu beheben.

Ich denke, es kommt vor allem darauf an: überhaupt nicht mehr so viel zu kaufen. Und damit wären wir beim eigentlichen Vorteil des Onlineshopping-Verzichts. Ich überlege jetzt jedenfalls zweimal, ob und was ich brauche, sobald ich es in der Stadt besorgen muss – einfach, weil es aufwendiger ist. Und noch ein anderer Lockstoff entfällt: Online ist ja praktisch ganzjährig Schlussverkauf. Andauernd gibt es Aktionen und Rabatte, über die ich von all den Newslettern informiert werde, die täglich schon morgens in meinem Mail-Briefkasten liegen. Und die wie Kinder, wenn sie nicht bekommen, was sie wollen, immer quengeliger werden, je länger man sie ignoriert. Ich war bislang zu faul, sie alle abzubestellen. Das hole ich jetzt nach. Es dauert tatsächlich einen ganzen Nachmittag, bis ich damit durch bin. Als ich morgens mein Mail-Postfach öffne, schlägt mir eine schöne Übersichtlichkeit entgegen, an der ich für meinen Kleiderschrank noch arbeiten muss.

Keine Ahnung, ob ich es jemals schaffen werde, mir wirklich die legendäre „Capsule Wardrobe" zusammenzustellen. Aber ich verstehe jetzt, dass der gelebte Minimalismus nicht einschränkt, sondern im Gegenteil eine Entlastung ist und Freiraum schafft. Nachhaltiger ist es sowieso. Ich werde nicht mehr horten, sondern jedes Mal, wenn etwas Neues dazukommt, etwas Altes ausmustern. Ansonsten halte ich am Bewährten fest. Denn auch so kann man noch Entdeckungen machen. „Steht dir super! Ist die neu?", fragt mich die Visagistin beim MDR. „Ja!", antworte ich, und: „Danke!" Ich sage nicht, dass ich die Lederjacke jetzt schon zum vierten Mal trage.

Was ich gelernt habe

- Man kommt mit deutlich weniger Kleidung aus, als man immer glaubt.

- Onlineshopping ist aus vielen Gründen keine gute Idee. Falls doch, sollte man vorher genau überlegen, was man kauft, damit man möglichst nichts zurückschicken muss.

- Raue Stoffe nicht zusammen mit Kunststofffasern waschen. Das gibt noch mehr Abrieb, und noch größere Mengen an Kunststofffasern gelangen ins Abwasser.

- Unter greenpeace.de gibt es eine Liste der vertrauenswürdigen Textilsiegel – auch von Geschäften mit ökologisch zertifizierter Mode.

- Biobaumwolle braucht zwar ein bisschen weniger, aber immer noch enorm viel Wasser. Aber auch Kunstfasern sind keine gute Idee, weil für ihre Herstellung Erdöl verwendet wird und sie zu den Plastikmüllbergen das Ihrige beitragen. Am besten ist es, möglichst wenig Kleidung zu kaufen. Und wenn, dann solche mit Gütesiegel.

- Eine neue Haltung verändert viel mehr als eine neue Bluse.

- Ich hätte das pinke Kleid behalten sollen.

Fashion in Zahlen

- 5,214 Milliarden Kleidungsstücke befinden sich laut der vom Institut Nuggets im Auftrag von Greenpeace durchgeführten Studie *Usage & Attitude Mode/Fast Fashion Ergebnisbericht* im Besitz der Deutschen. Davon werden lediglich 1,893 Milliarden regelmäßig getragen. Also mindestens einmal alle drei Wochen. Jeder Zweite gibt an, innerhalb weniger als einem Jahr Schuhe, Oberteile und Hosen auszusortieren. Spätestens nach drei Jahren werden mehr als die Hälfte der Oberteile, Hosen und Schuhe ausgemustert. Jacken, Mäntel und Kleider dagegen haben eine Halbwertzeit von mehr als drei Jahren. Vor allem Schuhe werden zur Wegwerfware: Etwa jeder Achte trägt seine Schuhe weniger als ein Jahr.

- Die Textilindustrie emittiert mehr Treibhausgase als alle internationalen Flüge zusammen. Und 63 Prozent aller bei der Kleidungsproduktion verwendeten Materialien bestehen aus Plastik.

Alles nur gebraucht

TEXTILES EINDRUCKSMANAGEMENT

Als ich studiert habe, sind meine Freundinnen und ich alle paar Wochen nach Darmstadt zu einem Altkleiderhändler gefahren. Dort lagerte in einer riesigen Halle Ausrangiertes aus den Kleiderschränken der Großelterngeneration. Woher das alles kam – dafür interessierten wir uns lieber nicht (meine Oma hätte sich zu Lebzeiten kaum von ihren Klamotten getrennt). Wir wollten aber nicht kleinlich sein, sondern uns für wenig Geld komplett neu einkleiden. Mit Sachen aus hochwertigen Materialien wie Wolle, Seide, Satin. Meine Freundinnen und ich fanden es dort paradiesisch, und das nicht nur, weil wir wenig Geld hatten. Es war toll, einfach herumzustöbern und aus dem textilen Chaos Schätze zu ziehen wie etwa prachtvolle Kleider aus den 40er- oder 50er-Jahren, auch Kittelschürzen, die wir umänderten, ebenso wie schwere Männermäntel und Frackhemden. Manche kauften auch die mottenstichigen Persianermäntel, die es dort gab. Über Tierschutz machte sich noch niemand wirklich Gedanken, und auch die Hygiene war kein Thema. Wenn es nicht ganz schlimm modrig roch, haben wir unsere alten Neuanschaffungen meistens direkt angezogen. Ohne sie zu waschen. Die ein oder andere holte sich dabei schon mal die Krätze. Was uns aber nicht vorsichtiger machte. Samstags gingen wir auf den Frankfurter Flohmarkt, um dort den Hochrisikosport „Altkleiderkauf" weiterzubetreiben. Es war wenigstens modisch ein ziemlich nachhaltiges Shoppen und das frühe eBay, nur ohne am Ende dem Verkäufer eine Bewertung schreiben zu müssen. Zwischendurch war ich etwas raus aus dem Gebrauchtkleidungskosmos. Zu den Errungenschaften des Erwachsenwerdens zählte ja auch, sich etwas ganz Neues – und zwar in ordentlichen Geschäften – leisten zu können.

Nun sollte ich es also wiederentdecken ... Leider muss ich von Anfang an Ausnahmen machen. Bei Schuhen habe ich mittlerweile eine ziemliche Hemmschwelle, meine Füße dort reinzustecken, wo vorher schon sehr oft andere Füße waren. Fremde Füße. Füße, in deren Bett ich jetzt meine legen soll. Nackt, weil ich auch im Winter meist kei-

113

ne Strümpfe trage. Das bringe ich nicht über mich. Ganz sicher würde ich außerdem heute alles waschen, bevor ich es anziehe. Aber es macht viel Sinn, Kleidung ein längeres Leben und neue Freundinnen zu bescheren. Solche, die vielleicht das erbsengrüne Teil zu schätzen wissen, das aussieht wie eine Magenkrankheit und man offenbar in einem Anfall geistiger Umnachtung angeschafft hat. Weil es heruntergesetzt war, an einer anderen so toll ausgesehen hat, der Tag bis dahin furchtbar gewesen ist und man IRGENDEINEN Trost brauchte.

Trotzdem kann man den enormen Aufwand und die Umweltbelastungen bei der Herstellung, beim Transport immer noch würdigen, indem man es weiterreicht, verkauft, verschenkt – oder eben gebraucht kauft. Neben eBay gibt es im Netz längst viele weitere Secondhandmöglichkeiten. Solche wie kleiderkreisel.de, maedchenflohmarkt.de, de.vestiairecollective.com, und auch im analogen Leben findet neben dem großen Flohmarkt jedes Wochenende irgendwo eine Alternative statt. Nicht nur ich, sondern auch Freundinnen veranstalten immer wieder private Secondhandverkäufe. Manche beweisen dabei ein besonders glückliches Händchen und einen exzellenten Geschmack. So wie Beate, die Freundin einer Freundin, die stets aussieht, als würde sie ungefähr 30-mal mehr Geld für ihre Kleidung ausgeben, als sie in Wirklichkeit investiert. Des Öfteren habe ich schon Sachen von mir an ihr gesehen und mich gefragt, wieso in aller Welt ich mich von dieser Hose oder Jacke trennen konnte. Aber ich muss neidlos anerkennen, dass die Teile bei mir längst nicht so spektakulär kombiniert wurden. Und ehrlich gesagt machen zehn Jahre und zehn Kilogramm weniger auch einiges aus beim textilen Eindrucksmanagement.

ALTE LIEBEN

Laut einer Greenpeace-Studie tragen wir unsere Sachen durchschnittlich nur viermal. Bedeutet: Das meiste, das wir weitergeben, aber auch aus zweiter Hand kaufen können, ist fast wie neu. Jedenfalls theoretisch. Praktisch ist schon meine erste eBay-Errungenschaft ein Reinfall. Das Kleid riecht, als hätte es in einer Raucherkneipe im Aschenbecher übernachtet. Zum Glück zeigt sich die Verkäuferin nach einigem Hin und Her („Könnten Sie es nicht waschen?") einsichtig, und ich kann es zurückschicken. Mehr Glück habe ich bei einem kleinen Designerflohmarkt. Dort bin ich selbstverständlich nur ganz unverbindlich und bloß, um eine Freundin zu besuchen, die das Ergebnis ihrer Klamotten-Abspeckkur verkaufen will. Aber da hängt sie plötzlich vor mir: eine alte Liebe! Ein Pullover, in den ich schon vor der Euro-Umstellung total verschossen war, den ich aber dann doch verschmäht hatte, auch wegen des Preises. Nun führt uns das Schicksal also wieder zusammen, und zwar für einen Bruchteil dessen, was ich vor Jahren nicht bezahlen wollte. Seine Besitzerin lässt sogar noch mit sich handeln. Obwohl der Pulli in einem einwandfreien Zustand ist. „Das ist echt gute Qualität!", sagt sie. Allein schon deshalb lohne es sich, solch schönen Teile so lange wie möglich im Umlauf zu lassen.

Das leuchtet mir ein. Zumal ich bei meinen eigenen Lieblingsstücken sehe, wie lange Kleidung hält, wenn sie gut verarbeitet ist und auch geschätzt wird. Ich habe Klamotten, die älter sind als meine Kinder und von denen ich mich trotzdem erst dann trennen werde, sobald einer von uns beiden den Löffel abgibt. Bei manchen bin ich mir gar nicht sicher, ob sie mich nicht sogar überleben werden, so gut sind sie verarbeitet. Man sieht an ihnen, wie nachhaltig Mode sein kann, aber auch: Dass sie sich nicht so wahnsinnig verändert, wie man uns immer glauben machen will. Es liegt an meinem Alter und an meinem Hang zum Horten, dass ich nicht nur für so ziemlich alle vergangenen, sondern voraussichtlich auch für die meisten zukünftigen Trends bereits jetzt bestens ausgestattet bin. Jedenfalls wenn den Designern nichts Besseres einfällt, als aufzuwärmen, was schon mal da war – und das meist in minderer Qualität. Man könnte auch sagen: Während ich die Originale trage, ist meine Tochter in der Billigkopie unterwegs. Geblümte Ibiza-Röcke, Plissee, Festivalkleider, Bikerboots und Pilotenbrille. Dabei geht es ganz und gar nicht – wie so oft unterstellt – um fehlgeleiteten Jugendwahn oder das vermeintliche Unvermögen von Frauen, einfach nie zu wissen, wann genau Schluss sein muss mit langen Haaren, Trägertops und kurzen Röcken. Nein, eigentlich wollen wir Mütter gar kein Double unserer Teenagertöchter sein. Wir waren einfach modisch nur zuerst da und haben unsere Klamotten ordentlich instand gehalten, geflickt, ausgebessert, weiter oder enger machen lassen. Etwas, das die Jüngeren schon deshalb deutlich weniger tun, weil es sich bei 25-Euro-Jeans und Neun-Euro-Shirts kaum lohnt. Eine Greenpeace-Studie bestätigt den Eindruck, dass den 18- bis 29-Jährigen die Mülltonne deutlich näher ist als der Schneider oder Schuster.

Auf der anderen Seite aber wissen sie durchaus auch – oder vielleicht gerade deshalb – die Secondhandphilosophie zu schätzen. Zumal das alles nun deutlich glamouröser „vintage", „previously loved" oder „secondglam" heißt. Meint: Natürlich kann man sein AC/DC-Shirt wie kürzlich auch bei Zara kaufen, aber als sehr viel cooler gilt es, ein Original zu besitzen oder es preloved zu kaufen. Zahlen belegen den erfreulichen Trend zur Wiederverwertung. Das Statistische Bundesamt rechnete kürzlich vor, dass auf dem Secondhandmarkt 50 Millionen Euro mehr umgesetzt wurden als zuvor. Gebrauchtes von anderen weitertragen bedeutet aber nicht nur, an Dinge zu kommen, die sonst zu teuer wären. Es ist eine ganz andere Art von Jagdinstinkt, die da befriedigt wird: Etwas zu ergattern, das sonst keiner hat, oder allenfalls ganz wenige. Nicht weil es so kostspielig wäre, sondern weil es Seltenheitswert besitzt. So bin ich in einem Vintageladen an eine wirklich tolle Designertasche gekommen, die ich nun seit neun Jahren leidenschaftlich gern trage. Auch mit dem Wissen, dass ich sie jederzeit wiederverkaufen könnte – zu einem ähnlichen Preis wie dem, den ich bezahlt habe. Vorausgesetzt, ich behandle sie pfleglich. Das ist am Ende die vielleicht größte Umstellung bei der Secondhandidee: All das, was sich eigentlich in unserem Besitz befindet, als bloß geliehen zu betrachten. Und uns als Zwischenstation einer möglichst langen Kette weiterer Nutzer.

Konsequent zu Ende gedacht haben das Plattformen, die etwa Chanel-Taschen, Abendgarderobe, Hochzeitskleider und mittlerweile sogar Kinderkleidung verleihen. Warum auch etwas kaufen, das man erfahrungsgemäß nur eine kurze Weile in Gebrauch haben wird? Eben nur so lange, bis sich der Neuigkeitseffekt abgenutzt hat oder die Kinder aus der Klamotte herausgewachsen sind. Da verbietet sich einfach der zu sorglose Umgang mit diesen „Wertsachen" – aber auch, dass wir und unser Leben an den Dingen Spuren hinterlassen, die diesen Wert empfindlich mindern würden. Klar, ob der Soßenfleck auf der neuen Bluse bei Tante Inges Geburtstag unbedingt in die Kategorie „Dinge, die ich gern erinnere" gehört, darüber lässt sich streiten. Sicher ist dagegen, dass wir mittlerweile nicht nur uns oder unsere Kleidung frisch und attraktiv erhalten sollen, sondern am besten noch unseren ganzen Besitz. Also auch Bügeleisen, Fahrräder, Vasen, Schmuck, Autos und selbst Wohnungen – da wir das alles idealerweise anderen ausleihen oder mit ihnen teilen sollen. Man könnte auch sagen: Ich und mein Leben sind bloß noch Zwischenlager.

TEILEN IST DAS NEUE KAUFEN

Angeblich lautet eine alte Indianerweisheit: „Wir haben die Erde nicht von unseren Eltern geerbt, wir haben sie von unseren Kindern geliehen." Heute könnte man sagen: Wir haben außerdem auch das Bügeleisen, die Steigleiter oder die Kreissäge geborgt – und zwar von unseren Nachbarn. Auf der Nachbarschaftsplattform nebenan.de greift man sich jedenfalls gern unter die Arme und füllt so die emotionalen Lücken des Stadtlebens mit dem Gefühl, man würde selbst in Frankfurt wie auf einem Dorf wohnen. Durchaus mit dem Anspruch, damit zu einem nachhaltigeren Leben beizutragen. So, wie ich es letzte Woche bei meiner Freundin gesehen habe. Sie hatte für ihr Geburtstagsbuffet viel zu viel eingekauft, und es war einiges an Salaten, Gemüse und Brot übrig geblieben. Noch am Abend hat sie davon Fotos gemacht, sie ins Portal gestellt, und bereits am frühen Morgen klingelte eine Nachbarin und holte den Essensüberschuss ab. „Kanntest du die?", fragte ich sie. „Nein, das wäre auch schwierig bei knapp 2.600 mehr oder weniger direkten Nachbarn, die in dem Netzwerk aktiv sind. Außerdem ist das hier ein Neubaugebiet, und wir sind in Frankfurt – hier herrscht eine ziemliche Fluktuation." Trotzdem würde so etwas wie nachbarschaftliche Solidarität praktiziert, falls jemand beispielsweise einen Katzensitter braucht oder eine Empfehlung für einen guten Kinderarzt. Und natürlich gibt es immer wieder Anfragen, wenn jemand – um einmal etwas zu reparieren – nicht gleich einen eigenen Schlagbohrer anschaffen will. Simone zeigt mir, wie in dem Portal quasi das frühere Gartenzaungespräch simuliert wird. Da fragt eine Anne: „Bevor ich etwas Neues kaufe, hat hier jemand eine Faszienrolle, die er/sie nicht mehr benötigt?" Und hat schon zehn Minuten später das Gewünschte von Tanja: „Nur einmal benutzt und dann in den Schrank gestellt." Es sind dort außerdem aktuell gratis zu haben: „eine Fritteuse, nur zweimal benutzt", „Damen- und Herren-Rollerblades, jeweils in den Größen 38 bzw. 44, inklusive Knie- und Ellenbogenschoner" und „ein Installationskitt", falls jemand sein Waschbecken und seine Toilettenschüssel selbst anbringen will.

Wem das Angebot noch zu dürftig ist, für den gibt es im Umland einen Leihladen für all die Dinge, die man selten braucht: Poliermaschinen, Schweißgeräte, Umzugskartons, Babysachen, Geschirr in partytauglichen Mengen, Rasenmäher, Leitern, Zelte, Dampfreiniger, Heckenscheren, Sandwichmaker, Schlauchboot, Tischtennisplatte, Gästebett, Fondueset, Christbaumständer etc. In dem Leihladen in meiner Nähe kann das alles gegen eine kleine Gebühr ausgeborgt werden. Der gemeinsame Nutzen ist zumindest für manche wichtiger als der Besitz. Zumal der oft nur herumsteht. Jeder deutsche Haushalt, so lese ich, soll durchschnittlich ungenutzte Gegenstände im Wert von 1.000 Euro beherbergen. Gemessen an dem, was ich so bevorrate, müssen da draußen ein paar Haushalte vorbildlich organisiert sein. Ich komme nämlich locker auf mindestens das Doppelte – Körnermühle, Eierkocher, Eismaschine, Tischstaubsauger (ein Geschenk, ich wäre niemals auf die Idee gekommen, mir so etwas anzuschaffen), Reiskocher, ein Sandwichtoaster und dann die Küchenmaschine, die ich schon deshalb nicht nutze, weil ich die telefonbuchdicke Gebrauchsanweisung noch einmal lesen müsste. Ich denke an das chinesische Sprichwort „Wenn du unaufhörlich gibst, wirst du unaufhörlich haben!" und werde es in Zukunft umdrehen: „Wenn du unaufhörlich hast, wirst du unaufhörlich geben." So wie 50 Prozent der Deutschen, die laut einer Umfrage ihren Nachbarn gelegentlich Dinge borgen. Vor 60 Jahren tat das nur jeder Fünfte.

Gut, man könnte das Angebot noch vervollständigen, indem man die dazu passenden Männer ausleiht. Solche, die mal eben eine Lampe anschrauben können, einen Rasen vertikutieren oder die Küchenmaschine bedienen. Aber auch das ist vermutlich nur eine Frage der Zeit. Das Teilen erfasst ja immer mehr Lebensbereiche. Praktisch alles kann man sich ausleihen. Sogar Hühner für 86 Euro pro Woche. Stall inklusive. „Sharing Economy" nennt sich das. Heißt: Man hat im Prinzip Freundschaftsdienste kostenpflichtig gemacht. So wie beim Carsharing. An sich eine gute Idee angesichts der Kosten (auch für die Umwelt), den der Unterhalt eines eigenen Wagens verursacht. Aber offenbar hatten die Anbieter nicht auf dem Zettel, dass wir mit unseren eigenen Autos zwar enorm heikel sind – und manche jeden winzigen Kratzer derart betrauern, als wäre gerade ihre Katze gestorben –, das gleiche Zugehörigkeitsgefühl jedoch fehlt, sobald wir in einen anderen Wagen steigen. Erstens gehört er uns nicht, zweitens ist dessen Besitzer für uns unbekannt, und drittens sieht das Auto so aus, als wäre es von diversen Vorgängern mit demselben Respekt behandelt worden wie die Fußmatte. Auch das Wohnungssharing entstand aus einem guten Gedanken heraus: Leuten, die es sich nicht leisten können, in einem Hotel zu übernachten und/oder lieber mitten in einer neuen Stadt wohnen, mit möglichst viel Kontakt zu den Einheimischen, ein Zimmer zur Verfügung zu stellen.

119

Früher ging das so vor sich, dass jemand, der jemanden kannte, der wiederum vor Ort jemanden wusste, sagte: „Ich frage mal nach, da kannst du sicher übernachten." Bei Leuten, die vielleicht umgekehrt auch mal etwas in Frankfurt zu tun haben oder Sightseeing machen wollen und die dann selbstverständlich auch Anspruch auf einen Schlafplatz geltend machen konnten. Vielleicht nicht direkt. Mit Gastfreundschaft – so meine Vorstellung – zahlt man immer auch auf ein globales Solidaritätskonto ein, von dem man auch jederzeit selbst etwas abheben darf. Nicht unbedingt bei denselben Leuten, aber zumindest bei jenen mit derselben Haltung. Ein Kontrakt, der auch ohne Geldfluss und ohne Hinterlegung seiner Kreditkartendaten als bindend angesehen wurde. Was manchmal zu abstrusen Situationen führte.

Zu WG-Zeiten kam ich einmal überstürzt mitten in der Nacht aus einem Urlaub zurück. Ich stellte meine Tasche im Flur ab und ging ins Bad. Dort stand ein Mann, den ich noch nie in meinem Leben gesehen hatte. Ich entschuldigte mich, so reingeplatzt zu sein … (Ja, er hätte erstens abschließen können, und zweitens war es ja MEIN Bad, aber ich hatte gerade in den Wochen davor in einem einschlägigen Uni-Magazin einen Psychotest gemacht, in dem eine ähnliche Situation geschildert wurde und bei dem man eine Menge Punkte dafür bekam, nicht die Nerven zu verlieren). Also ging ich in mein Zimmer, machte das Licht an und fand in meinem Bett eine völlig fremde Frau vor. Es war zwei Uhr nachts, und ich war zu müde, um zu klären, was hier eigentlich los ist. Deshalb legte ich mich einfach im Wohnzimmer aufs Sofa. Am nächsten Morgen erzählte mir dann meine Mitbewohnerin, dass sie abends feiern war und ein paar Leute kennengelernt hat, die nicht wussten, wo sie übernachten sollten. Die hat sie einfach mitgenommen.

Sharing ist also keinesfalls eine Neuerscheinung. Der gar nicht so kleine Unterschied besteht darin, dass nun global geteilt werden kann und man nicht darauf spekulieren muss, dass sich vor Ort irgendjemand

erbarmt und einen mit zu sich nach Hause nimmt. Unter couchsur-
fing.com kann man weltweit sein eigenes Sofa als Übernachtungsop-
tion anbieten oder die Sofas anderer in Anspruch nehmen. Bis auf eine
Anmeldegebühr ist das gratis. Anders als bei Airbnb, das vermutlich
eindrucksvollste Beispiel dafür, wie viel Geld man mit einer Idee machen kann, die eigentlich auf Gemeinschaftssinn fußt. Airbnb jedenfalls ist mittlerweile 13 Milliarden Euro wert, aber längst nicht mehr
die einzige Plattform, die Hausbesitzer und Wohnungseigentümer zu
Hoteliers macht. Zwar kam eine Studie in den Niederlanden zu dem
Ergebnis, dass man mit Airbnb nachhaltiger reist, schon weil man
nicht jeden Tag frische Handtücher hingelegt bekommt und auch am
ganzen weiteren Hotelaufwand spart. Trotzdem hat das Prinzip Airbnb durchaus negativen Einfluss auf die Atmosphäre. Wie in Berlin
hat die massenweise Umwidmung von noch vergleichsweise günsti-
gem Wohnraum zu teuren Gästebleiben auch in anderen Metropolen
zu großen Verwerfungen auf dem Mietmarkt geführt.

Ähnliches gilt für Uber, diesen Fahrdienst, bei dem private Autobe-
sitzer ohne arbeitsrechtlichen Schutz sowie zu Dumpingpreisen arbeiten und in vielen Ländern die Existenz von hauptberuflichen Taxi-
fahrern gefährden. Selbst die Bücherschränke, die in großen Städten
bisweilen herumstehen und in denen man Ausgelesenes deponieren,
Neues entdecken und einfach so mitnehmen kann, sind nicht ohne
Trübungsfaktor. Ein Freund, Betreiber eines Antiquariats, findet sie
sogar geschäftsschädigend. Er kann das beurteilen, seit ein Bücher-
schrank direkt vor seinem Laden steht: „Viele sehen nicht so aus, als
würden sie die Bücher wirklich lesen, die sie mitnehmen. Eher wird
da ein Wiederverkaufswert geprüft und das Buch dann bei Amazon
vertickert." Oder das Phänomen, dass immer mehr Leute ihren Sperrmüll nicht bei der Stadt anmelden und einen Termin vereinbaren, zu
dem er abgeholt wird. Immer öfter sieht man in den Städten Bücher-
kisten, auch Kleinmöbel auf dem Bürgersteig mit einem Zettel versehen: „Zu verschenken!" Klingt erst mal sehr nett – könnte aber auch
einfach Faulheit sein, die Sachen ordnungsgemäß zu entsorgen.

DER PREIS DES GUTEN

Manchmal warte ich auf den Moment, an dem sich ein völlig Fremder zu mir rüberbeugt und sagt: „Bitte keine Eselsohren, ich will das Buch auch noch lesen!" oder „Sitz ordentlich auf dem Stuhl, er soll dem Nachbesitzer schließlich ebenfalls Freude bereiten!" Natürlich ist es toll, wenn man nicht mehr alles neu kauft und sich darüber hinaus leihen kann, was man ohnehin nur höchstens (!) einmal im Jahr verwendet. Mit jedem Gegenstand steigt ja der damit verbundene Betreuungsbedarf: Man muss ihn aussuchen, bezahlen, warten, reparieren. Man verbraucht dafür Lagerraum und Aufmerksamkeit, Strom, Pflegemittel, Zeit, Geld. Und selbstverständlich habe ich auch keinerlei Bedenken, meinen Freundinnen alles zu borgen, was immer sie brauchen können. Ich habe schon Abendgarderobe ausgeliehen, Anzüge, Kleider, Autos, auch Geld und Wohnraum. Allermeistens ohne Probleme. Selbst falls damit etwas passiert – was soll's, es sind ja nur Dinge, und meine Freundinnen wären betroffen genug, weil sie ja keineswegs leichtfertig damit umgegangen sind. Es ist außerdem toll, wenn man das Nützliche mit dem Guten verbinden kann: weniger Konsum, weniger CO_2-Emission, mehr soziale Verantwortung und Gemeinschaftssinn. Wenn es eben nicht so läuft, wie es die Historikerin Luise Tremel, die gesellschaftliche Veränderungsprozesse erforscht, von der Stiftung Zukunftsfähigkeit auf einem Symposion in Weimar formulierte: „Sankt Martin hat geteilt – und der hat auch nicht seinen Mantel, als er ihn nicht brauchte, stundenweise vermietet."[34] Und er hat auch kein Selfie von sich und dem Bettler gemacht und das auf Instagram gepostet.

Es gilt beim Verleihen, Borgen und Tauschen wohl dasselbe wie in der Liebe: Augen auf bei der Partnerwahl! Damit wäre Uber beispielsweise schon mal raus. Wie die Wissenschaftlerin finde ich es dann gut, zu teilen, wenn weniger Ressourcen verbraucht werden; wenn es mehr menschliche Begegnungen schafft und Menschen Zugang zu Waren oder Dienstleistungen ermöglicht, die diesen sonst nicht hätten. Dann haben wir etwas ganz Wesentliches verstanden – etwas, das der von mir sehr verehrte Heinz Schenk in *Es ist alles nur geliehen* schon besungen hat.

KOBRA, ÜBERNEHMEN SIE!

So viel habe ich jetzt gelernt: Zum Weltverbessern gehören immer auch die Hege und Pflege der Dinge, lebensverlängernde Maßnahmen wie Ausbesserungsarbeiten bei Schneider und Schuster – und überhaupt ein sorgsamer Umgang. Ich höre schon meine Mutter, wie sie sagt: „Und vergiss nicht, deine Sachen ordentlich aufzuhängen!" Macht natürlich Arbeit, würdigt aber ja auch den Aufwand der Herstellung und ist nebenbei eine konsequente Weiterführung des Slogans: „Weil ich es mir wert bin!" Nur dass sich dieser Wert nicht in immer neuen Anschaffungen bemisst, sondern darin, welchen Respekt ich mir letztlich auch mit den Dingen entgegenbringe, mit denen ich mich umgebe. Nicht unbedingt, um sie später noch ordentlich zu Geld zu machen. In erster Linie, um sie mir möglichst lange zu erhalten.

Großes Vorbild diesbezüglich ist ein Freund, der hingebungsvoll seine Schuhe pflegt. Darunter ein Paar Red Wings, eigentlich Arbeiterschuhe, allerdings mit einigem Coolness-Faktor. Sie gelten als besonders langlebig. Dass sie aber so langlebig sein würden wie bei ihm, hatte der Verkäufer auch nicht gedacht. Als mein Freund vor einiger Zeit die Schuhe wegen einer kleinen Reparatur vorbeibrachte, bot man ihm deshalb ein neues Paar und noch einige Euro an – nur um seine Schuhe in einem Glaskasten der staunenden Öffentlichkeit präsentieren zu können. Als quasi die Jane Fonda unter den Red Wings und um zu zeigen, wie man gleichzeitig sehr alt sein und sehr jung bleiben kann. Er hat das Angebot ausgeschlagen und die Schuhe behalten. Weil er sie liebt.

Allerdings muss für so etwas das Ausgangsmaterial stimmen. Und man muss als Kunde überhaupt die Chance bekommen, etwas reparieren lassen zu dürfen. Keine Selbstverständlichkeit. Vor einer Weile ging mein Drucker nicht mehr, und ich konnte sehen, dass sich im Inneren bloß eine kleine Feder gelöst hatte. Kam aber mit den Fingern nicht dran und konnte mit einer Pinzette nicht genug Hebelwirkung aufbringen, um die Feder wieder zu befestigen. Also rief ich bei dem großen Elektromarkt an, bei dem ich ihn gekauft hatte. Am Telefon sagte mir ein Mitarbeiter, das würde man nicht reparieren. Lohne sich einfach nicht. Ich erklärte ihm, dass es offenbar nur eine winzige Kleinigkeit wäre und er bestimmt auch nicht einfach so auf die Straße gestellt werden will, bloß weil er die Zahnpastatube nicht zuschraubt oder beim Kaffeetrinken schlürft. Am anderen Ende der Leitung hörte ich einen tiefen Seufzer, dann sagte der Mann in einem Ton, in dem psychologische Fachkräfte vermutlich auch Amokläufer dazu bewegen wollen, die Waffe niederzulegen, ob ich nicht wüsste, dass wir in einer Wegwerfgesellschaft leben?! Ich dachte: Geht's noch?! Habe den Drucker eingepackt und bin damit zu besagtem Markt gefahren. Sie haben ihn am Ende doch repariert, und er hielt noch sieben Jahre einwandfrei.

Das erzähle ich nicht, um mein Nachhaltigkeits-Rabattmarkenheftchen voll zu kriegen und es dann gegen einen Flug nach Mallorca einzutauschen. Das erzähle ich, weil das Interesse, etwas möglichst lange zu erhalten, weder beim Handel noch bei den Herstellern besonders groß zu sein scheint. Klar, wenn die Dinge zu lange halten, kauft eben auch dementsprechend lange niemand mehr etwas Neues. Deshalb ist die erste Waschmaschine meines Lebens auch fast 20 Jahre einwandfrei gelaufen, wohingegen sich alle folgenden wie drogenabhängige Rockstars verhielten und immer jünger das Zeitliche segneten. Ebenso wie ziemlich alle anderen Elektrogeräte. Als wäre in ihnen ein Selbsttötungsmechanismus eingebaut, so wie früher in dem Tonband der Agentenserie *Kobra, übernehmen Sie*, das immer gleich am Anfang jeder Folge die Aufträge für die Agenten abspielte. Die Botschaft endete immer ähnlich – nämlich damit: „Sollten Sie oder jemand aus Ihrer Spezialeinheit gefangen genommen oder getötet werden, wird der Minister jede Kenntnis Ihrer Unternehmungen abstreiten. Diese Aufnahme zerstört sich in fünf Sekunden automatisch. Viel Glück, Jim. Kobra, übernehmen Sie!"

Vielleicht waren all die lebensmüden Geräte ja auch mal beim Geheimdienst tätig? Viel wahrscheinlicher ist allerdings, dass stimmt, was schon lange vermutet wird und bisweilen sogar nachgewiesen werden konnte: Dass der frühe Verschleiß eingeplant ist. „Obsoleszenz" nennt sich das Phänomen, welches erstmals 1924 amtlich wurde. Damals schlossen sich die großen Lampenhersteller zu einem Kartell zusammen und vereinbarten, die Lebensdauer von Glühbirnen auf 1.000 Stunden zu begrenzen. Wer haltbarere Leuchtmittel auf den Markt brachte, musste an das Kartell Strafe zahlen. Theoretisch konnten die Birnen nämlich jahrelang leuchten. Praktisch wurde das nachgewiesen durch eine Glühbirne, die in einer amerikanischen Feuerwache angeblich seit 1901 im Einsatz sein soll. Unter centennialbulb.org kann man sie dabei beobachten, wie sie immer weiterbrennt. Bei Nylonstrümpfen lief es ähnlich. Die kamen in den 1940er-Jahren auf den Markt und waren immerhin so stabil, dass man sie sogar flicken konnte und Frauen sich nur selten neue kaufen mussten. Bis Fasern eingesetzt wurden, die leichter rissen. Jüngstes Beispiel: 2018 wurden Apple und Samsung von der italienischen Kartellbehörde wegen „geplanten Verschleißes" zu einer Millionenstrafe verurteilt. „Updates von Betriebssystemen verursachten demnach ‚schwerwiegende Fehlfunktionen' und ‚reduzierten die Leistung deutlich'. So seien die Kunden gedrängt worden, schneller neue Geräte zu kaufen", schreibt *Der Spiegel*.[35]

Natürlich ist es schwer, solche Fälle nachzuweisen, und Hersteller wehren sich immer vehement gegen den Verdacht, uns Dinge anzudrehen, deren frühes Ableben schon einprogrammiert ist. Andererseits sagt einem schon die Vernunft, dass es eigentlich doch gar nicht anders sein kann. Wenn meine Eltern noch Elektrogeräte hatten, die jahrzehntelang im Einsatz waren und im Fall der Fälle gleich mehrmals repariert werden konnten, wir heute aber – trotz all dem technischen Fortschritt – immer kürzere Verfallsdaten haben. Das bestätigt auch eine Freundin, die sich anlässlich ihres Umzugs vor 13 Jahren mit allen Elektrogeräten neu eingedeckt hatte: mit Fernseher, Waschmaschine, Trockner, Staubsauger. „Alles machte wie auf Verabredung gleichzeitig die Grätsche." Dabei hatte sie in teure Markenprodukte investiert.

Aber auch mit dem, was sich „ästhetische Obsoleszenz" nennt, verwandeln wir die Welt in eine einzige große Elektroschrotthalde. Gemeint ist, dass es das alte Handy zwar noch tun würde, wir jedoch stets das neuere, schönere Modell vorziehen. Selbst das iPhone, bei dem eigentlich alle letzten Modelle gleich aussehen, schafft es mit ein paar klitzekleinen Veränderungen hier und dort, dass das Vorgängermodell – und damit auch ihre Besitzer – ganz schön alt wirken. Wie gut die ästhetische Obsoleszenz darin ist, „Habenwollen"-Reflexe auszulösen, merke ich nicht nur bei mir. 24 Millionen neue Smartphones werden jährlich hierzulande verkauft, weltweit waren es im letzten Jahr 1,4 Milliarden Geräte. Wir sind regelrecht angefixt. So wie die 18-Jährige von nebenan. Sie hat wirklich sehr, sehr wenig Geld. Deshalb hatte ich ihr mein abgelegtes Smartphone angeboten. Aber nein, es musste das neueste Modell sein. „Lieber esse ich mal 'ne Weile Tütensuppen", meinte sie. Und gibt fürs gute Gefühl, Teil der globalen Hipster-Community zu sein, mehr Geld aus, als sie es sich leisten kann.

Allerdings weiß ich ja selbst, wie verlockend das immer Neue ist. Schon weil bei „älteren" Geräten manche Updates nicht mehr durchgeführt werden können oder der Akku schlappmacht. Natürlich kann man ihn nicht einfach austauschen. Und wenn man es doch versucht oder es von einer nicht von Apple autorisierten Werkstatt machen lässt, so der US-Reparaturdienstleister iFixit, würde man damit bestraft, dass einem der Batteriezustand nicht mehr angezeigt wird. Vieles lässt sich gar nicht mehr aufschrauben, sondern ist verschweißt oder vernietet. Noch nie konnte man so jung schon so alt aussehen. Ich habe einmal – nach nur drei Jahren Gebrauch – keine Hülle mehr für mein iPhone bekommen. Jedenfalls keine neue, weil das Teil schon als total überholt galt. Der Händler, bei dem ich nachfragte, behandelte mich, als wollte ich Futter für Dinosaurier. Alles Gründe, weshalb sich laut einer Studie der Vereinten Nationen die Menge an Elektroschrott bis 2050 mehr als verdoppeln wird – auf bis zu 120 Millionen Tonnen pro Jahr. Ein Gerät wird jedenfalls nicht dabei sein: mein Mixer, den ich mal beim TV-Shopping bestellt habe. Es war nachts, ich war ziemlich angetrunken von einer Party gekommen und total davon überzeugt, dass das, was die nette Frau da im Fernsehen sagte, nichts als die Wahrheit sei. Und ein Leben ohne diesen Mixer sinnlos wäre. Also rief ich an und bestellte das Teil – vor über 20 Jahren. Vermutlich ist er ein Verwandter der ewig brennenden Glühbirne in den USA und wurde hergestellt, bevor die Produzenten fanden, dass es sehr viel günstiger für sie ist, die Lebenszeit ihrer Geräte zu begrenzen. Das lohnt sich – jedenfalls für sie. Derzeit werden mit Haushalts- und Unterhaltungselektronik weltweit rund eine Billion Dollar pro Jahr umgesetzt. Das ist eine Eins mit zwölf Nullen.

Zum Glück und trotz erschwerter Bedingungen – viele Dinge lassen sich eben gar nicht mehr aufschrauben – eröffnen immer mehr sogenannte Repair Cafés, in denen oft auch ehrenamtlich repariert wird. Mehr als 1.000 solcher Notaufnahmen soll es mittlerweile in Deutschland geben. Dorthin kann man kaputte Toaster, Laptops, Mixer etc. bringen. Sie befinden sich in jeder großen Stadt. Ja klar, wenn man gelegentlich mal etwas zum Wertstoffhof bringt und bemerkt, was Menschen so entsorgen, aber eigentlich noch ganz intakt aussieht. Wo man vielleicht nur hätte ein Kabel richten müssen oder einen neuen Bildschirm einbauen. Allerdings scheint vielen bei den niedrigen Preisen für Neuanschaffungen der Aufwand zu groß zu sein. Oder sie haben ähnliche Erfahrungen gemacht wie ich, als meine Waschmaschine zickte. Die Reparatur hat fast die Hälfte des Anschaffungspreises gekostet, also so viel, wie ich für ein neues Billigmodell gezahlt hätte. Beim zweiten Mal habe ich dann tatsächlich gleich eine neue gekauft, mir aber für das nächste Mal meine Nachbarin zum Vorbild genommen: Ihr „neues" Gerät ist ein überarbeitetes Gebrauchtes, das einwandfrei läuft und sogar ein Jahr Garantie hat. Der defekte Vorgänger wurde bei der Lieferung gleich mitgenommen, weil auch er nun wieder für einen nächsten Kunden überarbeitet wird. Sie meint: „Eigentlich blöd, dass Geräte, die gut zu reparieren wären, nicht gekennzeichnet sind. Das wäre doch mal eine sinnvolle Produktinfo!" Ich entgegne: „Wäre überhaupt eine gute Idee – für Beziehungen aller Art, so ein ,Lohnt noch!'- oder ,Lohnt nicht!'-Papperl." Vielleicht werden wir uns mit dieser fantastischen Geschäftsidee demnächst in *Die Höhle der Löwen* wiedersehen.

Was ich gelernt habe

- Auch für Dinge gilt: Beziehungspflege zahlt sich aus.

- Teilen ist nicht immer eine gute Idee. Was der Umwelt nutzt, kann dem sozialen Klima schaden. Wegen mieser Arbeitsbedingungen, unfairer Bezahlung oder weil der Allgemeinheit die Kosten aufgebürdet werden – wie etwa, wenn durch Airbnb Wohnraum blockiert und/oder verteuert wird.

- Man kann vielleicht nicht alles reparieren, aber alles secondhand kaufen.

- Ganz besonders lohnt sich secondhand bei Gegenständen, die aufwendig in der Herstellung sind oder wie Musikinstrumente oft noch wie neu aussehen – weil die Begeisterung gerade bei Hobby-Equipment sehr schnell nachlässt.

- Reparieren, Ausbessern, Instandhalten geht vor Wegwerfen.

- Leihen geht vor Neuanschaffung.

- Neu ist nicht unbedingt besser.

Rohstoffverschwendung in Zahlen

- Die Deutsche Akademie für Technikwissenschaften (acatech) geht davon aus, dass 25 bis 30 Prozent des in Europa anfallenden Elektronikschrotts illegal exportiert werden – inklusive der Akkus.

- Laut Apple stecken in 100.000 iPhones unter anderem folgende Rohstoffe: 1.900 Kilogramm Aluminium, 710 Kilogramm Kupfer, 770 Kilogramm Kobalt und elf Kilogramm Seltene Erden. Der von dem Computerhersteller eigens entwickelte Recyclingroboter Daisy soll zwar 200 Smartphones pro Stunde zerlegen, um die Stoffe zu trennen und einem Recycling zuzuführen. Aber außer im holländischen Breda gibt es den Recyclingroboter erst in Austin, Texas.

- 58 Prozent des weltweiten Kobaltbedarfs deckt die Förderung im Kongo. Gebraucht wird der Rohstoff vor allem für Lithium-Ionen-Batterien, die derzeit gängigsten in E-Autos, Smartphones und Laptops. Viele Kinder müssen in den Kobaltminen arbeiten. Oft ohne Schutzkleidung. Die Bergarbeiter verdienen nur rund zwei bis vier Euro am Tag, davon können sie noch nicht einmal ausreichend Lebensmittel für ihre Familien kaufen. Kobaltförderung finanziert immer wieder kriegerische Konflikte. Je weniger Batterien – also auch je weniger E-Autos, Smartphones, E-Bikes etc. –, desto besser.

Fleisch-
beschau

KOPFLOSE HÜHNER

„Du isst also kein Fleisch mehr?", fragt meine Freundin Carola. Wir wollen bald wieder zusammen mit zwei anderen Doppelkopf spielen. Diesmal ist sie die Gastgeberin – demnach mit Kochen dran – und hat einen Rundruf gestartet, um die aktuellen Essensvorlieben und Unverträglichkeiten abzufragen. „Nein, kein Fleisch mehr!", sage ich. „Wegen der Tiere?", will sie wissen. „Auch. Aber vor allem, weil ich Rheuma habe. Da ist Fleisch sowieso keine gute Idee, und besonders Rindfleisch macht die Sache noch schlimmer." „Isst du auch kein Schweinefleisch?", fragt Carola weiter. „Nein, auch kein Schweinefleisch!", antworte ich. Sie hakt noch mal nach: „Aber Hack – das isst du doch?" Langsam wird das hier ein wenig absurd, denke ich und sage: „Nein, auch kein Hack ..." „Okay", meint Carola, „dann mache ich eine Quiche, da ist nur ein wenig Speck drin, das geht doch bestimmt." Ich sage nichts mehr, weil das Gespräch sonst ins Unerfreuliche abgleitet, und staune, wie jemand, der so klug ist wie Carola, dermaßen begriffsstutzig sein kann. Aber beim Fleisch setzt die Vernunft erfahrungsgemäß mal eine Runde aus. Kein Wunder. Schließlich sind wir alle damit aufgewachsen, dass Fleisch, wie auch Plastik oder das Auto, nur ein anderes Wort für Freiheit, Wohlstand und Bequemlichkeit ist.

Was haben wir damals geheult, als wir im Kino erleben mussten, wie Bambis Mutter erschossen wurde. Danach sind wir nach Hause gegangen und haben klaglos das Wurstbrot oder gar die Rehschulter gegessen, die uns Mutti servierte. War einfach so. Der eine Teil von uns, der in der Stadt aufwuchs, machte sich sowieso keinerlei Gedanken darüber, woher all das Fleisch eigentlich kam. Also BEVOR es beim Metzger landete, der uns immer so ein schönes Stück Gelbwurst über den Tresen reichte. Der andere Teil kam vom Land und hegte – sagen wir mal – ein relativ unsentimentales Verhältnis zu dem Thema. „Ich war dabei, wenn geschlachtet wurde, und habe mit meiner Oma noch die Blutsuppe gerührt", erzählt Marion gern, und wie lustig es war, wenn das Huhn nicht nur sprichwörtlich kopflos im

Stall des Selbstversorgerhofs herumrannte. Eine andere berichtet, wie ihr Vater einmal beim Schuldirektor vorsprechen musste, weil sie für „mein schönstes Ferienerlebnis" Fotos mit in den Unterricht brachte, auf denen die Elfjährige den Kopf eines von ihrem Vater erlegten Hirschen hochhält. „Der hat sich vielleicht angestellt. War doch eine ganz normale Jagdszene."

Nachdem unsere Eltern sich in ihrer eigenen Kindheit mit höchstens einmal Fleisch pro Woche – also mit dem Prinzip Sonntagsbraten – bescheiden mussten, hieß es schon wenig später: „Fleisch ist mein Gemüse." Und der Ehrgeiz einer guten Gastgeberin einer jeden Party bestand darin, in wirklich jedem Gericht auf dem Buffet etwas davon untergebracht zu haben. Auf einem Salatbett ruhte ein anständiger Batzen Fleischsalat oder wenigstens ein Mett-Igel, es gab Frikadellen, Schinkenröllchen mit Spargel aus der Dose, Kartoffelsalat mit Speck etc. Nicht umsonst lautete ein Werbeslogan von 1962: „Mein Hüfthalter bringt mich um!" Und nicht: „Transfette werden dich eines Tages killen!" oder „Die Massentierhaltung wird den Planeten zerstören". Fleisch war immer und überall als Zeichen von Wohlstand präsent. Keiner Hausfrau wäre im Traum eingefallen, dem Gatten fleischlos zu kommen. Da kann man schon rein aus Traditionsbewusstsein ein Zucchinischiffchen kaum als vollwertigen Ersatz empfinden.

Vielleicht erklärt das, weshalb wir uns heute ausgerechnet bei dem Thema Fleisch so schwertun. So erlebe ich das jedenfalls, seit ich keines mehr esse. Und das, obwohl doch immer mehr Menschen noch viel weiter gehen und überhaupt keine tierischen Produkte mehr zu sich nehmen, also vegan leben. Vielleicht wachsen aber gerade mit der Zahl der Vegetarier und Veganer auch die Fleischverlustängste? Möglicherweise reagieren Fleischesser gerade deshalb wie der Hypochonder auf den Schnupfen anderer: hochsensibel bei jedem, der die Schwenksteak-Truppe verlässt. Aus Furcht, dass demnächst nicht mehr nur ein „Veggie Day" pro Woche droht, sondern möglicherweise ein ganzes „Veggie-Leben"? „Panisch" wäre jedenfalls die richtige Beschreibung für die Reaktion auf den Vorschlag der Grünen vor einiger Zeit, einmal pro Woche in den deutschen Kantinen keine Currywurst und auch kein Wiener Schnitzel mehr zu servieren. Nur damit die Angestellten merken, dass man daran nicht sterben wird.

Ähnliches passierte auch in England. Als der britische Starkoch Jamie Oliver das hundsmiserable Schulessen in seinem Land revolutionieren wollte und statt Fast food nur Gesundes auf den Tisch der Schulkantinen brachte, gingen die Mütter auf die Barrikaden. In der Grafschaft South Yorkshire organisierten sie sogar eine „Rettungsaktion", karrten einkaufswagenweise Hamburger, Pommes und Sandwiches zur Schule, um ihre Kinder durch den Zaun notdürftig mit den wichtigsten Schadstoffen zu versorgen. Ja, das ist verrückt. Auch dass ausgerechnet das britische Gesundheitsministerium Verständnis zeigte und trotz der zwei Millionen Kinder, die in Großbritannien als übergewichtig gelten, das Programm nicht weiter finanzieren wollte. Mit dem Argument: „Wenn wir ständig versuchen, den Leuten etwas vorzuschreiben, ist das eher kontraproduktiv."

DIE LETZTEN COWBOYS

Dabei wäre es nicht nur zum Besten für den Planeten, sondern auch sehr viel gesünder, weniger Fleisch zu essen. So wie das Rauchverbot, das vermutlich schon Tausenden von Menschen das Leben verlängert hat, die Gurtpflicht ebenso wie die Promillegrenze oder auch die Geschwindigkeitsbegrenzungen vor Schulen. Da sagt ja auch keiner: „Wenn ich nicht mehr mit 100 an der Grundschule vorbeidonnern darf, können wir unsere Demokratie gleich in die Tonne treten!" Fleisch scheint für uns Deutsche schon fast so etwas wie ein Fetisch zu sein, an dem unbedingt festgehalten werden muss. Es wird auf eine verrückte Art als Ausdruck persönlicher Freiheit empfunden, sich nach seiner Fasson zugrunde richten zu können. Seine Zähne in etwas zu schlagen, das nach vielen einschlägigen Studien ähnlich tödlich ist wie Rauchen. 2,3 Millionen Tote weltweit und jährlich werden in direkten Zusammenhang mit Fleischverzehr gebracht: „Zwei Drittel der Betroffenen stürben an einem Schlaganfall – die übrigen vor allem an einer Erkrankung der Herzkranzgefäße, Typ-2-Diabetes oder an Darmkrebs",[36] so die Studie aus Oxford im Auftrag der WHO. Allein in Deutschland könnte man jährlich 18.400 Todesfälle verhindern, würden wir beim Fleischkonsum auf die Bremse treten, die die Deutsche Gesellschaft für Ernährung empfiehlt: nicht mehr als 300 bis 600 Gramm pro Woche.

An dieser Stelle höre ich schon mindestens zwei Drittel meiner männlichen Bekannten, Verwandten und Freunde aufschluchzen. Es sind ja vor allem Männer, die sich vermutlich unter anderem auch deshalb so viel zeitiger als wir Frauen von ihrem irdischen Dasein verabschieden, weil sie ohne Fleisch nicht können. Und es sind die Frauen, die glauben, sich mit Schweinekrustenbraten oder Rouladen, mit Gulasch oder Rostbratwürstchen in eine emotionale Schlüsselposition kochen zu können. Ich kenne Männer, die bis zu dreimal am Tag Fleisch essen. Wie der Mann einer Freundin, der mit einem Salamibrötchen morgens startet, mit einem Bratenstück, einem Leberkäse, Frikadellen oder einem Schnitzel die Mittagspause bestreitet, um abends noch nach einem Brühwürstchen zu verlangen. Das ist selbst seiner Frau zu viel, die auch gern dann und wann mal ein Stück Fleisch isst. „Ich habe ihm schon tausendmal gesagt, dass ich mich zu jung fühle, um meinen Mann auf dem Friedhof zu besuchen", klagt sie. Und findet, „dass man Fleischverpackungen wie Zigarettenschachteln eigentlich mit Schockbildern von Fettlebern oder Schlaganfallpatienten" versehen sollte.

Aber offenbar denken Männer, es handle sich beim Fleischkonsum um so etwas wie ein sekundäres Geschlechtsmerkmal, und man würde sie, bloß mit einem Salatteller auf dem Platzdeckchen, mit einer Frau verwechseln. Deshalb tun sie eben das, was ein Mann tun muss, wenn er früh sterben will: halb rohe und voll verkohlte Bratwürstchen vom Holzkohlegrill essen. Oder sich zur Not eben auch mal von einer Frau trennen, die ihn einfach nicht Cowboy sein lassen will, der er offenbar nur sein kann, wenn er Fleisch isst – so wie weiland Gerhard Schröder Hillu verlassen MUSSTE, weil sie ihm seine Currywurst einfach nicht gönnte.

Ja, ich habe vermutlich leicht reden. Es fällt mir einfach schwer, nachzuvollziehen, wie immens abhängig man offenbar von Fleisch sein kann. Wie es immer gleich um alles oder nichts geht, bloß weil man auf einen bestimmten Teil der Ernährung verzichten soll. Und das ja nicht mal radikal. Es würde schon sehr viel mehr bringen, sehr viel weniger Fleisch zu verzehren. Und ich finde, es bleibt auch ohne das viel Leckeres übrig, für das es sich lohnt, sich an den Herd zu stellen. Aber ich muss auch zugeben, dass kein Fleisch mehr Arbeit macht. Schon mit einem Schnitzel, einem Steak, einem Braten ist ja für die meisten von uns bereits der Tatbestand einer vollwertigen Mahlzeit erfüllt. Während Gemüse, Getreide und Hülsenfrüchte oft erst noch aufwendig aufgehübscht werden müssen, um ähnlich eindrucksvoll daherzukommen. Fleisch ist einfach. Deshalb ist der Verzicht auch schwer. Ich verstehe das. Bei mir würde vielleicht absolute Kaffeeverknappung zu ähnlichen Panikreaktionen führen, oder auch, wenn ich tierische Produkte – etwa meinen Liebling, den Quark – komplett von meinem Speiseplan streichen sollte. Wo nicht mal die eigene Gesundheit als Grund ausreicht, die Finger vom Fleisch zu lassen, hat es das Klima natürlich doppelt schwer. Obwohl es blendende Argumente liefert.

RÜLPSEND IN DEN ABGRUND

Die Fleischproduktion – so muss man das Töten von Tieren unter industriellen Bedingungen wohl nennen – gehört zu den schlimmsten Klimakillern überhaupt. Sie ist je nach Berechnungsgrundlage für bis zu 51 Prozent aller vom Menschen verursachten Treibhausgasemissionen verantwortlich und zählt deshalb zu den „Key Points", zu den Bereichen, in denen besonders viel CO_2 anfällt und es sich richtig lohnt, sie einzusparen. Es liegt nicht nur an all dem Methan, das alle Kühe weltweit in die Atmosphäre rülpsen. Es hängt auch und vor allem mit dem enormen Flächenverbrauch für den Anbau etwa von Soja als Futter in der Massentierhaltung zusammen, für den immer mehr großflächig abgeholzt und brandgerodet wird. Damit einher geht eine dramatische Zunahme an CO_2, das auch bei der Verarbeitung von tierischen Produkten in viel größerem Umfang freigesetzt wird als bei pflanzlichen. Dazu fallen für ein Kilogramm Rindfleisch mehr als 16.000 Liter Wasser an. Fleisch frisst Ressourcen und letztlich auch uns. Denn es zerstört die grüne Lunge der Welt. Die Welternährungsorganisation macht die Umwandlung in Weideland für 80 Prozent der Verluste im Regenwald der Amazonasregion verantwortlich. Rund 200 Millionen Rinder leben heute in dem größten Land Südamerikas. Die Exporte stiegen laut einer Analyse der Organisation Foodwatch in den vergangenen 14 Jahren um mehr als 700 Prozent. Und nicht wenig davon landet auf unseren Tellern. Nach Angaben der EU-Kommission ist Brasilien der größte Exporteur landwirtschaftlicher Produkte in die Europäische Union. Tendenz steigend. Dass es immer mehr Fleisch sein muss, liegt auch daran, dass es immer billiger wird. Und das nicht nur auf Kosten des Klimas oder auf Kosten von Kleinbauern in vielen Ländern, die ihr Fleisch vor Ort zu kostendeckenden Preisen so nicht mehr loswerden. Die Massentierhaltung geht vor allem auf Kosten des Tierwohls.

Man kann sicher darüber streiten, ob Tiere überhaupt auf den Speiseplan gehören. Aber ganz sicher nicht darüber, wie unfasslich brutal und grausam die Bedingungen sind, die sie auf unsere Teller bringen. Wenn ein Kilogramm Schweinefleisch schon mal für drei Euro zu haben ist, kann man davon ausgehen, dass das Tier dafür nicht totgestreichelt wurde. Wie auch die 640 Millionen Hühner, 59 Millionen Schweine und 3,6 Millionen Rinder, die in Deutschland jährlich geschlachtet werden. Davor haben die überwiegend meisten ein sehr kurzes, entsetzliches Dasein auf enorm beengtem Raum geführt und/oder sind

Tausende von Kilometer durch Europa gekarrt worden – und zwar oft unter Umgehung noch der geringsten Schutzmaßnahmen wie regelmäßige Pausen, Wasser und Luft. Teilweise sind diese Transporte so brutal, dass die Behörden in Niedersachsen und Schleswig-Holstein sich kürzlich dazu veranlasst sahen, bestimmte Tiertransporte nicht mehr zu genehmigen, weil sie nicht im Sinne des Tierschutzes seien. Eine Freundin sah sich kürzlich eine Dokumentation an, die sich mit dem Thema beschäftigte, und isst seitdem kein Fleisch mehr. Sie meint: „Das kann einfach nicht gut sein fürs Karma!" Ihr Mann wollte sich die Dokumentation lieber gleich gar nicht anschauen. „Er hat Angst, dass er dann eine ähnliche Entscheidung treffen müsste."

Mit der Massentierhaltung verhält es sich wie mit dem Klima: Wir spüren sie kaum – die direkten Folgen unseres Verhaltens. Und je weiter sie von uns entfernt sind, umso leichter fällt es uns, sie zu ignorieren. Umgekehrt sind wir sehr unwillig, wenn wir uns über diesen Notausgang nicht davonschleichen können. Das zeigte auch ein Experiment von *Stern TV*: Auf einem Wochenmarkt in Frankfurt an der Oder wurde mit der Genehmigung des Veterinäramts den Marktbesuchern „Deutschlands frischeste Wurst" angepriesen. Diesmal schien der Werbeslogan tatsächlich zu halten, was er versprach. Denn sobald ein Kunde eine Bestellung beim Metzger aufgab, ging bei der Ferkelverwurstungsmaschine die Klappe auf, und ein lebendiges Schweinchen wurde reingesetzt. Wenig später kam nach einigem Rumoren und Ruckeln die frische Wurst heraus. Den meisten war bis dahin schon der Appetit vergangen. „Ich kann doch die Wurst nicht essen, wenn ich eben noch das Ferkel bei Ihnen im Arm sehe", sagte eine Kundin sinngemäß. Eine andere brachte das eigentliche Dilemma mit dem Fleischkonsum in etwa so auf den Punkt: „Im Schlachthof ist man ja nicht dabei. Ich will es einfach nicht so hautnah sehen, wenn es umgebracht wird."

Deshalb wurde in Dänemark auch ein Journalist kritisiert, der während einer Radiosendung ein Kaninchen erschlagen hatte, um es später zu essen. Und darum schaffte eine tote Giraffe, was selbst

Flüchtlingen, die im Mittelmeer um ihr Leben kämpfen, nur selten gelingt: weltweit die Wellen der Empörung besonders hochschlagen zu lassen. Die Giraffe war im Zoo von Kopenhagen vor Publikum geschlachtet und an die Raubtiere verfüttert worden. Dafür bekam der Zoodirektor sogar Todesdrohungen, und rund 7.000 Menschen forderten seine Entlassung.

WENIGER PUTIN, MEHR SONNTAGSBRATEN

Ich bin nicht der Meinung, dass man – um Fleisch essen zu dürfen – ein Tier schon selbst töten können müsste. Aber ich finde, wir sollten uns mehr mit dem beschäftigen, was der Wurst, dem Fleisch, dem Ei vorausgeht. Wir sollten uns fragen, ob das in Plastik verschweißte Schweineschnitzel beim Discounter zum Schleuderpreis die Martyrien wert ist, die es bis dorthin gebracht haben. Und auch die Folgen für das Klima. Ob das Lebewesen nicht mehr Achtung verdient hätte, dafür, dass es uns – obwohl wir es nicht mal zwingend als Nahrungsmittel brauchen – Genuss beschert. 88 Prozent der Deutschen sagten in einer Umfrage, sie würden gern mehr Geld für Fleisch ausgeben, falls die Tiere unter deutlich verbesserten Bedingungen gehalten werden. Doch am Konsumverhalten hat das nichts geändert. Ebenso wenig wie die sich häufenden Berichte über den Klimawandel und die tragende Rolle, die unser Fleischkonsum dabei spielt.

Das erinnert mich an die Umfrage zur Verhütung, in der die überwältigende Mehrheit der Männer sagte, dass sie NATÜRLICH auch eine Pille nehmen würden, wenn es die denn für den Mann schon gäbe. Aber als man ihnen sagte, dass das gar kein Problem sei, weil diese Pille bereits vorliege, fühlten sich alle eigentlich noch längst nicht so weit, selbst mal die Verantwortung für die Geburtenregelung zu übernehmen. Manche brauchen eben einen sanften Druck, um zu dem gebracht zu werden, was das Klügste ist. Zumal, sobald damit vermeintliche Opfer verbunden sind. Das war so, als entschieden wurde, Frauen das Wahlrecht zu geben, und dass wir nicht mehr unsere Männer fragen müssen, wenn wir arbeiten wollen oder ein eigenes Konto eröffnen.

Das wird beim Fleischkonsum nicht anders sein. Wissenschaftler haben errechnet, dass Wurst um 166 Prozent und Steak um 28 Prozent teurer werden müsste, damit Menschen hierzulande 37 Prozent weniger verarbeitetes Fleisch und drei Prozent weniger unverarbeitetes rotes Fleisch äßen. Zu ihrem Wohl, zu dem der Tiere und zu dem des Planeten. An dieser Stelle fallen vielen nicht nur Wörter wie „Bevormundung" oder „Kindermädchen-Staat" ein, sondern auch die Armen. Menschen, die kaum das Geld für die Miete haben und nun auch noch auf Billigfleisch verzichten sollen. Sogar die FDP entdeckte da plötzlich ihr Herz für die Geringverdiener in prekären Verhältnissen, und die *Bild* fragte besorgt: „Tierwohl und Klimaschutz auf dem Rücken der sozial Schwachen im Land?"[37] „Das trifft ja nur wieder die, die nichts haben und sich schließlich auch mal was gönnen wollen!", meinte ebenfalls eine Kollegin und nannte es „einen unzulässigen Eingriff in das Leben von Menschen, die ohnehin schon wenig Freude haben". Ich antwortete, dass all das Billigfleisch ja nachweislich nicht gesund ist – und zwar weder für den Konsumenten noch für den Planeten. Und sich da doch ein seltsames Interesse daran offenbare, Menschen weiterhin in ihr Unglück essen zu lassen. Vielleicht sollte man sich dann doch lieber mal Gedanken darüber machen, warum die Löhne so niedrig wären und die Renten auch. Und man müsse ja nicht sofort zum Vegetarier werden, sobald für Fleisch ein angemessener Preis aufgerufen wird. Schließlich wäre es für unsere Großeltern genauso in Ordnung gewesen, einmal die Woche ein wirklich gutes Stück Braten zu essen und damit Fleisch als das zu würdigen, was es sein sollte: etwas Besonderes. „Du kannst dir ja auch locker Biofleisch leisten!", entgegnete sie. Und ich sagte zum gefühlt tausendsten Male, dass ich erstens überhaut kein Fleisch mehr esse und zweitens für den Planeten – und letztlich für uns – gelte: je weniger Fleisch, desto besser für alle. Auch weniger Biofleisch.

Klar würden für Biofutter die Böden schon mal im Ansatz viel weniger durch Pestizide belastet, was wiederum etwa auch Insekten zugutekommt. Aber oft sind die Lebensbedingungen der Tiere bei „bio" nur minimal besser. Für ein „Bioschwein" ist nach EU-Norm nur ein halber Quadratmeter mehr Platz im Stall vorgesehen als für ein konventionell gehaltenes. Um da wenigstens weidlich auf der etwas besseren Seite zu sein, könnte man sich an Anbieter wie Demeter oder Bioland halten, aber letztlich sollte, wer wirklich etwas ändern will an seiner CO_2-Bilanz und auch fürs Karma, möglichst wenig Tierisches konsumieren.

„Und wie bringe ich das meinem Mann bei?", fragt die mit dem austrainierten Karnivoren verheiratete Freundin. „Am Ende geht es mir wie Hillu Schröder, und er verlässt mich, wenn ich mich weigere, ihm seinen Sauerbraten zuzubereiten?!" Ich antworte nicht, dass nach allem, was man jetzt über Gerhard Schröder weiß, es für Hillu doch am Ende ein großes Glück war – schon weil sie so nicht dauernd auch noch mit Putin herumhängen muss. Und entgegne, dass das jeder nur für sich selbst entscheiden könne und ja schon sehr viel damit gewonnen wäre, wenn wir nicht nur darüber nachdenken, unsere Ernährung zu verändern, sondern das auch wirklich tun. „Ich würde ihm sagen: ‚Wenn du Fleisch willst, ist das deine Sache. Ich werde trotzdem weiterhin gern mit dir essen und dir ganz sicher nicht erzählen, welchen Leidensweg das Tier hinter sich gebracht hat. Ich werde das Fleisch aber weder kaufen noch zubereiten. Und wenn du denkst, das sei ein Scheidungsgrund, dann kann ich auf das bisschen Liebe, das offenbar allein vom ehelichen Catering abhängt, auch pfeifen.'"

Vielleicht erzählt sie ihm auch, was Peter Ustinov mal gesagt haben soll: „Meine Vision vom Jenseits – an der Himmelspforte stehen all die Tiere zur Begrüßung, die man in seinem Leben verspeist hat, und schauen einen stumm mit vorwurfsvollen Augen an." Wenn das stimmt, habe ich gerade einen weiteren Ankläger dazugewonnen. Ein Schwein. Denn die Quiche, die meine Freundin Carola zum Dop-

pelkopfabend servierte – übrigens mit einem sehr leckeren Salat –,
bestand praktisch nur aus gegrilltem Speck. Dazu erklärte sie den
anderen beiden Frauen: „Ich hätte sonst ein Gulasch gemacht. Aber
Susanne isst ja kein Fleisch mehr." Ich sagte ja schon: Beim Fleisch setzt
hierzulande selbst bei den Klügsten offenbar der Verstand aus. Wahrscheinlich ist es sowieso das Klügste, gleich ganz vegan zu leben …

UNENTSCHIEDEN AUF DEM TELLER

„Die ist aber vegan!", erklärt mir die Verkäuferin, als ich sage, dass die
Tasche dafür, dass sie aus Plastik sei, ganz schön teuer ist. Mir fällt
nicht das erste Mal auf, wie sich der Kunststoff über die vegane Hinter-
tür wieder Zutritt verschafft in einen vermeintlich grünen Lifestyle.
Und ich bin froh, dass ich erstens ohnehin genug Taschen besitze und
mich zweitens nicht dauernd entscheiden muss, ob ich nun mehr vegan oder weniger Plastik haben will. Weil sich beides doch bisweilen
ganz schön ins Gehege kommt. Während man Obst und Gemüse
mittlerweile auch lose kaufen kann und von regionalen Anbietern,
ist das bei Sojaprodukten eher schwierig. Viele Ersatzprodukte für Le-
der sind außerdem aus Kunststoff und Kunstfasern. Und dann haben
manche vegane Lebensmittel eine Flugbilanz, als wären sie Außenmi-
nister, und/oder sind wie die Ersatzprodukte mehrfach industriell mit
vielen chemischen Zusatzstoffen verarbeitet.

Industriell hergestellte Mandelmilch etwa, so die Köchin und Grü-
nen-Abgeordnete Sarah Wiener, bestünde nur zu circa zwei Prozent
aus Mandeln, dafür aber aus einer Menge Stabilisatoren und Emulgatoren. Außerdem sei sie oft mit Zucker angereichert und ultrahocher-
hitzt. Sarah Wiener musste sich dafür einiges anhören. Nicht wenige
Veganer sind der Ansicht, dass es alle Mittel rechtfertige, kein Tier
mehr töten zu müssen oder den Jungtieren die Milch vorzuenthalten,
die eigentlich für sie und nicht für Quark, Joghurt und als Kaffeesahne

gedacht ist. Ich finde, dass der zweifelsfrei sehr gute Zweck nicht alle Mittel heiligt – schon gar nicht Hasskommentare weit unter der Gürtellinie – und man auch mal ein paar Fragen stellen darf. Nicht dass ich mich in die Mandelmilch verbeißen möchte, aber mit ihr lässt sich exemplarisch dokumentieren, dass „vegan" nicht zwangsläufig auch immer „gut" ist. 80 Prozent der weltweit verarbeiteten Mandeln stammen nämlich aus Kalifornien. Das bedeutet, in den Anbaugebieten herrscht eine ähnliche Monokultur wie auf den Sojafeldern im Amazonas. „Um die Bestäubung der Mandelbäume zu gewährleisten", so schreibt die Albert Schweitzer Stiftung für unsere Mitwelt, „werden jährlich Milliarden Bienen auf den Plantagen verteilt." Und weiter: „Die industrielle Bienenhaltung, wie sie für die Mandelproduktion üblich ist, schwächt das Immunsystem der Tiere und macht sie anfälliger für Viren und Parasiten. Sie gilt daher als Mitverursacher für das Bienensterben."[38] Deswegen kann man durchaus darüber streiten, ob Mandeln überhaupt vegan sind. Forscher der Universität von Kalifornien stellten außerdem fest, dass die Produktion von einem Liter Mandelmilch im Vergleich zur Kuhmilch zwar nur ein Zehntel der Menge an Treibhausgasen freisetzt, jedoch 17-mal mehr Wasser verbraucht. Jedenfalls beim kalifornischen Mandelanbau.

Hafermilch scheint dagegen ein echter Glücksfall zu sein: wirkt sich deutlich weniger auf das Klima aus als Kuhmilch und verbraucht bei der Herstellung nur knapp 40 Prozent der Energie. Das erzählte mir meine vegan lebende Kollegin – und hat mich damit sehr glücklich gemacht, weil ich seitdem immer häufiger Hafermilch statt Kuhmilch kaufe. Und finde, dass die geschmacklich durchaus in Ordnung ist.

Vegan ist eben auch eine Wissenschaft für sich, aber natürlich noch besser, als ständig Fleisch zu essen. Wer komplett auf tierische Produkte verzichtet, verringert seinen CO_2-Ausstoß bei sonst identischem Lebensstil um immerhin zwei Tonnen. Wobei der tierische Verzicht unter erschwerten Bedingungen stattfindet. Schließlich muss man sich – wie auch bei der Klimafrage – in praktisch die gesamte Produktionskette reinknien, um wirklich auszuschließen, dass ein Lebensmittel ohne auskommt. Sie verstecken sich nämlich immer auch dort, wo man sie nicht vermutet hätte. In Chips etwa – die ja angeblich nur aus Kartoffeln sein sollten –, in Bier (beim Bierbrauen wird häufig Fischblase, die sogenannte Hausenblase, zur Klärung eingesetzt), selbst in der ausdrücklich als „vegan" klassifizierten Marzipanschokolade eines bekannten Herstellers wurde Milch entdeckt.

Als Veganer muss man außerdem Vitamin B_{12} zufüttern. Es ist für Blutbildung und Nervenhüllen wichtig und kommt fast nur in tierischen Lebensmitteln vor. Das bekräftigte auch ein – veganer – Arzt anlässlich seines Vortrags vor einem vorwiegend vegan lebenden Publikum, bei dem ich vor einiger Zeit war. Er schilderte eindrücklich die sehr ernsten Folgen wie Blutarmut, Muskelschwäche, Depression, Konzentrationsschwäche, Haarausfall und ein erhöhtes Risiko für Alzheimer-Demenz, die sich oft erst nach Jahren des Mangels bemerkbar machten. Und erklärte, dass sich ein B_{12}-Defizit keinesfalls, wie gern behauptet, pflanzlich ausgleichen lasse. Auch nicht durch Algen, Lupinen oder Sauerkraut. Die einzige Möglichkeit, ohne tierisches Zutun oder Tabletten an seine B_{12}-Dosis zu kommen, sei – man solle es ihm nicht krummnehmen, aber es wäre nun mal so –, seine eigenen Exkremente zu essen. „Wie Meerschweinchen!" Daraufhin meldete sich eine Gerlinde zu Wort und erzählte, sie würde etwas Ähnliches tun, indem sie ihr selbst gezogenes Gemüse aus dem Schrebergarten einfach nicht wäscht. Dreck hätte doch einen ähnlichen Effekt. Das würde stimmen, antwortete der Arzt. Und mahnte ernst, das in Zukunft unbedingt zu unterlassen. Es sei sehr gefährlich, schon wegen der Coli-Bakterien, die auch die EHEC-Keime bilden. Ja, die, die im Jahr 2011 den schwersten Lebensmittelzwischenfall seit Jahrzehnten verursacht hatten – mit über 50 Toten. Gerlinde hörte sich das alles an und sagte schließlich völlig ungerührt: „Ich mache es trotzdem weiter so." Vielleicht sind sich Fleischesser und Veganer doch manchmal ähnlicher, als sie denken. (Und ganz sicher werde ich für diesen Satz Ärger bekommen.)

KLAUS-DIETER AUF EIS

Für mich macht aus Weltretter- und Vernunftgründen vor allem der Speiseplan Sinn, den die EAT-Lancet Commission, ein Team renommierter Wissenschaftler aus 16 Ländern – darunter Ernährungswissenschaftler und Klimaforscher–, als perfekt für die Gesundheit und die Ressourcen des Planeten zusammengestellt hat. Er besteht vor allem aus Gemüse, Obst, Vollkornprodukten, Nüssen und ungesättigten Fettsäuren, ein wenig aus Fisch und Geflügel – und kaum oder gar nicht aus rohem und unverarbeitetem Fleisch, Weißmehl und zugesetztem Zucker. Das Ganze trägt den hübschen Namen „Planetary Health Diet", wobei „Diet" nicht für Diät, sondern für „Ernährungsform" steht. Pro Tag kann man damit unter anderem maximal 14 Gramm Rind- und Schweinefleisch verzehren, 250 Gramm Milchprodukte und ein bis zwei Eier in der Woche. Würden sich alle Menschen daran halten, könnte man ungefähr elf Millionen vorzeitige Todesfälle durch ernährungsmitbedingte Erkrankungen verhindern und sogar im Jahr 2050 die dann zehn Milliarden Menschen gesund ernähren, ohne den Planeten zu zerstören, so die Wissenschaftler. Es würde sich im Gegenteil sogar „günstig auf das Klima, die biologische Vielfalt, die Süßwasserreserven, den Stickstoff- und Phosphorkreislauf und den Flächenverbrauch auswirken".[39]

Ich finde, das ist mal eine beeindruckende Kosten-Nutzen-Rechnung ohne allzu viel Verzicht. Um den geht es ja IMMER, wenn es um Lebensmittel geht. Klar, wir essen ja nicht bloß, um satt zu werden. Essen nährt ja auch unsere Seele, hat stets auch hochemotionale Qualitäten: Es tröstet, es wärmt das Herz und macht glücklich. Das beherrschen Linsen oder Rote Bete eher weniger. Deshalb haben oft gerade die besonders ungesunden Sachen das Zeug für große Verlustängste und eine deutlich magersüchtige Frustrationstoleranz. Und wie in Freundschaften will man sich eben auch in Beziehungen zu Nahrungsmitteln nicht dreinreden lassen. Meint: Sowenig Margarete hören möchte, dass Klaus-Dieter ihr nicht guttut, so wenig möchte man genau wissen, was eigentlich wirklich in unseren Lebensmitteln steckt. Niemand soll die Idylle zwischen uns und der Nuss-Nougat-Creme, der Butter und dem Mozzarella stören. Aber wenn ich genauer hinschaue, liegt doch ganz schön viel Klaus-Dieter in meinem Kühlschrank. Lebensmittel, die auch mir, die kein Fleisch isst, die Ökobilanz vermiesen, weil sie etwa Palmöl enthalten.

Seine Gewinnung hat verheerende Folgen für die Artenvielfalt. Die Weltnaturschutzunion (IUCN) schreibt, dass 193 als bedroht eingestufte Arten durch den Anbau betroffen seien – unter anderem Orang-Utans, Gibbons und Tiger. Die IUCN schätzt die Anbaufläche für Palmöl auf mindesten 250.000 Quadratkilometer weltweit. Zum Vergleich: Deutschland ist 357.000 Quadratkilometer groß. Allein auf Borneo ist die Orang-Utan-Population deshalb um 150.000 zurückgegangen. Die Tiere werden erschossen oder verenden, weil ihnen der Lebensraum genommen wird.

Langsam gehe ich mit fast mehr Dingen in den Supermarkt rein, als ich früher rausgekommen bin, und benötige für einen Einkauf mehr Equipment als ein Tourneetheater: nicht mehr nur Säckchen fürs lose Obst und Gemüse, Gläschen für Linsen und Co., sondern auch einen Klappstuhl und die Lesebrille, um beim Einkauf in aller Ruhe die Zutatenliste lesen und zuordnen zu können. Nicht zu vergessen: die Investigativjournalisten Bob Woodward und Carl Bernstein oder andere Rechercheexperten. Denn man muss sich schon knietief in jedes Lebensmittel einarbeiten, um wirklich umreißen zu können, was man sich da eigentlich einverleibt. Welche Produktionsbedingungen man unterstützt und also auch, wofür man Verantwortung übernimmt.

Einmal mehr ärgere ich mich darüber, dass weder die Lebensmittelampel umgesetzt wurde, die ganz klar signalisiert, wie gesund was ist, noch dass man auf den Verpackungen etwas über Treibhausgasbilanzen oder Rohstoffbrauch erfährt. Wieso bekommen nicht auch Nahrungsmittel einen ökologischen Fußabdruck? Ein Kollege hat mir die App CodeCheck empfohlen, mit der man die Strichcodes von Lebensmitteln, aber auch Kosmetika scannen kann. Die kommt jetzt in meinem Badezimmer, in der Vorratskammer und bei meinem Kühlschrankinhalt zum Einsatz. „Du räumst mal gründlich auf, oder?", freut sich meine Mutter angesichts der leer geräumten Regale. „Das kann man so sagen!", antworte ich. Und mit Blick auf die Inhaltsstoffe der Nuss-Nougat-Creme: „Ich dachte doch gleich, dass Klaus-Dieter ein Wolf im Schafspelz ist." „Geht's dir nicht gut?", fragt meine Mutter – für ihre Verhältnisse fast schon besorgt. „Alles bestens!", sage ich. „Du hast nicht zufällig Lust auf ein paar Vollkorn-Nuss-Nougat-Pfannkuchen?" Ist die Nuss-Nougat-Creme mit dem mehr als zweifelhaften Charakter nämlich erst mal angeschafft, sollte sie auch gegessen werden. Ja, Weltretten erfordert manchmal ganz schön harte Opfer – im Gegenwert von 2.000 ziemlich leckeren Kalorien. Aber ehrlich: Es wird hierzulande ohnehin viel zu viel weggeworfen. Noch so ein Problem.

RUSSISCHES ROULETTE MIT DOSENSUPPEN

Immer wenn ich meinen Onkel Willy in Niedersachsen besuchte, ging ich gleich am ersten Tag in seinen Vorratskeller. Dort lagerten Konserven, die zum Teil schon vor mehr als zehn Jahren ihr Verfallsdatum erreicht hatten. Etwa um die Zeit, als meine Tante gestorben war. Dabei gab es gleich zwei Wunder zu bestaunen. Einmal den Umstand, dass sich, obwohl ich bei jedem meiner zwei, drei Besuche im Jahr akribisch die abgelaufenen Dosen – unter seinem Protest – aussortierte und wegwarf, stets welche fanden, die ich offenbar übersehen hatte. Zum anderen, dass mein Onkel, der niemals aufs Verfallsdatum schaute, wenn er sich eine Dose Gulasch oder Hühnersuppe holte, nicht einmal krank davon wurde. Er hätte die Dosen in der Reihenfolge ihrer Anschaffung verbrauchen können. Aber er sagte, er wollte sich vom Einkaufsdatum nicht den Speiseplan vorschreiben lassen. Und fand überhaupt, dass das Verfallsdatum überschätzt würde. Was er nicht mehr schaffte, weil er satt war, wurde an Hund Moritz verfüttert. Bei ihm „kam nichts um", wie er es nannte. Eine rühmliche Ausnahme. In Deutschland, so rechnete der *Stern* einmal vor, landen jährlich 670.000 Laster voller Essen einfach im Müll. Mehr als 80 Kilogramm Lebensmittel wirft jeder Deutsche im Jahr weg.[40] Und da Onkel Willy schon mal nichts Essbares der Tonne überließ, hat irgendjemand da draußen auch noch seine 80 Kilogramm auf dem Gewissen. Rein rechnerisch ist die gesamte Nahrung, die bis zum Mai eines jeden Jahres hergestellt wird, hierzulande für die Tonne.

Woran das liegt, kann ich an mir selbst beobachten: Seit die Kinder aus dem Haus sind und es keinen Zwang mehr für regelmäßige Mahlzeiten gibt, warte ich oft, bis der Kühlschrank ganz leer ist und ich sehr hungrig bin. „Da waren die Augen wohl größer als der Magen", hätte meine Großmutter das Shoppingergebnis kommentiert. Missbilligend selbstverständlich. Vieles, was ich im Überschwang und mit knurrendem Magen angeschafft habe, bleibt dann viel zu lange liegen … Und da mir gänzlich der Abenteuergeist meines Onkels fehlt, mit Lebensmitteln russisches Roulette zu spielen, werfe ich schon auch mal einiges weg. Andere Ursachen sehe ich in anderer Leute Einkaufswagen. Das meiste dort ist gar keiner ordentlichen Mahlzeit mehr zuzuordnen, sondern mehr für zwischendurch gedacht. „Zwischendurch" ist aber gerade das Feld mit den meisten Verlockungen – besetzt von Vorgefertigtem, vielen Sonderangeboten und „Nimm drei, zahl zwei"-Versuchungen. Von all den Dingen, die einem versprechen, keine Schererei wie lange Zubereitung zu machen, sondern praktisch sofort oder nach höchstens fünf Minuten Mikrowelle zur Verfügung zu stehen. Das kommt davon, wenn man keinen Plan hat, also keinen Essensplan und damit auch keinen Einkaufsplan.

Ich nehme mir vor, mehr wie meine Freundin Cornelia Ahlers zu werden. Sie ist Hauswirtschaftsmeisterin und hat nicht nur einen beneidenswert vorbildlich organisierten Haushalt, sondern auch einen Essensplan für alle 365 Tage im Jahr, aus dem sich – klar – immer auch eine Einkaufsliste ergibt. „Langweilig wird das nie. Wer kann sich denn noch dran erinnern, was er letztes Jahr am 24. April gegessen hat? Und sollte ich am diesjährigen 24. April keine Lust haben auf Gemüselasagne, kann ich ja mit der ‚Frankfurter Grünen Soße‘ vom 25. April tauschen.“ Wichtig sei auch, die Lebensmittel richtig zu lagern. „Das wissen viele Leute gar nicht mehr, wie viel Einfluss das auf die Haltbarkeit hat. Fisch und Fleisch gehören in den unteren Bereich des Kühlschranks, Milchprodukte darüber, auf die oberste Ablage dann Käse und Speisereste, Obst und Gemüse ins Gemüsefach.“

Ich denke an den Vorwurf, den man Leuten, die gesundes, nachhaltiges Essen wärmstens empfehlen, oft macht: dass es viel zu teuer sei und es sich viele Menschen eben nicht leisten könnten, sich auch noch klimafreundlich zu ernähren. Nach meiner persönlichen Rechnung spare ich schon mal sehr viel damit, kein Fleisch mehr zu kaufen und mich überwiegend von den vorgefertigten Snacks fernzuhalten. Und wenn ich die winzigen Tütchen mit den abgepackten, eingeschweißten Salaten sehe, würde ich sagen: Dafür kann man sich auch ganze Salatköpfe kaufen und könnte immer noch etwas sparen. Vieles fällt nun ohnehin flach, weil es die Klimabilanz eines SUV hat – so wie Avocados etwa oder auch die Nuss-Nougat-Creme. Weil das meiste so umfänglich in Plastik eingeschweißt ist, als gelte es, eine Spenderniere zu transportieren, und nicht bloß ein Tofuschnitzel. Aber es bleibt immer noch genug, um sich beim Blick auf den Speiseplan nicht zu langweilen. Zumal das Internet voll ist von jungen Menschen, die fantastische Rezepte mit großartigen und gesunden Zutaten präsentieren. Mein aktueller Favorit sind Bowls – diese so lecker mit 1.000 Köstlichkeiten gefüllten Schälchen –, in denen man zig verschiedene Salate, Gemüse, Rohkostvarianten miteinander kombinieren kann und immer auch Platz ist für Resteverwertung. Garantiert nicht dabei sind die sogenannten Superfoods, die angeblich wahre Wunder in unseren Körper vollbringen sollen. Sicher spielt Ernährung eine Rolle, aber sie schafft es leider nicht, dass wir übers Wasser gehen können, so alt werden wie die Galapagos-Schildkröten – und, bis wir pumperlgesund ins Grab sinken, aussehen wie Cameron Diaz. Bloß weil wir ein paar exotische Körner zu uns nehmen und die Anbieter oft nichts Geringeres versprechen. Dabei können Açaí, Chia, Goji, Maqui und Quinoa locker durch heimische Produkte wie Grünkohl, Heidelbeeren, Schwarze Johannisbeeren, Leinsamen, Hafer und Nüsse ersetzt werden. Besser ist es allemal – nicht nur fürs Klima –, wenn das Essen nicht erst von weit her anreisen muss. Chiasamen etwa sind oft mit Pestiziden belastet, und ein Sack Quinoa aus Südamerika hat nicht nur eine noch schlechtere Klimabilanz als ein Kilogramm Rindfleisch. Der Quinoa-Boom hat in seinen Ursprungsländern nämlich für große soziale Verheerungen gesorgt. Verursacht durch die Großproduzenten, die die Kleinbauern verdrängen. Mittlerweile gibt es aber auch Quinoa „made in Germany": Im Odenwald etwa bauen sie drei junge Landwirte bereits seit 2017 an und verkaufen ihren Ertrag unter anderem auch in den Unverpackt-Läden der Umgebung. Sie ist ein wenig teurer als die aus Übersee.

Was einmal wieder zu dem Vorwurf führt, dass gesunde und nachhaltige Lebensmittel nur etwas für Wohlhabende sind. Das mag stimmen, wenn man sich zum Beispiel an die schon ziemlich versponnenen Tipps von Gwyneth Paltrow hält. Sie hat ein ganzes Business rund um ihre Ratschläge für ein gesünderes und besseres Leben aufgebaut – hier kann man schon für eine Tagesdosis perfekten Superfoods und idealer Nahrungsergänzungsmittel mehr ausgeben, als die meisten von uns im Monat zur Verfügung haben. Mit übrigens wenig überzeugenden Ergebnissen. Ich jedenfalls finde, dass sich Gwyneth Paltrow trotz all ihrer Wunderpillen und -pülverchen nicht wesentlich von all den anderen scheckheftgepflegten Endvierzigerinnen unterscheidet. Dass eine fleischbasierte gesunde Ernährung mehr kostet als eine ungesunde – das ist nachgewiesen. Aber ebenso, dass eine vegetarisch gesunde Ernährung billiger kommt „als eine herkömmlich ungesunde", wie Jonathan Safran Foer in seinem Buch *Wir sind das Klima!* schreibt. Und er argumentiert: „Ganz zu schweigen von den Kosten, die durch die Vorbeugung gegen Diabetes, Bluthochdruck,

Herzkrankheiten und Krebs eingespart werden – all diese Erkrankungen werden durch den Konsum tierischer Produkte begünstigt."[41] Es wäre also alles andere als „elitär", sich für eine gesündere und ökologisch nachhaltigere Ernährung einzusetzen. Was ihm und auch mir dagegen als „elitär" erscheint: „Wenn jemand die Existenz von Menschen, die keinen Zugang zu gesunder Nahrung haben, als Ausrede nutzt, nichts zu verändern, statt als Antrieb, um diesen Menschen zu helfen."[42] Ja, essen war auch schon mal einfacher. Weniger moralisch, dafür deutlich unbesorgter. Aber das hat weder uns noch dem Planeten gutgetan. Und ehrlich: Es hat auch etwas für sich, mit meiner – so gut es eben geht von ökologischen Trübungsfaktoren bereinigten – deutlich abgespeckten Einkaufsliste unterwegs zu sein. Ich habe mehr Zeit, mich um andere Dinge zu kümmern. Etwa meine Wunden zu versorgen, die mir das Weltretten vor allem an den Schienbeinen zugefügt hat.

Was ich gelernt habe

- Das Fleisch ist die psychologische Sollbruchstelle des Klimaschutzes.

- Biofleisch ist besser als Fleisch aus Massentierhaltung – am besten aber ist es, ganz auf Fleisch zu verzichten. Kurz vor der Heiligsprechung steht man, wenn einem das überhaupt bei allen tierischen Produkten gelingt.

- Als Veganer macht man so viele Karmapunkte, dass man noch welche verschenken kann – etwa an den Ehemann, der wider besseres Wissen nicht seinen Braten missen will.

- Nur weil etwas nicht tierischen Ursprungs ist, ist es nicht auch zwangsläufig ökologisch unbedenklich.

- Das Verfallsdatum wird überschätzt. Es heißt ja auch: „mindestens haltbar bis ..." und nicht: „tödlich ab ...".

- Unter zugutfuerdietonne.de gibt es Wissenswertes zur Haltbarkeit von Lebensmitteln und zu der optimalen Lagerung.

Lebensmittel in Zahlen

- Schon der Wechsel von Rindfleisch zu Hühnerfleisch kann die persönliche Klimabilanz um bis zu 80 Prozent verbessern.

- Für die Herstellung von einer Tonne Grillkohle werden rund drei Tonnen Holz benötigt. WWF Deutschland hat 2017 festgestellt, dass 80 Prozent der untersuchten Produkte im Bereich Grillkohle falsch deklariert waren und 40 Prozent der Produkte tropische Hölzer enthielten.[43]

- CO_2-Emissionen in Gramm pro Kilogramm Lebensmittel
  Gemüse, frisch 130–150
  Tomaten. 140–200
  Erdbeeren. 300
  Gemüsekonserven 500
  Mischbrot 750
  Milch. 950
  Geflügel 3.500
  Schweineschinken. 4.800
  Pommes, tiefgekühlt 5.700
  Sahne/Rahm. 7.600
  Hartkäse. 8.500
  Rindfleisch. 13.300
  Butter 23.800

Der Planet, ich und andere Pflegefälle

WO GEHOBELT WIRD …

„Bist du jetzt auch noch zur Hausschlachtung übergegangen?", fragt mich mein Sohn entsetzt, als er aus dem Bad kommt. Tatsächlich sieht es dort so aus, als hätten die Dreharbeiten für das legendäre Kettensägenmassaker stattgefunden. „Oh, tut mir leid. Eigentlich habe ich mir nur die Beine rasiert, dann hat aber das Telefon geklingelt, und ich habe vergessen zu putzen." Ich kann vieles nicht besonders gut, aber wozu ich wirklich gänzlich unbegabt bin, sind Singen und mir unfallfrei die Beine zu rasieren. Ganz egal, wie viele Sicherheitsvorkehrungen die Hersteller einschlägiger Hilfsmittel einbauen und wie hoch und heilig sie versprechen, dieser oder jener Ladyshaver könnte selbst von einem Zwergkaninchen bedient werden, ohne dass es blutig wird. Meine Schienbeine sind jedenfalls mit Narben übersät, Zeichen all der Schönheitsschlachten um glatte Haut, die vorwiegend zu meinen Ungunsten ausgegangen sind. Allerdings muss man sagen, dass ich im Laufe der Jahre immerhin so etwas wie Schadensbegrenzung oder besser: eine Art Stillhalteabkommen zwischen mir und den Klingen erreicht habe. Bis das Weltretten in mein Leben trat und ich erstmals realisierte, was für eine Umweltsauerei der Ladyshaver darstellt. Jede einzelne Klinge ist in Plastik verpackt, vom eigentlichen Rasierer ganz zu schweigen. Nach spätestens einem Jahr ist das komplett aus Kunststoff bestehende Teil durch und wird ersetzt. Und so wächst der private wie auch der weltweite Ladyshaver-Müllberg in schwindelerregende Höhen.

Ein Rasierhobel musste also her, eine Anschaffung fürs Leben, wie mir die Verkäuferin im Unverpackt-Laden versicherte. So kam es zu dem Blutbad in meinem Badezimmer. Es könnte allerdings noch schlimmer sein, wie ich im Netz lese. Da raten die ganz Konsequenten zu einem hochwertigen Rasiermesser als vorbildliche Zero-Waste-Alternative. Man müsse die Klinge nur gut pflegen – dann bliebe sie ein Leben lang erhalten und könnte sogar weitervererbt werden. Ich höre schon, wie meinen Nachfahren das gute Stück mit den Worten überreicht wird: „Das ist die Klinge, mit der sich deine Urururoma ganz allein und ohne Vollnarkose ihre Unterschenkel amputiert hat!" Kommt also für mich nicht infrage. Ich werde lieber daran arbeiten, den Blutzoll des Weltrettens möglichst gering zu halten. „Kommst du mit ins Kino?", fragt mich mein Sohn. „Nein, tut mir leid, ich muss mir im Netz anschauen, wie man sich die Beine rasiert, ohne zu verbluten!" Seinen Vorschlag – „Lass doch einfach wachsen!" – kann ich leider nicht annehmen. So verführerisch bequem der Gedanke auch ist, einfach so zu bleiben, wie Gott uns gedacht hat. Trotzdem möchte ich beim Weltretten nicht zum Heulen aussehen. Ganz einfach, weil es nicht zum Heulen ist. Wohl aber manchmal die Mittel, die uns zur Schönheitspflege als unverzichtbar angedient werden.

ANTICHRIST DER SCHÖNHEITSPFLEGE

Als ich studierte, habe ich eine Weile in einer Fabrik für Haarspray und Haarfärbemittel gejobbt. Die Zutaten für die Produkte lagerten in großen, offenen Wannen neben den Fließbändern, über die dann die Flaschen liefen. Einmal die Woche überreichte uns der Vorarbeiter einen Liter Milch „zum Entgiften". Das war vermutlich ähnlich sinnvoll wie der Tipp der amerikanischen Streitkräfte an die Zivilbevölkerung, sich im Fall eines Atomschlags, die Aktentasche, den Schulranzen oder was immer man gerade zur Hand hat, mal eben über den Kopf zu halten. Es ließ ahnen, welch hochgiftiges Zeug da an die Frau gebracht wurde.

Bestätigt wurde das im Jahr 2007, als das Forschungsinstitut für Arbeitsmedizin der Deutschen Gesetzlichen Unfallversicherung (BGFA) einen Artikel mit der Überschrift „Haarspraylunge" veröffentlichte. Darin ging es um den Fall einer 32-jährigen Friseurin, bei der die Nebelaerosole aus der Sprühdose zu schweren Lungenschäden geführt hatten. Als entscheidende Substanzen für die sogenannte Haarspraylunge oder Haarspray-Alveolitis nannten die Autoren Filmbildner wie Polyvinylpyrrolidon (PVP), PVP-Polyvinylacetat, Schellack und modifizierte Kunststoffe.

Haarspray ist längst nicht das einzige Produkt, das ziemlich hässlich ist, obwohl es doch angeblich gerade dazu gemacht wurde, uns zu verschönern. Die überwiegend meisten konventionellen Pflege- und Kosmetikprodukte enthalten Weichmacher, Lösungsmittel oder Mineralöle und auf Mineralöl basierende Stoffe und sind außerdem oft in Kunststoff verpackt. Als besonders übel gelten Peelings. Sie sind so etwas wie der Wolf im Schafspelz verlockender Tuben und Tiegel. Wegen der Mikroplastikteilchen, die sie enthalten, gelten sie als eine Art Antichrist des Klimaschutzes. Sie brauchen Jahrhunderte, um abgebaut zu werden. Mit dem Waschwasser gelangen sie in die Umwelt und in die Nahrungskette von Tieren und kehren darüber in unsere Körper zurück. Rein statistisch nehmen wir wöchentlich so ungefähr eine Kreditkarte zu uns – derart groß ist die Menge, die wir uns über die Nahrung oder auch Wasser aus Plastikflaschen einverleiben. Zwar haben einige Kosmetikhersteller sich in einer Art freiwilliger Selbstverpflichtung bereit erklärt, auf Mikroplastik zu verzichten. Aber das hat sie anscheinend bereits dermaßen erschöpft, dass für weitere Aktivitäten in Richtung Klimaschutz keine Energie mehr übrig war. Jedenfalls listet der aktuelle Einkaufsratgeber des BUND noch immer Hunderte von Kosmetik- und Pflegeprodukten, die Kunststoffe enthalten.

Zum Glück nutze ich wenigstens keine Peelings. Obwohl manche Freundin offenbar der Meinung ist, dass ich einigen Peeling-Nachholbedarf habe. Zu Geburtstagen bekomme ich schon gelegentlich mal eines geschenkt. Insgesamt fünf solcher Produkte waren es in den letzten Jahren, wie ich bei Inspektion meines Kosmetikschranks feststelle. Er ist nicht nur der Gnadenhof ungenutzter Präsente, sondern auch all der Hoffnungen, die wir mit Pflege- und Make-up-Produkten verbinden: dass sie uns jünger, schöner, hinreißender machen. Dass man nur irgendeine Wundersubstanz aufzutragen braucht, um sich vom Aschenputtel in eine umwerfende Prinzessin zu verwandeln. Ja, das klingt bescheuert. Ich weiß. Aber das vergisst man sofort, wenn man wieder einmal in der Drogerie vor solch einer Verheißung steht und denkt: Dieses Mal könnte es die Richtige sein. Die Erfüllung meiner Träume von praller, faltenfreier Haut, von Oberschenkeln ohne Schwangerschaftsstreifen und Cellulitedellen. Von einem Make-up, das einem zehn Jahre glatt aus dem Gesicht wischt und einen fantastischen Glow auf die Wangen zaubert. Und ich habe offenbar sehr oft geträumt. Denn mein Kosmetikschrank sieht aus, als würde er Harald Glööckler gehören. Obwohl ich schon vor langer Zeit Reinigungsschaum und -creme gegen ein einfaches Stück Seife und die Abschminkpads gegen einen Waschlappen ausgetauscht habe. Allerdings bleibt immer noch genug, um zu hoffen, dass meine Gäste nicht zu jenen gehören, die gern mal in anderer Leute Pflegebestand stöbern. Viel ist eben bei Kosmetik und Pflege generell immer auch ein Zuviel für die Umwelt – das weiß ich mittlerweile. Aber auch, dass es besser ist, die Dinge aufzubrauchen, anstatt sie zu entsorgen und Neues anzuschaffen.

Ich zweifele allerdings daran, ob ich das im Rahmen meines Bestands und der Verfallsdaten schaffe. Mir fällt eine Frau ein, die ich einmal bei einem Essen traf und die mir von ihrer Idee erzählte, eine Art Beauty-Flohmarkt im Netz einzurichten. Auch weil das eine Produkt vielleicht nicht bei mir, sondern bei einer anderen Frau tut, was seine Werbung verspricht. Wir waren uns allerdings einig, dass diese herrliche Idee an den Hygienevorschriften scheitern würde. Ich hätte, ehrlich gesagt, auch Probleme bei der Vorstellung, dass fremde Finger schon in dem Cremetiegel waren, den ich jetzt aufbrauche. Außer natürlich bei meinen Freundinnen. Mit einer praktiziere ich schon lange einen private „Fehlkauftauschbörse" mit Schwerpunkt Haarprodukte und Augenbrauenstifte. Sie ist nämlich enorm leicht verführbar, wenn ihr ein Mittelchen „tolle Lockenpracht" oder „definierte Wallemähne" verspricht, um stets enttäuscht festzustellen: Beim nächsten Produkt wird doch nicht alles anders. Dafür neige ich zu einer Überversorgung mit Augenbrauenstiften und nehme ihr da gern die Qual der Wahl ab. Jetzt kann ich ihr außerdem noch ein paar Eins-a-Peelings anbieten, um selbst zu neuen Pflegeufern aufzubrechen. Schließlich will ich nun insgesamt reduzieren und bei Neuanschaffungen möglichst alles, was der Umwelt und damit auch mir schadet, von meiner Einkaufsliste streichen. Der Hobel war schon mal ein Anfang. Jetzt wartet die nächste Herausforderung auf mich: die Zahntablette.

DER „WIN-WIN-GLIBBER"

Auch Zahnpasta enthält jede Menge Mikroplastikteilchen. Ganz zu schweigen von dem Plastik und Aluminium, aus dem die Tuben bestehen. Deshalb die Wende in meiner Mundhygiene. Ich bin nun stolze Besitzerin von losen Zahntabletten. Allein der Anblick eines vollen Gläschens mit einem Monatsvorrat aus dem Unverpackt-Laden gibt mir ein sehr heroisches Gefühl. Jetzt nehme ich eine der kleinen weißen Tabletten in den Mund und fange an zu putzen. Die Tablette flieht. Ich jage sie. Mit der Zahnbürste. Wie ein Eichhörnchen auf der Suche nach der Nuss. Eine Tablette kann schnell und geschickt sein – ich bin überrascht. Meine Mundhöhle scheint jede Menge Verstecke zu bieten. Immer wenn ich das Glück habe und die Tablette erwische, gibt sie unter dem Druck meiner neuen Bambuszahnbürste einen Hauch von Schaum frei. Und zack, ist sie wieder weg. Ein ziemlich mühsames Unterfangen. Wie lange soll das hier dauern? Muss man sich jetzt einen halben Tag freinehmen, bloß um sich möglichst umweltfreundlich die Zähne zu putzen? Leider habe ich heute noch einen Termin. Ich spucke also die leicht geschrumpfte Tablette aus und nehme eine Portion Zahncreme aus meinen Vorräten. So bleibt noch Zeit für ein Telefonat mit Michaela, die mir die Zahntablette – man muss sagen – eingebrockt hat. „Also da pflanze ich doch lieber Kartoffeln in meinem Vorgarten!", beschwere ich mich über die Unmöglichkeit, mir die Zähne mit etwas zu reinigen, das sich im Mund wie ein Zäpfchen auf Speed verhält. Michaela sagt nur: „Du musst die zerkauen und dann mit dem Pulver putzen." Peinlich.

Solchermaßen gedemütigt, beschließe ich, einem weiteren Tipp von Michaela eine Chance zu geben. Obwohl er es rein optisch eigentlich nicht verdient hat. Sie wäscht sich nämlich seit einiger Zeit ihre Haare mit einer Pampe aus Wasser und Roggenmehl, so wie sehr viele Frauen, die ihr Beautyprogramm auf „nachhaltig" umgestellt haben. Das behauptet jedenfalls Michaela und auch das Internet, wo man sich allein auf YouTube zig ekstatische Beiträge dazu anschauen kann. Dort berichten überwiegend junge Frauen, dass man mit der Roggenmehlpampe nicht nur den Planeten schont, wenn man ihm die Chemie in Shampoo, Haarkur und Conditioner erspart sowie deren Kunststoffverpackungen. Auch der Geldbeutel würde sich freuen. Und für die Haare wäre es sowieso toll! Sagt Michaela. Ihre Haare sagen etwas anderes: Sie sehen stumpf aus, irgendwie leblos. Ihnen hat sich die Freude über diese Lösung aller Haar- und Umweltprobleme offenbar noch nicht mitgeteilt. „Das ist nur der Übergang!", erklärt sie. Wenn man nur lange genug Roggenmehl statt Shampoo praktizieren würde, käme es dann schon irgendwann raus – das kräftigere, fülligere, glänzende und sehr dankbare Haar.

Ich bin zwar nicht sehr überzeugt, mische mir trotzdem daheim meinen ersten „Win-win-Glibber" an. Dazu verrühre ich 300 Milliliter lauwarmes Wasser sowie fünf Esslöffel Roggenmehl und lasse es anderthalb Stunden stehen, „damit sich die wertvollen Inhaltsstoffe lösen und die groben Kornanteile ebenfalls weich werden und nicht kleben". Ich finde, das ist schon eine ziemlich langfristige Planung für eine winzige Haarwäsche. Aber das ist nicht das eigentliche Problem. Das beginnt unter der Dusche. Das Zeug lässt sich nämlich nur schwer auf dem Kopf verteilen. Es schäumt ja nicht und ist dabei ungefähr so geschmeidig wie ein alter Unterhosengummi, den man versucht, auf einem Backblech zu verstreichen. Ich muss jeweils mit den Fingern kleinere Mengen auf die Kopfhaut auftupfen und stelle dabei fest, dass es verdammt kalt im Bad werden kann, wenn man das heiße Wasser (natürlich) nicht mehr einfach laufen lässt und (selbstverständlich) gleichzeitig die Heizung gedrosselt hat. Es dauert, bis alles dort ist, wo es hingehört, und ich die Pampe auswaschen kann. Schon beim Versuch, meine Haare durchzukämmen, merke ich, dass sich tatsächlich größere Veränderungen anbahnen. Und zwar nicht erst nach Wochen. Es ist richtig viel Arbeit, sich durch den nun ziemlich filzigen Mopp auf meinem Kopf zu kämpfen. Als meine Haare endlich trocken sind (luftgetrocknet, versteht sich), sind sie nicht nur im Ansatz beleidigt, sondern auch noch bis in die Spitzen. Ich sehe aus, wie man im Comic jemanden darstellt, der gerade mit einer Starkstromleitung in Kontakt gekommen ist: furchtbar! Mag sein, dass an einer Mittzwanzigerin in der Blüte ihrer Jahre auch mit dem Ergebnis einer Roggenmehlhaarwäsche nichts zu verderben ist. Aber ich brauche die wenigen Schauwerte, die ich habe, und dazu gehörten bislang unbedingt gelockte, glänzende Haare.

Während ich mit einer konventionellen Haarpackung auf dem Kopf darauf hoffe, dass meine Locken nicht nachtragend sind, schaue ich mir im Netz die Statements von jungen Mädels an, die noch viel weiter gegangen sind und nach eigenen Angaben ihre Haare schon seit Wochen oder gar Monaten teilweise nur noch mit Wasser oder gar nicht gewaschen haben. „No Poo" nennt sich die vermeintliche Unabhängigkeitserklärung, bei der das Haar dazu animiert werden soll, die Sebum-Produktion – also die des natürlichen Haarfetts – herunterzufahren, um sich dann selbst so zu regulieren, dass man praktisch nie mehr irgendeine Wäsche braucht. Also jedenfalls keine, bei der Shampoo im Spiel wäre. Ich kann mir nicht helfen, aber richtig verlockend sehen die Ergebnisse in den Beiträgen nicht aus. Und obwohl es noch keinen Duft im WWW gibt, habe ich irgendwie den tranigen Geruch von Onkel Werners Hemdkragen in der Nase. Die rochen immer nach einer ziemlich unguten Mischung aus fettigem, schmutzigem Haar und der Überzeugung, dass regelmäßiges Duschen überschätzt wird. Nichts für mich. Ich möchte kein Bad-Hair-Leben. Mir genügt schon dieser eine Bad-Hair-Tag ...

Ich tröste mich mit den Haarpflegevorräten, die es ja ohnehin erst mal abzubauen gilt. Dann tue ich das, was die meisten in meinem Umfeld beim Weltretten so gern tun, und schreibe mir meine eigene Entschuldigung für das Schwänzen des No-Poo-Trends: Ich wasche mir sowieso nur alle paar Tage die Haare und verwende ohnehin kaum zusätzliche Haarprodukte; ich trockne die Haare IMMER an der Luft, und ich werde in Zukunft vorwiegend Produkte aus der Naturkosmetikabteilung anschaffen. Denn die sind meistens nicht viel teurer als die konventionellen Drogeriewaren und sowieso günstiger als die Markenprodukte. Es gibt verschiedene Siegel – wie etwa das ziemlich strenge BDIH-Siegel –, die gewährleisten, dass die verwendeten Stoffe überwiegend aus biologischem Anbau sind. Und alles Böse, also sämtliche synthetische Farb-, Duft- und Konservierungsstoffe, Silikone, Paraffine sowie andere Erdölprodukte, muss ebenso draußen bleiben wie tierische Rohstoffe. Erlaubt sind lediglich Erzeugnisse, die von Tieren produziert werden, wie Milch oder Honig. 15 pflanzliche Rohstoffe, so beispielsweise Jojobaöl, Olivenöl, Sojaöl oder auch Palm- oder Kokosöl müssen von zertifiziert ökologisch angebauten Pflanzen stammen.

Kurz: Es gibt Hoffnung. Nicht nur für meine Haare, sondern auch auf ein Umdenken. Anscheinend sind da draußen noch mehr Frauen sehr erleichtert darüber, dass der Roggenmehlglibber oder gleich eine absolute Haarwäscheverweigerung nicht der einzige Notausgang aus dem Dilemma ist, sich hübsch zu machen und dabei dem Planeten nicht zu schaden. Jedenfalls hat sich der Naturkosmetikumsatz in Deutschland mehr als verdoppelt. Das Geschäft ist mittlerweile so lukrativ, dass auch Großkonzerne entweder eigene Naturkosmetiklinien auflegen oder einschlägige Marken aufkaufen. Sollte ich also jemals wieder ein Pflegeprodukt brauchen, weiß ich, ich kann mit leidlich gutem Gewissen auf Fertiges zugreifen – und das werde ich auch tun. Denn mal ehrlich: Jetzt, wo wir es endlich leidlich aus der Küche rausgeschafft haben, verspüre ich wenig Lust, sie wieder zu meinem Hauptaufenthaltsort zu machen, um meine Cremes, Seifen und Lotionen selbst anzurühren. Zwar wird allerorten damit geworben, es sei „einfacher als gedacht". Dennoch lesen sich viele Anleitungen wie die Rezepte von Ottolenghi. Man braucht wahnsinnig viele Zutaten, die alle leicht verderblich sind und zum Teil enorm teuer, wenn sie bio und fair sein sollen. Am Ende hat man mit Glück einen winzigen Tiegel voll mit einer selbst gemachten Creme, weil man wegen des Konservierungsproblems idealerweise immer nur Kleinstmengen herstellen soll. Gleichzeitig bleibt einiges an nicht genutzten Rohstoffen übrig, denen man dann beim Verrotten zuschauen kann. Kein sehr günstiges Kosten-Nutzen-Verhältnis. Außer, man betreibt einen YouTube-Kanal und lebt davon, solche „Selbst-rührt-die-Frau"-Anleitungen zu präsentieren. Natürlich gibt es Ausnahmen. Etwa das Peeling, gemacht aus Kaffeesatz, Kokosöl und Honig. Aber ich sagte ja schon: Ich peele nicht, außer mit den nun luftgetrockneten Handtüchern, die so rau sind, dass sie glatt den Luffa-Handschuh ersetzen. Also, an all meine Freundinnen: Ich bin schon bedient. Ihr müsst euch leider etwas anderes einfallen lassen.

ICH PFLEGE, ALSO BIN ICH

Durchschnittlich zwölf Pflege- und Kosmetikprodukte verwendet jede Frau täglich. Das kostet nicht nur Geld, sondern auch viel Zeit. Zumal wenn man noch beginnt, die Inhaltsstoffe zu studieren, um herauszufinden, ob sie für mich und die Umwelt Bedenkliches enthalten. Ich bin wieder einmal sehr froh über die App CodeCheck, die das mit einem einfachen Scannen des Barcodes für mich erledigt. Sosehr ich Frauen bewundere, die im wahrsten Sinne des Wortes naturbelassen bleiben und nur noch Wasser an ihre Haut lassen, so wenig ist meine dazu bereit, sich ohne jedwede Unterstützung von Creme, Make-up und Rouge von ihrer besten Seite zu zeigen: ausgeglichen, rosig und entspannt. Ich finde, Naturkosmetik ist da ein herrlicher Kompromiss. Auch bei der dekorativen Kosmetik will ich nun wesentlich genauer hinschauen. Denn sie ist zu großen Teilen ein regelrechter Verpackungsalbtraum.

Nehmen wir zum Beispiel die absurd großen Mascara-Behältnisse aus Vollplastik, die wirken, als gehörten sie einem Bond-Girl und als wäre da irgendwo noch eine raffinierte Zusatzfunktion untergebracht. Eine Kamera vielleicht, ein Diktiergerät oder ein Champagnerkühler, falls es bei James wieder einmal länger dauert. Am Ende ist da aber immer nur viel zu viel Verpackung um eine lächerlich geringe Portion Farbe. Kurz dachte ich, wir hätten doch endlich mal etwas gelernt, als ich in einer Frauenzeitschrift die Mitteilung entdeckte, dass „Influencer und Promis" sich derzeit am liebsten „oben ohne" zeigten und es einen „No Mascara"-Trend gibt. Bis ich weiterlas und erfuhr, wie man selbst dafür einen Mascara benötigt. Nämlich einen transparenten. Wir vermüllen die Welt nun also auch noch mit Mascara-Phantomen. Dann diese seltsame Manie, überall irgendwelche zusätzlichen Bürstchen anzubringen, die zu nichts weiter nutze sind, als den Plastikmüllberg noch zu vergrößern ebenso wie die Gewinne der Hersteller. Schließlich war da, wo sich jetzt ein Bürstchen befindet, früher mehr vom Augenbrauenstift.

Erstaunlich auch, wie es derselbe Hersteller schafft, den Lipgloss so zu portionieren, dass es unmöglich ist, an das letzte Drittel zu kommen. Ganz egal, wie beherzt man danach fischt. Der kommt mir also ebenfalls nicht mehr in die Einkaufstasche. „Augen auf bei der Partnerwahl" lautet jetzt die Devise und auch: „Geteiltes Leid ist halbe Umweltbelastung!" Wann immer ich mich mal wieder bei einem Lippenstift „verkauft" habe, weil die Farbe im Geschäft IMMER anders aussieht als bei Tageslicht, werde ich jetzt bei meinen Freundinnen herumfragen, ob nicht einer anderen besser steht, was mir an mir nicht gefällt. Doch bis ich überhaupt etwas Neues anschaffe, wird es dauern. Nachdem ich sämtliche Handtaschen, alle Jacken- und Manteltaschen durchforstet habe, blicke ich auf einen Ertrag von 15 angebrochenen Lipgloss und Lippenstiften. Ich werde noch im Altenheim von meinen „Rosé"-Vorräten zehren können. Mit leidlich schlechtem Gewissen. Denn fast jedes Kosmetikprodukt enthält immer auch Palmöl. Sogar Naturkosmetik. Es liegt an den besonderen Eigenschaften des Öls, das sich deshalb nicht so einfach durch andere Naturstoffe ersetzen lässt: „Es liefert Glycerin und Fettsäuren, die zu Tensiden und Emulgatoren weiterverarbeitet werden. Emulgatoren verbinden Wasser und Fett miteinander und sorgen beispielsweise dafür, dass eine Lotion schön cremig wird. Tenside bringen Shampoos und Duschgele zum Schäumen", so die Zeitschrift *Öko-Test*.[44] Ein Kompromiss sei biozertifiziertes Palmöl. Palmöl durch andere Öle zu ersetzen, hält etwa der WWF auch nicht für sinnvoll. „Der simple Austausch von Palmöl durch andere Pflanzenöle löst die Probleme nicht, sondern kann sie sogar verschlimmern", meint Ilka Petersen vom WWF.[45] Die Ölpalme ist extrem ergiebig. Um die gleiche Menge Öl von anderen Pflanzen zu bekommen, wäre also deutlich mehr Anbaufläche notwendig. „Kein Palmöl ist auch keine Lösung", so die Schlussfolgerung der WWF-Studie.[46] Und: Wer das Palmöl-Problem lösen will, müsse daher die Anbaubedingungen verbessern und die Nachfrage senken.

Womit wir mal wieder beim „Weniger ist mehr" wären. Auch bei der Pflege. Da hat uns die Werbung aber den hübschen Floh ins Ohr gesetzt, dass besonders wir Frauen „schmutzig" wären. Und zwar vor allem untenherum. Dass wir nicht nur spätestens ab 40 beginnen, unkontrolliert zu tröpfeln, also an Blasenschwäche zu leiden, wie es die TV-Werbung für Tena Lady täglich zur besten Abendbrotzeit behauptet. Es wird uns auch ständig nahegelegt, dass man schon einiges an Spezialreinigern, an Waschlotionen, Sprays und Spülungen benötigt, um unseren Intimbereich wenigstens leidlich in den Bereich des Zumutbaren zu bringen. Gekrönt von der Behauptung, ohne Slipeinlage könne man sich als Frau eigentlich gar nicht richtig frisch fühlen, sonst dringe ja all das Böse ungehindert nach außen – und dafür müssten wir uns dann sehr schämen. Als meine Freundin Caroline kürzlich von ihrer Urologin gefragt wurde, ob sie Intimwaschlotionen benutze, wusste sie erst mal nicht, ob A) „Auf keinen Fall" oder B) „Aber klar!" die richtige Antwort wäre. „Ich habe mich wirklich gefühlt, als hätte ich da ein Intimexamen abzulegen." Sie entschied sich dann aber einfach für die Wahrheit, also für A. „Sehr gut!", sagte die Urologin und dass Wasser nicht nur ganz eindeutig völlig ausreiche, sondern auch deutlich gesünder wäre. „Weil all die Schäumchen und Seifen bloß die natürliche Abwehrbarriere gegen Keime schwächen und dadurch das Risiko für Pilz- und Blaseninfektionen steigt." Die Ärztin habe ihr dringend geraten, jegliche Intimseifen, -düfte und -lotionen zu vermeiden. Ebenso wie Slipeinlagen. „Teufelszeug! Braucht kein Mensch!", hätte ihre Ärztin gemeint und etwas von „Hygienehysterie" gemurmelt. Für eine natürliche Reinigung würde nämlich gerade der so geschmähte Ausfluss sorgen. Der übrigens auch die Schleimhaut feucht halte. Schön, wenn man sich beim Weltretten auch mal etwas sparen kann, was man ohnehin nicht vermisst. Etwas verstörend allerdings, dass ausgerechnet manche Naturkosmetikhersteller auch Intimdeos im Angebot haben. Solange Sperma nicht nach Maiglöckchen riecht und nach Schwarzwälder Kirsch schmeckt, kann man sehr gut darauf verzichten.

Was ich gelernt habe

- Es gibt Schlimmeres als blutende Schienbeine. Blutende Schienbeine, die sich auch noch einer ziemlichen Umweltsauerei verdanken.

- Man hat immer eine Freundin, für die der Lippenstift perfekt ist, der einem dann doch nicht gefällt. Das gilt so ähnlich auch für Fehlkäufe oder einen Überschuss an Shampoo, Bodylotion, Conditioner, Seife etc. Aufbrauchen ist auch hier besser als wegschmeißen.

- Naturkosmetik wird sehr streng überwacht, was auch deshalb ein großes Glück ist, weil ich mir meine Pflege nicht auch noch selbst zubereiten muss.

- Manches, was im Netz so enthusiastisch als das Ende aller Gewissenskonflikte propagiert wird, erweist sich im Praxistext allenfalls als Notlösung.

- Wo ein Angebot ist, muss nicht immer auch ein Bedarf sein.

- Nein, Kosmetik selbst herzustellen ist leider nicht „einfacher als gedacht". Es ist durchaus oft viel schwieriger als behauptet – und manchmal leider nicht mal annähernd ein vollwertiger Ersatz.

- Man benötigt viel weniger Pflege, als man denkt.

- Glas ist besser als Kunststoff. Fest ist besser als flüssig, weil es ergiebiger ist und weniger Verpackung benötigt.

- Erst denken, dann kaufen.

Kleine Ursache, große Wirkung

- Feuchttücher als Toilettenpapier, Kosmetikpads und Putzlappen sind nicht nur für Kläranlagen und Umwelt schwer verdaulich. Um sie an den Stellen, an denen die Fasern verbunden sind, wasserfest zu machen, werden Chemikalien eingesetzt, die im Verdacht stehen, Krebs auszulösen.

- Konventionelle Tampons, Slipeinlagen sowie Binden sind in der Regel in Plastik verpackt, von Plastik durchwoben, oft aus pestizidverseuchter Baumwolle hergestellt, nicht biologisch abbaubar und bleiben somit der Umwelt Hunderte Jahre erhalten. Jährlich werden 45 Milliarden Tampons und Binden

Kleine Ursache, große Wirkung

verbraucht. Man kann sich darüber streiten, ob Menstruationstassen oder Menstruationsschwämme eine zumutbare Alternative sind. Ganz sicher aber braucht man keine selbst genähten wiederverwendbaren Baumwollslipeinlagen für den täglichen Gebrauch, weil man als Frau auch ganz sicher ohne diesen vermeintlichen Auslauf- und Geruchsschutz ganz und gar hinreißend und keinesfalls schmutzig sein kann.

- In die Rubrik „Dinge, die die Welt nicht braucht" gehören auch Q-tips. Dennoch werden fast 1,5 Milliarden dieser Plastikstäbchen weltweit täglich produziert. Dabei warnen Ärzte schon lange vor dem Gebrauch, weil das Stäbchen das meiste von dem, was es eigentlich herausholen soll, nur noch weiter ins Ohr schiebt. Vielleicht verhallt ja deshalb auch die Mahnung ungehört, wie stark Q-tips der Gesundheit und der Umwelt schaden. Noch bis 2021. Dann wollen die EU-Staaten auch dieses Einwegprodukt aus Plastik verbieten. Für die Fortsetzung der Unvernunft wird dann das wiederverwendbare Wattestäbchen sorgen, das bereits auf dem Markt ist.

- Noch immer hält sich hartnäckig das Gerücht, Aluminium in Deos wäre todbringend. Dass man sich also entscheiden muss, ob man müffeln will – weil es die Aluminiumsalze sind, die dafür sorgen, dass sich die Hautporen zusammenziehen und die Schweißkanäle blockiert werden – oder ob man Brustkrebs und Alzheimer bekommt. Nachdem Aluminium aus verschiedenen Quellen in unseren Körper kommt, kann mit einem aluminiumhaltigen Deo die als sicher definierte wöchentliche Dosis durchaus überschritten werden. Ob das dann wirklich so gesundheitsschädlich ist, wie befürchtet, darüber ist sich die Forschung noch nicht einig. Sicher ist aber: Vorsicht ist besser als Nachsicht. Deshalb sollte man Deos mit Aluminium nicht unmittelbar nach der Achselrasur und auf anderweitig geschädigte Haut auftragen. Durch kleine Verletzungen gelangt nämlich bis zu sechsmal mehr Alu in den Körper.

- Pro Kopf verbraucht jeder Deutsche im Schnitt 258 Kilogramm Papier pro Jahr. Dreieinhalbmal mehr als Chinesen, fast doppelt so viel wie Franzosen. Bloß mit einem Schild am Briefkasten „Keine Werbung" könnten wir im Jahr durchschnittlich 30 Kilogramm Werbeflyer einsparen. Kommt noch ein „Bitte keine kostenlosen Zeitungen" dazu, würden sogar 66 Kilogramm Altpapier vermieden. Das besonders flauschige Toilettenpapier konsequent gegen Recyclingware zu ersetzen, bewahrt pro Kopf außerdem 35 Bäume und letztlich auch Tiere und Pflanzenarten davor, einfach im Klo zu landen.

Katastrophen auf Rädern

OHNE WEH VON A NACH B

Zu Beginn dieses Kapitels muss ich ein großes Geständnis machen. Eines, das an Schwere kaum zu übertreffen ist. Im Bereich Beziehung wäre das Äquivalent etwa: Ich habe dich betrogen. Über Jahre. Mit deinem besten Freund UND mit deinem Zwillingsbruder. Gleichzeitig übrigens. Bäm! Also, ich sag's einfach: Ich habe mehrere Kreuzfahrten gemacht (sogar auf Routen, bei denen lange Interkontinentalflüge zur An- und Abreise dazugehörten). Und das mit einem klassischen Kreuzfahrtschiff. Einem Schiff, das Schweröl tankt und pro Tag etwa so viel CO_2 ausstößt wie 84.000 Autos. Wer eine Woche so Urlaub macht, könnte stattdessen auch 9.000 Kilometer mit dem Wagen fahren. Fast bis zum Äquator und zurück. Und käme etwa auf die gleiche Umweltbilanz. Erschreckend.

Gut, ich könnte ins Feld führen, dass die deutschen Kreuzfahrtanbieter „bloß" als die grauen Schafe unter den Kreuzfahrtveranstaltern gelten und es anderswo richtig schwarze gibt. Dass man sich immerhin bemüht, und zwar insofern, als dass man mit den Fingern auf andere zeigen kann, die noch schlimmer sind. Dann kann man noch auf die Aidanova hinweisen, die wenigstens mit Flüssiggas fährt. Das bedeutet etwa 20 Prozent weniger Schadstoffausstoß. Leider hinkt die Infrastruktur. In den wenigsten Häfen kann man damit tanken. Aber: Werden mehr solche Schiffe gebaut und betrieben, wird sich, so die Experten, langfristig auch die Logistik anpassen. Trotzdem, Sie merken es schon: Kreuzfahrten lassen sich bei aller Mühe leider überhaupt nicht schönreden. Eine Kreuzfahrt ist und bleibt fürs Klimakarma ein Desaster – danach wird man mit ziemlicher Sicherheit als Amöbe wiedergeboren.

Wie schwer es ist, das vor sich selbst zuzugeben, und wie leicht man selbst auf einem Kreuzfahrtschiff die Kreuzfahrt verdrängen kann, habe ich selbst erlebt. Ich erinnere mich, wie ich auf Deck eines gigantischen Kreuzfahrtschiffs vehement den Strohhalm im Drink ablehnte. Ich blendete das Klimamonster Schiff einfach aus und sah nur den kleinen Plastikstrohhalm als Bedrohung an. Ein groteskes Bild. Klar: Jeder Strohhalm weniger zählt. Sogar auf einem Schiff. Über solch ein Denken (oder Nichtdenken) kann man natürlich lachen, und ich habe dafür sogar ein gewisses Verständnis. Ich habe mich ja selbst ausgelacht. Fand mein Verhalten nachgerade zynisch. Einerseits. Andererseits: So wenig man eine Diät aufstecken sollte, nur weil man eine halbe Schwarzwälder Kirsch gegessen hat, so wenig zielführend wäre es, bei jedem Ausrutscher (zugegeben ein XXL-Ausrutscher) zu sagen: „Hat eh alles keinen Zweck!" Oder: „Wo sind die Kreuzfahrtkataloge für die nächste Saison?" Und dann darf man ja auch nicht unterschätzen, wie die größten Klimasünder von allen – also die Kreuzfahrtpassagiere – dazu beitragen, dass sich alle anderen besser fühlen. Die, die noch mit dem Auto zum Briefkasten fahren, die mit dem Flugzeug zum Shopping-Wochenende nach London düsen usw. Man neigt ja dazu, immer dort mit anderen streng zu sein, wo man sich selbst richtig verhält. Weil es der einfachste Weg ist. Weil wir so gestrickt sind, unsere eigenen Fehler kleinzureden und zu denken, dass die großen nur die anderen machen. Beim Weltretten sowieso und vor allem bei der Mobilität.

Dummerweise sind Kreuzfahrten da bislang vielleicht meine größten, aber längst nicht die einzigen Fehler. Ich wohne, wie ich anfangs schon erwähnt hatte, nicht in der Stadt, was bedeutet: Ohne Auto komme ich keinen Meter weiter. Ich fahre also – wie die meisten Menschen, die auf dem Land wohnen – relativ viel mit dem Auto. Ich nutze den öffentlichen Nahverkehr wenig. Innerdeutsch bin ich zwar größtenteils mit der Bahn unterwegs, aber um zum Bahnhof zu kommen, brauche ich ein Auto oder so viel Zeit, dass ich ein Extraleben beantragen müsste, wollte ich die Öffentlichen nutzen. Wie alle, die außerhalb der Ballungsgebiete leben, habe ich also eine Eins-a-Ausrede. Die anderen sind schuld: Also die Bahnmanager, die all die kleinen Bahnhöfe und Bahnlinien in den kleineren Ortschaften stillgelegt haben, weil sie nicht schick und glamourös genug waren für den Börsengang – und natürlich die Politik, die das hat über sich ergehen lassen. Der öffentliche Nahverkehr auf dem Land ist eben eine Katastrophe und das Auto alternativlos. Egal, ob man zum Arzt, zum Einkauf, in die Stadt, zu Verwandten oder bloß zur Post will. Das ist die offizielle Version. Die inoffizielle: Natürlich könnte man auch auf dem Land oder in der Kleinstadt das Auto sehr viel häufiger stehen lassen und viele Wege zu Fuß machen. Aber das Auto steht vor der Haustür, und man muss ja nur einsteigen.

Ich bin insgesamt eine faule Person. Und befinde mich in all meiner Bräsigkeit in bester Gesellschaft. Auch die Menschen, die stadtnah und bestens angebunden leben, nutzen ihr Auto gern und oft. Viel zu oft. Warum? Unser Lebensstil hat sich einfach stark verändert. Welches Grundschulkind geht heute noch zu Fuß zur Schule? Heerscharen von Eltern fahren in riesigen Karren vor, um ihre Kinder abzuladen, schon weil man sie ja vor den Gefahren des tosenden Straßenverkehrs schützen will. Den man allein durch dieses Tun natürlich tüchtig mitverursacht. Das ist ungefähr so, wie mit dem Lift in das im zweiten Stock liegende Fitnessstudio zu fahren, um dann dort auf den Stairmaster zu steigen. Egal, wie viele Studien besagen, wie fantastisch es für Kinder morgens ist, auf dem Weg zur Schule das Hirn zu lüften – die Sorge um den Nachwuchs überwiegt. So züchten wir uns eine Generation heran, die noch bequemer sein wird, als wir es längst sind. Geht das so weiter, wird die übernächste Generation nur noch auf bequemen Polstern liegen und auf irgendwelche Knöpfchen drücken, um sich nur ja keinen Millimeter bewegen zu müssen.

Keine Frage: Es gibt Situationen, in denen man ein Auto braucht. Oder den Stauraum, den ein Auto bietet. Ein Auto kann das Leben sehr viel leichter machen. Und dieses „Leichtermachen" ist extrem verlockend. Ich weiß das nur zu gut. Wir könnten oft anders, aber wir wollen nicht. Weil es ein wenig Mühe macht. Das sind wir nicht mehr gewohnt. Wir stellen das Autofahren an sich nicht infrage. Denken über Alternativen gar nicht mehr nach. Jeder, egal, wo er lebt, und egal, was er tut, könnte weniger Auto fahren. Aber der sogenannte Individualverkehr ist den Deutschen mindestens so heilig wie die Bratwurst. Das Auto: für die meisten eben mehr als ein schnödes Transportmittel. Es ist ihr „Castle", ein Statussymbol und auch die PS-starke Idee, dass man jederzeit zu neuen Horizonten aufbrechen könnte, ohne erst auf den Plan schauen zu müssen, wann der nächste Bus vorbeikommt. Also gefühlt. Praktisch fährt man unter der Woche doch bloß morgens zur Arbeit und abends zurück, am Wochenende zum Großeinkauf in den Supermarkt auf der grünen Wiese und später zur Schwiegermutti zum Kaffee. Falls man nicht gerade irgendwo mal wieder nicht weiterkommt … Ungefähr 120 Stunden verbringen deutsche Autofahrer jährlich im Stau. Spitzenwerte erreichen dabei die Berliner mit 154 Stunden, während wir in Frankfurt mit 107 Stunden noch ziemlich gut bedient sind. Zumal im Vergleich mit Parisern oder Römern, die ganze 200 Stunden auf ihrer Zeitverlustliste haben. Erstaunlich, wo das Autofahren doch eigentlich dazu gedacht ist, uns möglichst rasch von A nach B zu bringen. Und zwar allein. Denn schaut man in den Innenraum, sitzt in den überwiegend meisten Fahrzeugen nur eine einzige Person. Weil es eben auch zu den Attraktionen des Autofahrens gehört, selbst bestimmen zu dürfen, wann es losgeht, wohin es geht, wie es riecht und welcher Radiosender dabei gehört wird.

Ja, das ist ein bisschen egoman. Aber wer schon mal morgens in der S-Bahn versucht hat, erstens einen Platz und zweitens ein paar Sauerstoffatome zu erwischen, die nicht Obsession- oder Poison-geschwängert sind, versteht vielleicht die Sehnsucht nach ein wenig Privatsphäre und auch nach Planungssicherheit. Klar kann auch auf der Autofahrt vom Vorort in die City immer mal etwas passieren. Aber nicht mit der Zuverlässigkeit, mit der etwa die Öffentlichen Verspätungen anhäufen. Vor einiger Zeit traf ich in Frankfurt zufällig einen Kollegen, der von morgens um sieben bis mittags um zwölf gebraucht hatte, um mit Öffentlichen vom Westerwald in die Mainmetropole zu kommen. Eine Freundin, die wöchentlich ihren Vater in einem nur 15 Kilometer entfernten Vorort besucht, ist jedes Mal mehr als eine Stunde unterwegs – mit S-Bahnen, die ihren Fahrplan bloß als ungefähre Richtungsvorgabe und keinesfalls als verbindlich betrachten. Ja, das ist eine Zumutung. Und es ist die Sollbruchstelle, an der die noch so guten Vorsätze zerschellen, das Auto stehen zu lassen, um auf Bus und Bahn umzusteigen.

ICH GEB GAS, ICH WILL SPASS

Natürlich: Wäre von heute auf morgen das Autofahren verboten, würden sich die Städte schon flugs Gedanken darüber machen, wie sie all die Menschen an jene Orte bringen, an denen sie für gewöhnlich Umsatz machen: zu den Geschäften, Restaurants, Arbeitsplätzen, Museen, Theatern usw. Als unter der Ägide des Frankfurter Oberbürgermeisters Walter Wallmann am Frankfurter Schauspiel eine U-Bahn-Station gebaut wurde, hieß es, die verdanke sich nur dem Wunsch des Stadtoberhaupts und seiner Frau, ohne Auto bequem ins Theater zu kommen. Ich würde sagen: Geht doch! Und: Weiter so …

Aber solange wir das Kfz als das betrachten müssen, was es ist: nämlich Notwehr; solange die Bahn offenbar in selbstmörderischer Absicht immer schlechter wird, unpünktlicher und desinteressierter daran, was sie ihren „Fahrgästen" aufbürdet, bleibt der massenweise Autoverzicht bloß ein schöner Traum. Ob allerdings jedes Familienmitglied einen eigenen Pkw braucht, ob er so groß sein muss, dass man sich überlegen muss, ob das schon ein Campingbus ist oder noch ein SUV … ob man in der Stadt oder überhaupt in Deutschland Wagen benötigt, mit denen man den Polen-Feldzug noch mal bestreiten könnte, weil sie erstens wie Panzer aussehen und zweitens auch so tödlich sind, muss man natürlich möglichst häufig möglichst viele Menschen fragen. Zudem gibt es auch beim Thema Mobilität eine Art Hässlichkeitsrangfolge. Meint: Es ist wesentlich sinnvoller, ein Auto zu fahren, das weniger Kraftstoff braucht. Es ist besser, einen Gebrauchtwagen zu fahren, als sich ein neues zu kaufen. Ja, sogar wenn es sich dabei um ein E-Auto handelt. Auch die vermeintlich Guten im Autoquartett sind längst nicht so gut wie ihr Ruf. Selbst – man ahnt es schon – wenn man von Physik kaum mehr versteht als ein Meerschweinchen: Denn wo ein „E" draufsteht, befindet sich immer auch eine Batterie drin. Das schwedische Umweltinstitut IVL etwa hat vorgerechnet, dass E-Mobile nach Tesla-Vorbild bis zu 100 Kilowattstunden speichern können. „Das heißt: Noch ehe sie den ersten Kilometer fahren, hat ihre Herstellung das Klima so belastet wie der fossile Spritverbrauch eines sparsamen Benzin-Kleinwagens, der schon über 200.000 Kilometer gefahren wurde."[47] Ganz abgesehen davon, dass ja auch all der Strom irgendwo herkommen muss.

Zweifelsohne steht aber fest: Das Auto an sich ist ein großes Problem. Auch weil es für so viele so weit mehr ist als bloß ein Vehikel. Es ist ein Kultgegenstand, ein Fetisch. Manchmal hat man das Gefühl, vor allem Männer würden sich eher von ihrer Frau oder sogar von ihrem rechten Arm trennen als von ihrem Auto. Woran das liegt? Keine Ahnung. Ich bin kein Mann. Ich kann es nur vermuten. Etwa bei dem kleinen Männchen, das ich regelmäßig in seinem XXL-SUV aus der Tiefgarage gegenüber fahren sehe. Beim ersten Mal dachte ich noch, dass es sich womöglich um eines dieser selbstfahrenden Autos handeln könnte, von denen man immer liest. Bis ich den Fahrer entdeckte, der kaum übers Steuer reichte. Ihm würde sicher das erhebende Gefühl fehlen, wenigstens mal im Auto über all jenen zu stehen, die ihm sonst locker auf den Kopf spucken könnten. Aber ehrlich: Wegen anderer Leute Napoleon-Komplex müssen wir den Planeten doch nicht noch mehr ruinieren. Wo Schatten ist, ist bekanntermaßen allerdings auch Licht. Immer häufiger höre ich von den schon erwachsenen Kindern meiner Freundinnen, dass sie keinerlei Interesse daran zeigen, ihren Führerschein zu machen. Bei ihnen steht das Auto für gar nichts mehr, außer für CO_2-Wahnsinn. Jedenfalls sofern sie in

Städten leben. Auf dem Land sieht die Sache natürlich schon anders aus. Da ist aber dann auch die Gefahr, bei einem Verkehrsunfall getötet zu werden, am größten. Insgesamt ist beim Thema Auto jedenfalls noch sehr, sehr viel Luft nach oben.

Ich lese, dass Singapur einen neuen Wagen nur dann auf die Straße lässt, wenn dafür ein alter ausrangiert wird, und finde das eine sehr gute Idee. Bei einer Reise nach Kopenhagen sehe ich, wie die Straßen der Stadt vor allem für Fahrradfahrer planiert sind und Autos sich mit einem kargen Randstreifen zufriedengeben müssen. Ich sinniere darüber, wie wir hier in Deutschland mit solchen Maßnahmen nicht nur unseren CO_2-Ausstoß verringern könnten, sondern allesamt sehr viel gesünder wären, weil wir uns mehr bewegen würden. Stattdessen stellt man unsere Städte mit E-Scootern voll: Noch mehr Batterien, noch mehr Elektroschrott, noch mehr schlimme Unfälle mit Leuten, die offenbar nicht mal die geistige Reife besitzen, einen batteriebetriebenen Tretroller fachgerecht zu bedienen – noch mehr Bewegungslosigkeit. Auch in der Verkehrspolitik, die glaubt, sich mit der Übersetzung des guten alten Mittels zur Volksberuhigung „Brot und Spiele" in „Brot und E-Scooter" ausreichend engagiert zu haben.

„Aber es sterben doch gerade so viele Fahrradfahrer wie noch nie im Straßenverkehr!", gibt eine Freundin – notorische Autofahrerin – zu bedenken. Stimmt. Aber nur, weil der Autoverkehr in Deutschland absolute Vorfahrt hat. „Etwa zwei Drittel aller Fahrradunfälle sind auf Kollisionen mit Autos zurückzuführen. Hier trägt in 75 Prozent der Fälle der Autofahrer die Hauptschuld", schreibt der *Stern*.[48] Man könnte sehr leicht etwas dagegen unternehmen. Zum Beispiel, wenn man Lkw ein Warnsystem zur Vermeidung von Abbiegeunfällen verordnen würde. Das würde Menschenleben retten. Stattdessen startete Verkehrsminister Andreas Scheuer eine Kampagne für das Tragen von Fahrradhelmen. Mit Frauen, die kaum mehr anhatten als den Helm. „Freue mich schon auf die Kampagne mit Lkw-Fahrern in Feinripp-Unterwäsche, die für Abbiegeassistenten werben', schrieb

@Philip_Meinhold"[49] folgerichtig. Ja, was die Mobilität und das Klima anbelangt, müssen wir uns vor allem zur Wahlurne bewegen, um für eine Verkehrspolitik zu stimmen, die mehr drauf hat als: „Ich will Spaß, ich geb Gas."

HORIZONTERWEITERUNG

Als würden sie schon mal auf Vorrat fliegen, sind die Deutschen zuletzt so viel in der Weltgeschichte herumgejettet wie nie zuvor. Hier ein kurzes Wochenende in Oslo, da ein Trip in die Hipstermetropole Tel Aviv und dann einmal Ballermann zum Junggesellenabschied. Fliegen ist für einige inzwischen wie Bus fahren. Auch ich muss zugeben: Ich reise gern. Ich mag ferne Länder. Liebe es, andere Kulturen zu sehen, Länder zu entdecken, die ich noch nicht kenne – und habe dabei das Gefühl, auch meinen Horizont zu erweitern. Leider geht meine vermeintliche Horizonterweiterung mit einer ordentlichen Klimaschweinerei einher. Früher bin ich auch innerhalb Deutschlands geflogen. Das habe ich aufgegeben. Obwohl es manchmal billiger und schneller ist, als mit der Bahn zu fahren. Klar, man könnte sagen, Frankfurt liegt relativ zentral, und deshalb habe ich gut reden. Will man am selben Tag hin und zurück, kann es von anderen Punkten aus schon eng werden. Aber man könnte es ja mal probieren. Schön wäre es, wenn man sich auf die Bahn verlassen könnte. Wenn klar wäre, dass man pünktlich ankommt und auf jeden Fall einen Sitzplatz hätte. Die Bahn könnte eine wunderbare Alternative sein. Könnte Strecken ausbauen. Mit der Betonung auf dem Konjunktiv.

Das berufliche Unterwegssein ist das eine, das private Reisen „einfach so aus Spaß" eine andere Sache. Niemand muss zwingend für ein Christmasshopping nach New York oder zum Wellnessweekend nach Barcelona. Einkaufen kann man auch hier, und Wellness gibt's auch im Bayerischen Wald. „Aber der Flug nach Stockholm für 25 Euro war billiger als die Bahn in den Odenwald! Da kann man doch kaum Nein

sagen!", rechtfertigt sich eine Freundin. „Dafür habe ich kein Auto!",
sagt die Nächste. „Fleisch essen ist noch viel schlimmer!", findet der
Nachbar. Ich kenne jede Ausrede. Ich habe sie alle schon selbst benutzt. Trotzdem macht sich vermehrt ein Gefühl in mir breit, das
man Flugscham nennt. Kein schönes Gefühl. Es hat deshalb oft auch
gleich die Abwehr und den Trotz im Gepäck: „Soll ich mich jetzt auch
noch für das bisschen Ferien schämen, das ich mir gönne?" Ich finde:
Das ist das Mindeste, was wir tun können. Scham hält uns in Kontakt mit dem Wissen, wie es besser sein müsste, und auch damit, was
wir dafür tun könnten. Es lässt uns fragen, ob nicht doch noch mehr
geht, als wir bereit sind, zu ändern. Für uns. Nicht für die anderen.
Das meint auch, dass ich ganz sicher nicht für die alleinerziehende
Mutter entscheiden möchte, die sich einmal im Jahr eine Pauschal-
reise vom Mund abspart, und sie keinesfalls dafür verurteile, sobald
sie diese antritt. Zumal sie aller Wahrscheinlichkeit nach eben nicht
200 Quadratmeter bewohnt und beheizt – und ganz sicher keinen
SUV besitzt.

Interessant ist natürlich, dass gerade die Vielflieger, die Besser-
verdiener, ihre Sympathien für die weniger Begüterten entdecken,
wenn es darum geht, Maßnahmen zu ergreifen, die den Flugverkehr
reduzieren. Man könnte ja etwa auch dafür sorgen, dass Menschen in
prekären Verhältnissen einfach nicht so unendlich viel Geld für Miete ausgeben müssen, um sich auch teurere Reisen leisten zu können.
Fliegen bleibt halt ein großes Dilemma. Um die Klimaziele zu erreichen, müsste man es nahezu komplett – bis auf ganz wenige und sehr,
sehr große Ausnahmen – streichen. Flugreisen möglichst zu vermin-
dern, ist aber wenigstens schon mal ein Anfang. Und fürs Klima ist es
besser, einmal länger zu verreisen, als viele Male zu einem Kurztrip zu
starten. Man kann inzwischen sogar eine Art von modernem Ablasshandel betreiben. Bezahlen für das, was man anrichtet, Emissionen
kompensieren. Etwa mit einer freiwilligen Spende an Klimaschutzor-
ganisationen. Laut Atmosfair würde uns ein Flug von München nach
New York etwa 75 Euro Kompensationskosten verursachen, nach

Mallorca circa elf Euro, und für den innerdeutschen Flug von München nach Berlin wäre man mit zehn Euro dabei. Das ist immer noch viel zu wenig und keinesfalls eine optimale Lösung. Die liegt darin, öfter mal über eine Reise ins nahe Umfeld nachzudenken, und nicht nur das. Viele in meinem Bekanntenkreis haben dieses Jahr ihr eigenes Land erkundet und kamen ziemlich begeistert zurück.

Was ich gelernt habe

- Es ist nicht alles gleich gut, bloß weil ein E davorsteht. Das gilt für E-Autos ebenso wie für E-Scooter.

- Flugscham ist kein sehr schönes, aber ein durchaus nützliches Gefühl.

- Ich frage jetzt öfter mal, ob ich jemanden mitnehmen kann. Denn beim Autofahren kommt es auch drauf an, wie viele Menschen mit im Wagen sitzen.

- Bahn-, Bus- und U-Bahn-Fahren müssen sehr viel billiger und besser werden. Und natürlich gehört das Schienennetz ausgebaut – und zwar in die Breite, nicht bloß in die Tiefe wie bei Stuttgart 21.

- Wenn man unbedingt fliegen muss, ist der Ablasshandel von Organisationen wie Atmosfair wenigstens eine Erinnerung daran, was im Moment so ansteht.

- Nicht alles, was in Singapur gemacht wird, ist schlecht.

- Mit dem Finger auf andere zu zeigen, fällt leider nicht unter Klimaschutz.

Mobilität in Zahlen

- Das deutsche Umweltbundesamt hat auf seiner Homepage umweltbundesamt.de Tipps für nachhaltiges Reisen zusammengestellt. Zudem haben sich Anbieter wie bookdifferent oder bookitgreen auf umweltbewussteres Reisen spezialisiert. Eine Orientierungshilfe bieten auch Siegel wie *Travelife* oder *TourCert* oder *Green Globe*. Eine Übersicht findet man unter anderem hier: fairunterwegs.org

- Das Recycling von E-Auto-Akkus existiert bislang nur in minimalen Ansätzen – ob es je umgesetzt werden kann, ist fraglich. Folglich wird der Bedarf an Kobalt weiterhin enorm zunehmen und mit ihm die furchtbare Ausbeutung jener, die im Kongo danach schürfen. Ganz zu schweigen von den Folgen der Lithiumherstellung, die die Existenz von Bauern vor Ort in Argentinien, Bolivien und Chile bedroht.

- Nicht nur der Sojaanbau, auch Kautschuk, also Autoreifen, sind ein Grund, weshalb die „Grüne Lunge" der Welt immer kleiner wird. Daneben gilt der Reifenabrieb motorisierter Fahrzeuge als Hauptverursacher von Mikroplastik im Meer. „Er macht etwa ein Drittel aus – und Forscher in Norwegen ermittelten 2017 sogar einen Anteil von 56 Prozent. Das sind allein für Deutschland (plus Abrieb des Fahrbahnasphalts und der Fahrbahnmarkierungen) gut 126.000 Tonnen pro Jahr, mit denen die Nord- und Ostsee vergiftet und deren Fauna und Flora empfindlich geschädigt werden."[50]

Das bisschen Haushalt

KNIEPIGKEIT FÜR FORTGESCHRITTENE

„Sofie, doch nicht hier!" Marion, eine ehemalige Nachbarin ist entsetzt. Dabei hat die siebenjährige Sofie alles richtig gemacht, als sie ihren Toilettengang eben nicht mit Abziehen beendete. Also wenigstens im Sinne ihres Vaters. Der hat dem Mädchen – wie auch ihrer Mutter – strenge Wasserrationierung vorgeschrieben. „Nur bei jedem dritten Klein darf ich ziehen. Dann auch nur ganz kurz!", erklärt mir Sofie die heimische Energiesparmaßnahme. „Ich wusste gar nicht, dass dein Mann so umweltbewusst ist!", sage ich zu Marion. Zumal Klaus ein ziemlich großes Auto fährt. „Ist er auch nicht, er ist bloß wahnsinnig sparsam. Aber zum Glück lässt sich das ja in Zeiten des Klimawandels fast schon als Heldentat präsentieren.

Stimmt, die Grenzen sind da überaus fließend geworden. Was früher Ausdruck blanken Geizes war, gilt heute als besonders wertvoller Beitrag zum Weltretten. Ich denke an Markus, einen Ex-Freund, der dann wohl seiner Zeit weit voraus war, als er stets hinter mir herlief, um überall das Licht auszuschalten. Gern auch, wenn ich gerade auf dem WC saß oder in der Badewanne lag. Einmal bin ich die Treppe runtergefallen, weil er es für Verschwendung hielt, für den Abstieg aus dem zweiten Stock das Licht einzuschalten. Falls wir verreisten, musste es immer die billigste Unterkunft sein. „Ist doch viel authentischer!", behauptete er, sobald ich mich darüber beklagte, dass wir nicht die einzigen Lebewesen in den schmuddeligen Zimmern waren und ich wertvolle Nachhilfe in Biologie erhielt. Und zwar von der Art, die man sich gern erspart: dass Kakerlaken nämlich auch fliegen können. Als ich mich beschwerte, ich könnte in der eiskalten gemeinsamen Wohnung meinen Atem sehen, weil er sich weigerte, die Heizung aufzudrehen – meinte er, ich hätte schließlich einen Wintermantel. „Aber doch für draußen!", antwortete ich entgeistert. Hätten wir nur alle mal annähernd so herumgekniet wie Markus. Stattdessen habe ich nach der Trennung von ihm (und weil er mich zu meinem letzten Geburtstag in einen Blumenladen führte und sagte: „Hier

181

hast du zehn Mark, such dir was aus!") wochenlang in allen Räumen Licht brennen lassen und so stark geheizt, dass ich den halben Winter nackt durch die Wohnung laufen konnte. Bis ich entdeckte, dass sich der alte Nachbar gegenüber schon seinen Sessel und eine Kiste Bier ans Fenster gestellt hatte …

Sollte ich also Markus Abbitte leisten? Auf keinen Fall! Wer gibt schon 2020 gern zu, dass er seit 1987 unrecht hat? Zumal ich es eigentlich schon viel früher hätte besser wissen müssen. So wie die allermeisten meines Jahrgangs. Schließlich sind wir in der Obhut früher Umweltenthusiasten aufgewachsen. Eltern, die damals schon predigten, was uns heute guttun würde: „Mit Essen spielt man nicht!", „Nimmt nicht mehr, als du essen kannst!", „Schalte das Licht aus, wenn du rausgehst!", „Dreh den Wasserhahn zu!", „Geld wächst nicht auf Bäumen!", „Mach dich nicht schmutzig, ich will nicht dauernd waschen!" Wir lebten in Haushalten, in denen alte Klamotten zu Putzlappen umfunktioniert wurden, man Vaters Sonntagszeitung dazu nutzte, die Fenster blank zu wienern, und mancher Essensrest mehr Abschiedstourneen gab als Heino. Ja, das galt leider auch für Linsensuppe. Eine Freundin, die auf dem Land aufwuchs, erzählt, wie im Winter nur ein Raum ordentlich geheizt wurde, meist die Küche oder das Wohnzimmer. Als die Mutter starb und sie deren Haushalt auflöste, fand sie unter anderem enorme Geschenkband und -papiervorräte: „Sie hatte alles glatt gestrichen, ordentlich zusammengelegt und aufgehoben." Zum Nachlass gehörte außerdem ein Kochlöffel, der so lange in Gebrauch gewesen war, dass nur noch ein Stumpf übrig blieb. „Den habe ich mitgenommen. Als Erinnerung daran, dass es auch mit viel weniger geht und nicht immer alles gleich neu angeschafft werden muss."

Eine weitere Freundin, etwas älter als ich, winkt beim Thema Klimaschutz nur müde ab. Sie war dabei, als sich die Partei der Grünen gründete, als Umweltschutz schon mal DAS Thema war. „Ich habe mein erstes Kind noch mit Stoffwindeln gewickelt. Meine Mutter hielt mich damals für total verrückt, weil ich die Segnungen der Wegwerf-

windeln einfach so ausgeschlagen habe." Natürlich hat sie die Baby-
kost selbst zubereitet und nicht etwa fertig gekauft. Hat in einem der
ersten alternativen Biomärkte gejobbt und so ziemlich jedes Experiment bei der „Naturkosmetik" mitgemacht. Ja, auch die Sache mit
dem Schwamm, der das Tampon ersetzen sollte: „Nicht zu empfehlen!" Und sehr, sehr lange kein Auto besessen: „Aus Prinzip!"

Ja, eigentlich war alles schon mal da. Man muss sich nur erinnern und
darf dabei mittlerweile auf deutlich mehr Unterstützung hoffen als
noch die Generation zuvor. Längst sind die neueren Häuser so gut
gedämmt, dass die Fenster im Winter nicht mehr von innen zufrie-
ren – wie in meiner letzten Wohnung, einem Frankfurter Altbau. Der
hatte allerdings den Vorteil, dass die Miete enorm günstig war. Heute
gehört es zu einem der größten Dramen auf dem Wohnungsmarkt,
wenn Altbauten notdürftig „energetisch saniert" werden, um sie für
die Altmieter unbezahlbar zu machen. Das soll sich ändern – je nach
Partei unterschiedlich konsequent. Die Grünen etwa wollen die Ge-
bäude in Deutschland bis 2040 zu 100 Prozent auf erneuerbare Energien wie Sonnen- oder Windstrom für Heizung und Kühlung um-
stellen. Und zugleich Mieter davor schützen, nach Modernisierungen
deutlich mehr fürs Wohnen zahlen zu müssen. Dass etwas geschehen
muss, steht außer Frage. Öl- und Gasbrenner arbeiten millionenfach
in deutschen Heizkellern daran, den Klimawandel im wahrsten Sinne
des Wortes zu befeuern. Und obwohl Deutschland stattliche 160 Milliarden in die Energiewende gesteckt hat, hält nicht nur der Bundes-
rechnungshof das Projekt für gescheitert und das ganze schöne Geld
für vergeudet. Auch weil man sich nicht zum konsequenten und zü-
gigen Abschied von der Kohle, der alten Dreckschleuder, entscheiden
kann. Daran kann man allenfalls bei Wahlen etwas ändern.

Trotzdem bleibt im Haushalt noch einiges zu tun. Der härteste Bro-
cken: Mich von der Idee zu verabschieden, es im Winter so kuschelig
warm haben zu müssen, als würde die Menopause ewig währen. Nun
wird die Heizung runtergedreht. Jedes Grad weniger spart nämlich

sechs Prozent Heizenergie und bis zu 275 Kilogramm CO_2. Ich lerne außerdem, dass – bloß wenn man dreimal täglich richtig stoßlüftet, statt das Fenster zu kippen – bis zu 170 Euro und entsprechend weniger Energie fürs Heizen fällig werden. Ja, das artet richtig in Arbeit aus, wie ich schon nach drei Tagen feststelle. Brauche ich jetzt nicht nur jemanden, der meine Blumen gießt, wenn ich länger weg bin, sondern auch noch eine Lüftungsvertretung?

Jedenfalls bleibt man ganz schön in Bewegung, was ja irgendwie auch wärmt. Zumal eine weitere Wärmequelle wegfällt: das Vollbad. Ich habe allerdings nie wirklich verstanden, was daran so toll sein soll, stundenlang in heißem Wasser langsam durchzugaren und darauf zu warten, dass die Haut noch runzeliger wird … oder einem jemand ein Bratenthermometer unter die Achseln steckt, um zu prüfen, ob man schon verzehrfertig ist. Ich dusche lieber – und das ist auch gut so. Denn während ein Bad rund 120 Liter Wasser benötigt, fließen bei der Dusche nur etwa 70 Liter ab. Noch besser: einen Sparduschkopf einzubauen. Damit vermeidet man pro Person bei einer täglichen Dusche von etwa sechs Minuten rund 215 Kilogramm CO_2 im Jahr. Ich lese, dass 66 Prozent der Deutschen mindestens einmal pro Tag duschen.[51] Viel zu viel, wie meine Hautärztin meint. Sie sagt, es würde völlig genügen, sich zwei- oder dreimal die Woche gründlich zu reinigen. Wäre auch besser für die Haut. Ich halte mich nicht immer dran. Wenn ich Sport gemacht habe, will ich nicht den ganzen Tag auch so müffeln. Vielleicht werden wir in naher Zukunft da ohnehin keine Wahl mehr haben und wie am Hofe Ludwig des XIV. einfach in rauen Mengen Parfüm über unsere schweißigen Körper gießen, weil das Wasser rationiert ist. Allein die Aussicht darauf motiviert mich enorm, auch an den Wasserhähnen Durchflussbegrenzer und Perlstrahler anzubringen. Also besser gesagt: anbringen zu lassen.

Langsam füllt sich mein Weltretter-Rabattmarkenheftchen. Einen Extrapunkt spendiere ich mir, weil ich der Nachbarin die Klimaanlage ausgeredet habe, die sie für ihre Vierzimmerwohnung anschaffen wollte. Mit dem Hinweis, dass noch mehr Klimaanlagen weitere Klimaanlagen nötig machen würden. Nicht nur weil sie sehr viel Energie verbrauchen, sondern weil in vielen Kühlaggregaten schädliche fluorhaltige Kältemittel stecken, die – wenn sie etwa bei der Entsorgung freigesetzt werden – den Treibhauseffekt nur noch weiter in schwindelerregende Höhen treiben. Je nach Mittel sind die Gase mehr als 100- bis fast 4.000-mal so stark wie CO_2.[52] Klar, die tropischen Temperaturen in den neudeutschen Sommern sind ein Problem. Je höher man wohnt, umso heißer wird es. „Wir schlafen mittlerweile im Sommer im Keller!", erzählt Susanne, eine Doppelkopffreundin von ihrer Hitzeabwehrmaßnahme im Einfamilienhaus, in dem das Schlafzimmer in kühleren Zeiten in das Dachgeschoss verbaut wurde. Eine andere, Katja, bis vor Kurzem noch stolze, jetzt eher frustrierte Bewohnerin eines Penthouse, muss ganze Areale ihrer Wohnung im Sommer schließen, weil die riesige Fensterfront mit der beeindruckenden Aussicht auf die Frankfurter Skyline sie unbewohnbar macht. „Da hilft nichts mehr – weder die Rollladen den ganzen Tag unten lassen noch die Klimaanlage, die ich letztes Jahr gekauft habe." Sollte die Traumwohnung der Zukunft nicht mehr das Penthouse sein, sondern das Souterrain in Nordlage?

In dem kleinen Ort im Mittelgebirge, in dem ich lebe, stellt sich das Problem – noch – nicht. Da ist es immer noch einige Grade kälter als in der Stadt. Seit Neustem nicht mehr nur draußen, sondern auch drinnen. „Ist die Heizung kaputt?", fragt mich meine Tochter, als sie mich am Wochenende besucht. „Boah! Hier kriegt man ja Frostbeulen ..." Klar, sie ist anderes gewohnt. Jedenfalls von mir. „Nein, ich spare!", sage ich. „Soll ich mir Sorgen machen, dass ich demnächst für dich aufkommen muss?", will sie, ein wenig uncharmant, wissen. Ich antworte: „Es ist eher so, dass ich hier gerade für dich aufkomme. Also jedenfalls für deine Zukunft. Also zieh dir einfach mal einen Pullover an! Du hast hier ja schließlich genug Klamotten liegen lassen." Fünf Minuten später höre ich einen Schrei. Er kommt aus dem Bad. Hat sie vielleicht den Sparduschkopf entdeckt? Nein, gerade berührte wohl das Recyclingtoilettenpapier die sonst sechslagig verwöhnte Haut. „35 Bäume werden weniger gefällt, wenn du lebenslang konsequent Toilettenpapier, Taschentücher und Küchenpapier aus Recyclingfasern verwendest!", rufe ich – und: „Jeder von uns verbraucht im Jahr mehr als 19 Kilogramm Papiertaschentücher und -servietten, Toilettenpapier oder Küchenrollen!" „Schade, dass aus Markus und dir nichts geworden ist", pampt meine Tochter mich später an, „ihr hattet doch viel mehr gemeinsam, als du immer behauptet hast!" „Stimmt!", antworte ich, und wo ich mich sowieso schon total unbeliebt gemacht habe, sage ich ihr, sie solle in Zukunft besser ihren Computer ausschalten, anstatt ihn tagelang auf Stand-by laufen zu lassen. „Dabei verbraucht mein Laptop viel weniger als dein stationärer PC!", triumphiert sie mit Insiderwissen und behauptet: „Bei anderen ist leicht sparen! Du weißt schon, dass du eigentlich höchstens 20 bis 30 Quadratmeter bewohnen solltest, wenn du es wirklich ernst meinen würdest mit deinen Klimazielen?!" Und ich könnte jetzt erwidern: „So, und was würde dann mit deinem Schrank, deinem Schreibtisch und all dem anderen Zeug passieren, das du hier abgestellt hast?" Aber das verkneife ich mir. Ich weiß ja längst, dass beim Weltretten jeder so seine Achillesferse hat. Eine?! Nein, meine ist vermutlich zweistellig. Dazu zählt eben auch, dass ich mich einfach nicht auf 20 Quadratmeter beschränken mag. „Das wären ja Altenheimbedingungen!", erkläre ich meiner Tochter und sehe dabei so etwas wie Vorfreude in ihren Augen aufglimmen. Vielleicht sollte ich ihr doch verraten, wo ich meine letzte Großpackung des sechslagigen Toilettenpapiers aufbewahre …?!

STROMFRESSER AUF DIÄT

Wer viel Fläche belegt, verbraucht mehr Strom, heizt mehr als nötig und hat mehr herumstehen als andere Leute, die sich mit kleineren Wohnungen bescheiden müssen. Aber die Hürde, daran etwas zu ändern, ist riesig. Ich meine, ich liebe meine Bleibe. Den Tisch im Vorgarten, an dem ich im Sommer gern mit Freundinnen sitze, esse, trinke und rede. Ich schätze es, dass ich mich ausbreiten kann und nicht dauernd überlegen muss, ob ich mir ein neues Buch kaufe, weil ich aus Platzgründen dann eine Tasse ausmustern müsste. In Zeitungen sieht man in letzter Zeit immer öfter hübsche kleine Butzen, genannt „Tiny Houses", die maximal ausgebaut sind, um auf minimalem Raum denkbar viele Möglichkeiten zu bieten – und in denen schon eine herumliegende Jacke und zwei Bücher den Tatbestand von Chaos erfüllen. Theoretisch kann ich mir vorstellen, so zu leben wie Schneewittchen bei den sieben Zwergen. Aber praktisch habe ich gern auch Platz für Besuch, für meine Kinder, für Freundinnen, die vielleicht mal eine Weile bei mir wohnen, ohne dass wir deshalb gemeinsam in einem Minibett schlafen oder ein Zweithaus aufstellen müssen.

Und mittlerweile ist es ja mit der Lage auf dem Immobilienmarkt auch so eine Sache, wie mir kürzlich eine alte Frau schilderte, mit der ich in einem Berliner Hinterhof ins Gespräch gekommen war. Sie hatte sich sehr interessiert die Fassade eines Neubaus angeschaut, und ich fragte sie, ob ihr diese moderne Architektur gefalle. „Am meisten gefällt mir, dass alles funktioniert: die Bäder, die Heizung – und ab und an mal jemand nach einem schaut. Das ist hier nämlich eine Art betreutes Wohnen." Sie erzählte mir, dass ihre Altbauwohnung mit 150 Quadratmetern, in der sie seit über 30 Jahren lebt, für sie allein längst viel zu groß und zu anstrengend sei. Eine Einzimmerwohnung in dem Projekt, vor dem wir gerade standen, wäre jedoch ein ganzes Drittel teurer als die Miete, die sie für zigmal so viel Platz zahle. „Das ist doch verrückt!", beendet sie ihre Erzählung. Und ja: Das ist es.

Dass ich beim Wohnen ziemlich sesshaft bin, bedeutet aber nicht, ich bliebe unbeweglich. 38 Prozent der CO_2-Emissionen fallen im privaten Bereich durch den Energieverbrauch an. Davon entstehen mehr als die Hälfte durch das Heizen, zwölf Prozent durch den Verbrauch von warmem Wasser und zehn Prozent – das ist die große Überraschung für mich – durch den Stand-by-Modus elektrischer Geräte. Der zieht teilweise sogar mehr Energie, als wenn die Geräte in Betrieb wären. „In Deutschland sind Leerlaufverluste in Privathaushalten und Büros für einen Stromverbrauch in Höhe von mindestens 22 Milliarden Kilowattstunden pro Jahr verantwortlich.“[53] Dies sind laut Umweltbundesamt Kosten von mehr als vier Milliarden Euro, die mindestens zwei mittelgroße Atomkraftwerke beschäftigen. Obwohl neuere Haushaltsgeräte und jegliche Art von Unterhaltungselektronik laut einer EU-Verordnung seit 2014 höchstens auf ein bis zwei Watt im Standby-Modus verbrauchen dürfen. Ist das Gerät länger ausgeschaltet, muss der Stromverbrauch sogar auf unter ein Watt sinken. Allerdings – so schreibt es utopia.de, eine Plattform zum Thema Nachhaltigkeit –, tricksten Hersteller oft, indem sie einen eigenen „Ruhemodus“ einführen. Empfohlen wird deshalb, grundsätzlich keine Geräte mehr zu kaufen, die man gar nicht mehr ausschalten kann. Manche sind aber, das erfahre ich nun, selbst dann noch „on“, wenn man sie schon für „off“ hält: Waschmaschinen zum Beispiel oder Smartphone-Ladegeräte. Solange die sich in einer Steckdose befinden, ziehen sie ununterbrochen Strom. Auch wenn die Waschmaschine auf „aus“ ist und das Smartphone gar nicht am Ladekabel hängt. Also schalte ich jetzt immer den Fernseher, die Stereoanlage und den Computer aus – nicht mehr nur am Gerät selbst, sondern am Schalter der Mehrfachsteckdose, die ich überall angebracht habe. Zudem entferne ich das Ladekabel aus der Steckdose, und obwohl Licht gar nicht so viel ausmacht, wie ich dachte, sind nun überall in meiner Wohnung energieeffiziente Lampen eingebaut.

Als mein sehr schöner, aber auch sehr alter Bosch-Kühlschrank vor einiger Zeit den Dienst quittierte, habe ich einen mit höchster Effizienzklasse angeschafft. Er hat nur ein sehr kleines Gefrierfach. Der mich beratende Verkäufer im Elektrofachgeschäft meines Vertrauens versicherte mir, das sei sehr viel besser als die riesigen Tiefkühltruhen, die noch unsere Eltern benutzten, um das Überleben für den Fall eines Atomschlags mit Sauerbraten und Leipziger Allerlei noch mindestens zwei Jahre zu sichern … Aber auch, damit Papa nicht verhungerte, wenn Mama mal zwei Tage Oma besuchte. Die Zeiten sind ziemlich vorbei. Nicht nur dem sonntägliche *Tatort* wird zukünftig diese Eins-a-Möglichkeit fehlen, eine Leiche zwischen Erbsen, Möhrchen und Tiefkühlpizzen zu verstecken – und zu entdecken. Als Freunde vor einer Weile mit dem Verdacht auf Bettwanzenbefall aus den USA kamen, brauchten sie eine ganze Zeit, um im Bekanntenkreis eine der letzten XXL-Truhen ihrer Art aufzutreiben und ihr Gepäck vorsorglich auf Eis legen zu können, um mögliche Krabbeltiere schockzufrosten. Meine Enkel werden schon gar nicht mehr wissen, was eine Gefriertruhe eigentlich ist (aber dafür vermutlich sehr gut, wie Wanzen aussehen). Damit sie wenigstens noch Schnee kennenlernen, werde ich wohl auch beim Waschen und Putzen einiges ändern müssen.

WASCHNUSS UND ANDERE TAUGENICHTSE

Männer sind meist ja mit wenig zu beeindrucken, was Frauen so können. Außer es geht um die Materialbestimmung von Wäsche. „Woher weißt du das?", fragt etwa der Mann meiner Freundin Doro stets voller Ehrfurcht, wenn sie einfach so, Baumwolle von Wolle, Synthetik von Seide unterscheiden kann – als wäre sie kurz davor, das Meer noch mal zu teilen. Da sie außerdem noch jedem Material ein eigenes Waschmittel zuordnen kann, hält er sie für eine Art Stephen Hawking der Waschküche. Ich übrigens auch. Doro hat mir erst kürzlich zum Geburtstag eine ganze Armada an Spezialwaschmitteln geschenkt, um auch mich zu einem Waschprofi zu machen: Vollwaschmittel, Feinwaschmittel, Wollwaschmittel, Waschmittel für Sportklamotten, für schwarze Wäsche und Mittelchen, die nichts anderes zu tun haben, als all die Keime aus Wäsche und Maschine zu vertreiben. Und die bösen Bakterien – will man den mahnenden Zeigefingern der Werbung Glauben schenken – werden vielleicht nicht uns Erwachsenen, aber ganz bestimmt den Kindern großen Schaden zufügen. Das alles hat mich ehrlich gesagt ein wenig überfordert, schon weil ich nicht vorhatte, aus dem Waschen eine Wissenschaft zu machen. Andererseits verstehe ich natürlich den Punkt, „dass es sich", wie Doro es formuliert, „lebenszeitverlängernd auf die Wäsche auswirkt, wenn man auf ihre speziellen Bedürfnisse eingeht." Dagegen spricht aber, dass es sich für mich eher lebenszeitverkürzend anfühlt, mich mit dem allen zu befassen, und nicht nur mein Zeitbudget belastet, sondern auch die Umwelt. Manchmal ahnt man ja schon beim Kauf, wie sehr. So wie kürzlich, als ich im Auftrag einer Freundin, die dafür keine Zeit hatte, Dufttücher kaufte, die man in den Trockner zur Wäsche gibt. Die Tücher rochen so stark, dass ich scheußliche Kopfschmerzen bekam und sie auf dem Balkon lagern musste. Trotzdem stieg mir noch tagelang der mörderische Aprilduft in die Nase, wenn ich mein Haus betrat. Logisch, dass Flüssigwaschmittel nicht gut sein können für die Umwelt. Wegen der Plastikflaschen und weil die Mittel zum Teil mehr Konservierungsstoffe enthalten, damit sich keine Keime darin vermehren können. Für Waschkapseln, auch „Caps" oder „Pods" genannt, wird ja schon gleich damit geworben, sie würden mehr waschaktive Substanzen (Tenside) enthalten als Waschpulver. Außerdem lassen sie sich schlecht dosieren. Am besten sei noch immer das Pulverwaschmittel, so Stiftung Warentest. Aber natürlich belastet auch das die Umwelt.

Zum Glück gibt es einen Wasch-Hoffnungsträger: Waschnüsse. „Garantiert unbedenklich" soll die Frucht des Waschnussbaums sein, der in tropischen und subtropischen Regionen Asiens wächst. Ihren Namen verdankt sie den bis zu 15 Prozent Saponinen in der Schale. Die Schalen steckt man in ein kleines Säckchen und dann in die Maschine zur Wäsche. Sie bilden, wenn sie im Wasser bewegt und geschüttelt werden, einen seifenartigen Schaum. Ich find's toll. Schon weil es verheißt, sämtliche Wäschestücke mit nur einem Waschmittel und das auch noch umweltschonend reinigen zu können. Als ich Doro davon begeistert erzähle, schaut sie mich allerdings an, als hätte ich ihr eine Affäre mit Dieter Bohlen gebeichtet. Schon nach dem ersten Waschnussversuch weiß ich auch, warum: Die Wäsche sieht aus, als hätte sie das Casting für das „Vorher" in der Ariel-Werbung mit Kulthausfrau Klementine gewonnen. Ich müsste, um die Wäsche wirklich sauber zu bekommen, sie vorher noch mit Gallseife bearbeiten. Und nicht nur ich finde: Das geht zu weit. Auch bei Stiftung Warentest ist die Waschnuss krachend durchgefallen, ebenso wie der zweite Hoffnungsträger: das Rosskastanien-Granulat. Beides würde gerade die häufigsten Alltagsflecken so gut wie gar nicht entfernen. „In der Summe sind damit die Naturprodukte auch nicht umweltfreundlich, argumentiert die Stiftung Warentest. ‚Sie waschen derart miserabel, dass Nutzer vermutlich einen zusätzlichen Waschgang durchführen – mit erneutem Strom- und Wasserverbrauch', heißt es in der Zeitschrift *test*."[54]

Ich bin also wenigstens ein bisschen rehabilitiert, wenn ich mich für das kleinere Übel entscheide: Voll- und Feinwaschmittel. Möglichst niedrige Temperaturen, die Maschine nicht zu voll machen, sie aber auch nicht wegen jeder Kleinigkeit anwerfen. Ich kann mich sowieso kaum noch daran erinnern, wann das letzte Mal ein Kochwaschgang vonnöten gewesen wäre. Wer außerdem bei seiner Kleidung verstärkt darauf achtet, dass sie nicht aus Synthetik gemacht ist, braucht ohnehin nicht mehr so viel zu waschen, weil Naturmaterialien längst nicht so schnell müffeln. Ich hänge jetzt auch öfter mal etwas zum Lüften raus auf die Terrasse, bevor ich es wasche. Der herrliche Geruch von frischer Taunusluft ist nämlich erstens gratis und zweitens dem mörderischen Aprilfrisch haushoch überlegen.

NICHT GANZ SAUBER ...

Schon beeindruckend, wie uns die Werbung Angst vor Schmutz machen will. Man hat fast das Gefühl, dass es sich bei den eigenen vier Wänden um eine Art Todestrakt handelt, wenn man nicht all die Dinge kauft, die das Heim von den gröbsten Risiken befreien. Allein was unter dem Rand einer Toilette lauert – damit könnte man vermutlich ganze Völker auslöschen. So behauptet es jedenfalls die Werbung für einschlägige Kampfmittel: WC-Reiniger mit gebogenem Flaschenhals, die dort „gründlich" reinemachen sollen, wo sich Keime angeblich besonders gern zu einer terroristischen Vereinigung zusammenrotten. Falls sie denn sehr schnell damit sind. Sonst fließen bei jedem Spülgang nämlich ungefähr neun Liter Wasser dort entlang und reißen die meisten Mikroorganismen schon mit, bevor sie überhaupt darüber nachdenken können, wo genau sie in ihrer neuen Bleibe das Sofa hinstellen würden. Dass die Zunahme von Allergien bei Kindern in einem direkten Zusammenhang mit einer übertriebenen Vorstellung von Sauberkeit steht, ist längst erwiesen, aber offenbar noch nicht so richtig verstanden worden. Denn gefühlt 80 Prozent aller TV-Werbung kommt uns immer noch mit Angstmacherei vor Keimen und Bakterien sowie mit Mitteln, die wir eigentlich nicht brauchen, die bloß die Umwelt belasten und zu nichts weiter gut sind, als Umsatz und uns ein schlechtes Gewissen zu machen. Zum Glück und zum Leidwesen meiner Mutter bin ich einfach zu bequem, um meinen Haushalt so steril wie einen Operationssaal zu halten. Nur für den Fall, es käme mal zu einer spontanen Herztransplantation oder einer der Gäste meint: „Wisst ihr was, ich wollte schon immer mal einen Blinddarm entfernen, und ich finde, Susannes Küche ist wie geschaffen dafür!" Ich habe auch noch nie eines von diesen Flüssig-Desinfektionsmitteln mit mir herumgeführt trotz der Lebensgefahr, in der ich damit angeblich schwebe, wie eine Kollegin meint: „Dass du dich das traust. Mit der Hitze kommen doch auch all die tropischen Krankheiten hierher."

Trotzdem zeichnet die Sichtung meiner Putzmittel ein ganz anderes Bild – nämlich das einer multiplen Persönlichkeit. Ich zähle stattliche 21 verschiedene Reiniger. Zum Teil hoch spezialisiert. Etwa auf Kunststoffstühle oder auf Fugen. Bei manchen kann ich mich nicht mal mehr daran erinnern, sie wirklich angeschafft zu haben, und offenbar habe ich sie auch nicht gebraucht. Es sind sogar ein paar Bioreiniger darunter, derer ich mich dunkel entsinnen kann – allerdings hatten sie sich nicht bewährt. Sie taten nicht, was ein Putzmittel doch tun sollte: alles hübsch sauber machen. „Da musst du halt auch mal ein bisschen rubbeln! Das ist doch nicht zu viel verlangt, für den guten Zweck …!", sagt Michaela. Selbst Reinigungsmittel wären dazu gemacht, vor allem unsere Bequemlichkeit zu pampern: aufsprühen, einwirken lassen, wegwischen. Im Prinzip sei es wie mit einer Antifaltencreme: Eigentlich wüssten wir ja schon, dass es unmöglich ist, auf einen Schlag zehn Jahre jünger auszusehen, trotzdem greifen wir zu, wenn uns jemand so ein Wunder – selbstverständlich kostenpflichtig – verspricht. Und Michaela meint weiter: „Deshalb haben wir auch alle so viele Putzmittel im Schrank, weil wir jedes Mal denken: Dieses hier wird meine Bude für immer auf Hochglanz bringen – und zwar ganz nebenbei und ohne großen Aufwand." Fast fünf Milliarden Euro würden wir Deutschen (ja, vorwiegend wir Frauen) jährlich für solch herrliche Verheißungen ausgeben. „Das allermeiste davon könnten wir uns sparen!" „Ist schon klar!", antworte ich. „Aber bio macht es oft nicht besser, und ist es nicht auch rausgeworfenes Geld, wenn ich für etwas bezahle, das nicht tut, wofür ich es eigentlich gekauft habe?" Michaela leiert mir gleich eine ganze Liste von Mitteln herunter, die man prima als Alternative einsetzen könnte. Solche wie Essigessenz oder Natron und Backpulver, in dem das Natron enthalten ist. Offenbar kann man seinen Putzmittelbedarf ganz prima aus dem Lebensmittelvorratsschrank decken.

Theoretisch. Praktisch finde ich oft schon die Anleitungen anstrengend. Wenn ich etwa lese, dass ich zum Fensterputzen „einfach" ein wenig Wodka, Gin oder irgendeinen anderen Schnaps mit Essig und Wasser mischen soll. Der Vorteil wäre: Ich könnte natürlich im Supermarkt mit Blick auf meine hochprozentigen Einkäufe jetzt immer behaupten, dass ich bloß besonders reinlich bin. Aber erstens habe ich noch nie Wodka oder Gin gekauft, und zweitens möchte ich nicht auch noch für das Anfertigen von Putzmitteln in der Küche stehen müssen. Selbst wenn argumentiert wird, man sei damit schließlich schneller fertig, „als man für den Weg bis zum Supermarkt und zurück brauchen würde". Ich persönlich laufe ja nicht jedes Mal zum Supermarkt, nur weil ich Fenster putzen will, um mir die allein dafür notwendige Kleinstmenge an Glasreiniger zu beschaffen.

Ich weiß, das klingt gemein. Aber ich bin durchaus erleichtert, als ich lese, dass die vermeintliche Reinigungskraft der Naturprodukte doch eher übersichtlich sei. Der normale Haushaltsessig sollte beispielsweise tunlichst auch als Reiniger in der Küche bleiben. Mit Wasser vermischt, kann man damit den Kühlschrank leidlich keimfrei halten. Für Bad und WC braucht es schon Stärkeres. Essigsäure etwa. Mit Backpulver und einer alten Zahnbürste habe ich schon einige Male in dem Glauben die Fugen im Bad abgeschrubbt, das könne dem Schimmel richtig Angst einjagen. Tut es aber nicht. Eher wirkt es wie eine Einladung, sich bei mir häuslich einzurichten. Das Mehl im Backpulver ist für die Schimmelpilze wie ein All-you-can-eat-Buffet – so können sie sich mal richtig satt essen, um groß und stark zu werden. Wieder mal wünsche ich mir, ich hätte in Chemie besser aufgepasst. Aber eines weiß ich: Nicht wenige der im Netz so enthusiastisch verbreiteten Haushaltstipps sind vor allem als Hoffnungsträger wirksam, nur leider nicht im Praxis-Check. Außer man plant, sein Leben in einem schlierigen Grauschleier zu fristen.

Ich beschließe, eine Quersumme aus Michaelas Tipps und meinen Erfahrungen zu ziehen, und bestelle mir einen sehr, sehr großen Eimer mit Putzstein. Der ist voll bio und macht praktisch alles sauber. Das Ceranfeld am Herd ebenso wie die Waschbecken und die Badewanne oder den Grill, wenn ich einen hätte. Das Zeug ist super und sorgt sogar für einen Lotuseffekt. Mit im Putz-Dream-Team ein hochwertiges Mikrofasertuch: Ein Geschenk meiner Freundin Cornelia, die als Hauswirtschaftsmeisterin schließlich weiß, was Frauen wünschen. Denn so ein Tuch reinigt schon viel – auch ohne irgendwelche zusätzlichen Putzmittel. Zudem kann man das Tuch in die Waschmaschine werfen und dadurch mehrmals verwenden.

Am Ende habe ich nicht mehr 21 Reiniger bei mir herumstehen, sondern nur noch fünf: einen Allzweckreiniger, Essig- und Zitronensäure, Spülmittel und einen Putzstein. Und einen Tipp hat Cornelia auch noch: „Schimmel verhindert man bloß, wenn man nach jedem Duschen die Duschkabine trocknet." Tja, man kann mir wirklich viel vorwerfen, aber nicht, dass ich nicht rubbeln würde.

Und um bei Michaela noch ein wenig Eindruck zu machen, erzähle ich ihr, dass ich außerdem brav die Frischhaltefolie aufgebraucht habe, um sie nun durch Bienenwachstücher zu ersetzen. Also in Bienenwachs getränkte Biobaumwolle. Hat den Vorteil, dass die antibakteriellen Eigenschaften des Bienenwachses Keime in Schach halten. Statt Backpapier benutze ich jetzt Compostella, das nicht nur so hübsch klingt, sondern auch enorm praktisch ist, weil es nämlich sowohl Alufolie, Backpapier als auch Einschlagpapier ersetzt. Gäbe es eine Wesensprüfung für Dinge, würde es so gut wie ein Golden-Retriever-Welpe abschneiden: Es ist Chlor- und säurefrei, frei von chemischen Zusätzen, silikonfrei, fettdicht und hitzebeständig bis 220 Grad Celsius. Um nur einige der hervorragenden Eigenschaften meines neuen Shoppingerfolgs zu nennen. Und weil es immer besser ist, schon vorhandene Dinge zu nutzen, brauche ich jetzt meine Tupperschalen weiter auf und ersetze sie bei Bedarf durch Glasbehälter. Auch meinen Kunststoff-Spülschwammvorrat habe ich nach und nach abgebaut. Die mir von der Verkäuferin im Bioladen so leidenschaftlich empfohlene „Luffagurke", die eigentlich ein Schwammkürbis ist, hat sich – für mich – leider als Totalausfall erwiesen. Das Ding hat mehr Luftlöcher als ein Discounterbrötchen. Es bleiben enorm viele Speisereste darin hängen, die man jedes Mal nach dem Spülen so mühsam herauspulen muss, als würde man einem Dinosaurier die Zähne reinigen. Außerdem ist das Ding nicht gerade ein Handschmeichler. Ich schenke sie Michaela, die da sehr viel leidensfähiger ist als ich. Ich bin nicht sicher, ob die Alternative – Schwämme aus Pflanzenfasern und Recyclingmaterial – wirklich eine gute Idee ist. Immerhin kann man sie bei 60 Grad Celsius waschen, und sie tun, was ein Schwamm tun sollte: Sie machen sauber.

„Du hast ja mal aufgeräumt!", sagt meine Mutter, in einem Ton, als hätte sie in einer Messie-Wohnung gerade eine freie Fläche entdeckt. Ja, das habe ich. Wie gründlich, erfährt sie gleich. „Ganz schön frisch bei dir! Ist die Heizung kaputt?" „Nein!", antworte ich: „Und wie du schon gesagt hast – ich habe gründlich aufgeräumt." Jetzt hoffe ich nur inständig, dass Markus dies hier niemals lesen wird.

Was ich gelernt habe

- Dass Markus, der alte Geizhals, durchaus richtig lag – ich das aber natürlich für mich behalten werde. (Und ich hoffe sehr, Sie auch.)

- Gerade im Haushalt zeigt sich, dass stimmt, was die Amerikaner sagen: „Little stones make big mountains." Denn Heizen gehört ebenso wie der Stromverbrauch zu den „big points" beim Klimaschutz.

- Der gute Wille allein macht noch nicht sauber. Gilt für mich ebenso wie für manche Bioreiniger.

- Besser ist immer, zunächst die „bösen" Altbestände zu verbrauchen, als sie zu entsorgen und gleich Neues zu kaufen (selbst wenn es unfreundlicher ist).

- Ich könnte meine Bienenwachstücher natürlich auch selbst machen. Ich kann sie aber auch sehr gut einkaufen und andere dabei unterstützen, noch mehr herrliche Produkte für den Klimaschutz zu erdenken.

- Immer gut vorbereitet einkaufen gehen.

Was noch …?!

- Die vielleicht effektivste Weltrettungsmaßnahme lässt sich ratzfatz im Internet erledigen. Sie ist so einfach, dass selbst Klimaschutzmuffel das schaffen. Vom Sofa aus. Und zwar: zu Ökostrom wechseln. Weil aber dort nicht immer drin ist, was draufsteht – nämlich CO_2-neutraler Strom aus erneuerbaren Energien –, orientiert man sich bei der Auswahl am besten an den Testergebnissen von *Öko-Test* oder etwa am *Grüner Strom Label,* dem ältesten und strengsten Ökostrom-Siegel hierzulande.

- Die Dosis macht das Gift – das gilt vor allem für Aluminium. Erwiesen ist, dass hohe Mengen beim Menschen Schädigungen des Nervensystems verursachen. Meist nehmen wir das, was man noch als unbedenklich bezeichnen kann, schon über unsere Nahrung auf. Damit es nicht mehr und gefährlich wird, sollten Salziges und Saures grundsätzlich nicht in Alufolie verpackt werden. Denn Säure und Salz machen Aluminiumionen (winzige, elektrisch geladene Aluteilchen) löslich. Auch aus Aluminiumschalen, in denen Cateringanbieter Menüs liefern, können Aluionen in Speisen überwandern. Schon deshalb ist es besser, oft selbst zu kochen. Alubleche sollte man vor dem Erhitzen immer mit Backpapier auslegen, da sonst Aluteilchen in die Backwaren gelangen. Wenn möglich, Kochgeschirr aus Edelstahl benutzen. Und: Espressokannen immer von Hand abwaschen. Beim Kaffeekochen bildet sich in der Kanne eine Schutzschicht, die den Übergang winziger Aluteilchen in das Getränk verhindert. Im Geschirrspüler wird dieser Belag zerstört. Je weniger Aluminium, desto besser für alle: für den Planet und uns Menschen.

DAS ENDE VOM ANFANG

Nein, ich bin noch lange keine Vorzeigeklimaretterin. Allein der Gedanke ist geradezu lachhaft. Von Perfektion bin ich nicht nur in dieser Hinsicht weit entfernt. Sehr weit. Aber – und das ist die gute Nachricht: Niemand muss perfekt sein. Das ist eine wichtige Botschaft für uns Frauen. Wir haben nämlich einen fatalen Hang zur Perfektion, der sich nicht nur auf cellulitefreie Oberschenkel, einen keimfreien Haushalt und konditortaugliche Cupcakes beschränkt. Wir streben danach, immer alles ganz richtig zu machen. Wir werden so erzogen oder haben es uns erfolgreich einreden lassen. Also werden wir auch nie richtig fertig sein. Das hält uns zum einen schön beschäftigt und zum anderen gleichzeitig von wirklich wichtigen Dingen ab. Wie sollen wir die Weltherrschaft übernehmen, wenn sich die schmutzige Wäsche türmt und der Kühlschrank leer ist?

Hier können wir sehr viel von Männern lernen. Die halten sich schon per se für nahezu perfekt (das muss ein sehr angenehmes Gefühl sein!) und hadern sehr viel weniger als wir. Unser Anspruch an uns selbst könnte dazu führen, das Klima Klima sein zu lassen. Weil wir das alles garantiert nicht hinbekommen und gar nicht erst anfangen wollen, was doch ohnehin nicht hundertprozentig richtig gemacht werden kann. Wir schauen auf vorbildliche Menschen, die es schaffen, kaum mehr Jahresmüll zu produzieren, als in ein winziges Einmachglas passt, und wissen: Ne, nie wird mir das gelingen – da lasse ich den ganzen Kram doch besser gleich bleiben. Das zieht mich ja nur runter. Und das brauche ich jetzt echt nicht. Wozu sich mühen, wenn die Enttäuschung direkt im Lieferumfang enthalten ist?

Ja, es stimmt: Das Thema hat was von „Depression leicht gemacht". Direkte Erfolge sind nicht zu sehen, und die Mühe wird nicht sofort belohnt. Es ist ein langfristiges Investment mit hohem Zähigkeits- und Frustfaktor. Bei einem Thema, das so komplex ist, schließt sich Perfektion allerdings geradezu aus. Also ist es an der Zeit, sich davon zu verabschieden und sich für ein beherztes Durchwurschteln zu entscheiden. Kleine Schritte sind besser, als reglos auf dem Sofa liegend aufs Ende zu warten. Auch für die Psyche. Man fühlt sich gleich nicht mehr so ausgeliefert und ohnmächtig, wenn man schon mal mit dem Fahrrad zum Supermarkt gefahren ist statt mit dem Auto, die abgepackten Tomaten verschmäht hat – und weil es keine anderen gab, mal eben den Menüplan umgestellt hat. Klimaretten ist nicht nur hopp oder top. Klimaretten ist vor allem eine Haltung, mit der ich zeige: Ich habe verstanden! Es muss etwas geschehen, und zwar fortlaufend. Klimaretten ist auch nicht mit einer demonstrativen Großtat erledigt. Klar, kann man sich von seinem riesigen SUV trennen, einen schnuckeligen Kleinwagen anschaffen, sich wie ein Pavianmännchen auf die Brust trommeln und sagen: „So, guckt mal alle her. Das habe ICH jetzt erledigt." Das fällt in die Kategorie „Sich selbst was vormachen". Beim Weltretten folgt auf einen Schritt der nächste. Und der übernächste. Man ist irgendwie nie fertig. Auch weil vieles, was dringend geändert gehört, nicht in der Macht von Einzelnen liegt. Ja, das kann sehr frustrierend sein, aber das ist das „bisschen" Haushalt ja auch. Nie hat man es final geschafft, und immer ist noch irgendwo was zu tun. Und wenn man denkt, man sei am Ende angelangt, kann man gerade wieder von vorne beginnen. Beim Haushalt sagt ständig jemand: „Gehen Sie zurück auf Los. Da ist noch beziehungsweise schon wieder Dreck. Oder Geschirr. Oder Staub. Oder Wäsche." So auch beim Klima. Hier gibt es unendlich viel zu tun, und man fühlt sich schnell wie Sisyphos mit dem berühmten Felsbrocken. Oder wie der kleine Hamster in seinem verdammten Rad. Motivation geht anders.

Auf der anderen Seite ist es ein bisschen wie mit dem Diäten (ich weiß, Sie haben sicherlich sehnsüchtig darauf gewartet, dass ich endlich mit diesem leidigen Thema um die Ecke komme!). Auch beim Diäten sündigt man ab und an. Jedenfalls die meisten von uns. Trotz aller guten und lobenswerten Vorsätze. Aber selbst wenn man spätabends noch die Reste der Lasagne kalt aus der Auflaufform in sich reingestopft hat, kann man am nächsten Tag wieder neu durchstarten. Sogar ein bisschen klüger als gestern, weil man etwas gelernt hat – nämlich, dass kalte Lasagne als Mitternachtssnack keine gute Idee ist. Es gibt immer wieder einen neuen Tag, und damit die Chance, uns diesmal besser zu verhalten. Scheitern ist nichts Absolutes. Scheitern gehört dazu.

Niemand hat hier behauptet, dass Weltretten ein unglaublicher Spaß sei. Machen wir uns nichts vor: Es ist mühsam und hat Verzicht im Gepäck. Aber es muss halt erledigt werden. Genauso wie der verdammte Haushalt. Und auch hier gibt es gravierende Unterschiede in der Haushaltsführung: Bei dem einen könnte man eben eine OP am offenen Herzen auf dem Küchenboden durchführen, bei anderen wäre es besser, man würde die Lesebrille lieber gnädig in der Handtasche lassen. Was ich damit sagen will: Nur weil man nicht alles kann, sich hilflos fühlt, klein und unbedeutend, darf man nicht alles lassen. Wie so häufig im Leben scheint eine Mischkalkulation oft der vernünftigste Weg. Und wie bei jedem Ziel ist es wichtig, einfach mal anzufangen. „Was soll ich allein schon bewegen?", könnte man fragen und stoisch und gottergeben warten, bis die steigenden Meeresspiegel den Vorgarten erreicht haben und einen die Flutwellen irgendwann mitverschlingen. Aber, und das ist doch eine sehr tröstliche Nachricht: Wir sind nicht allein. Wir sind viele. Wir können uns gegenseitig ermuntern. Uns anstecken. Inspirieren. Je mehr mitmachen, umso schwieriger wird es für den lethargischen Rest, das Weltretten zu schwänzen.

An der Plastiktüte kann man den Effekt sehr schön demonstrieren. Früher nahm man wie selbstverständlich eine mit. Bei jedem Einkauf. Das hat sich verändert. Und nicht nur weil man dafür bezahlen muss, sondern auch, weil man beim Griff zur Tüte ein schlechtes Gewissen bekommt und direkt denkt, man müsse sich erklären. Der Frau mit dem vorbildlichen Korb in der Schlange hinter uns erläutern, warum man ausnahmsweise nicht ordnungsgemäß ausgestattet ist. Scham ist in diesem Fall nicht schlecht. Scham reguliert vieles. Man unterlässt bestimmte Dinge. Man furzt auch nicht absichtlich einfach so in einem Lift mit fünf anderen. Weil es peinlich ist. Ein olfaktorischer GAU sein könnte. Scham kann soziales Leben mit sanftem Druck besser machen. Scham zwingt zum Lernen und zur Verhaltensänderung. Ein „Schämen Sie sich nicht!", wenn einer auf dem Behindertenparkplatz steht, weil es für ihn bequemer ist, kann sehr motivierend sein. Und auch Verbote greifen oft schneller als der Verstand. Es ist etwa deutlich effektiver, eine Geschwindigkeitsbegrenzung von 30 Stundenkilometern in den Städten einzuführen und damit ein paar Tausend Leben pro Jahr zu retten, als ständig vorsichtigeres Fahren anzumahnen. Es wäre für viele sicher einfacher, es gäbe eine grundsätzliche und deutliche Einschränkung von innerdeutschen Flügen (und eine bessere Bahn), als jahrelang darüber zu diskutieren. Wir haben nicht mehr alle Zeit der Welt, jedenfalls dann nicht, wenn wir uns die Welt erhalten wollen.

Und wir sollten bedenken, was der Philosoph Richard David Precht gesagt hat: „Wenn wir jetzt nicht bestimmte Verbote machen, werden zukünftige Regierungen, wer auch immer darin sitzt, radikalere Verbote machen müssen." Er meint, es sei ganz egal, welche Partei dann dieses Land regiert. Und: „Wenn wir die ‚Ökodiktatur' verhindern wollen, müssen wir jetzt Verbote machen, damit die Lage nicht so eskaliert, dass wir eine ‚Ökodiktatur' brauchen."[55]

Klar, ich habe auch gern in Restaurants geraucht und beim Rauchverbot gedacht, dass ich das nicht aushalten werde. Heute genieße ich rauchfreie Restaurants, habe das Rauchen weitgehend eingestellt und mich daran gewöhnt. Inzwischen halte ich das anfangs verhasste Rauchverbot sogar für sinnvoll und richtig. Eine Form des erzwungenen Erkenntnisgewinns. Wir stoppen ja auch bei Rot an der Ampel und schnallen uns sowie unsere Kinder im Auto an. Wir können uns an Regeln halten und uns an Dinge gewöhnen. Selbst an Vorschriften. Am Anfang wird gequengelt, irgendwann kann man sich allerdings kaum mehr daran erinnern, dass es je anders war. Der Mensch ist verdammt anpassungsfähig.

Wer anfängt, etwas zu verändern – selbst im niedrigschwelligen Bereich –, muss jedoch mit Gegenwind rechnen. Ihr Beliebtheitsgrad wird nicht wachsen. Jedenfalls nicht sofort. Ich habe es schon erwähnt: Sie werden in den Augen vieler zur Spaßbremse, zum Mahnmal auf zwei Beinen mutieren. Es gibt immer Anliegen, mit denen man nun mal keinen Beliebtheitspreis gewinnt. Hätten die Suffragetten und all die anderen Frauen sich nicht gründlich damit unbeliebt gemacht, gleiche Rechte für alle zu fordern, müssten wir heute noch unseren Männern die Pantoffeln anwärmen, fragen, ob wir Auto fahren und ein eigenes Konto haben dürfen. Machen Sie sich außerdem darauf gefasst: Beim Thema Weltretten heult immer einer oder eine. Die Kinder, weil man ihnen das Dauerstreaming verbietet oder das exzessive Reisen infrage stellt, der Gatte, weil man ihm ans Fleisch will, und ich, weil ich in meinem eigenen Zuhause frösteln muss. Was für wen schlimm ist, ist eine sehr individuelle Größe. Mir fällt es nicht wahnsinnig schwer, auf Fleisch zu verzichten – für den Mann meiner besten Freundin ist das hingegen eine absolute Horrorvorstellung. Dafür lässt er, um ins Restaurant zum Schnitzelessen zu fahren, ohne Murren das Auto stehen und schwingt sich aufs Fahrrad.

Es gibt Bereiche, da ist die Einschränkung kein großes Thema. Verzicht ist relativ. Was für den einen unzumutbar ist, nimmt der nächste klaglos in Kauf. Früher hätte man gesagt: Wenn es kein Verzicht ist, nicht wehtut, dann gilt das nicht. Ganz so streng sollte man nicht sein, aber klar muss man langfristig auch dahin, wo es schmerzhaft sein könnte. Wehtun wird. Klimaretten hat immer etwas mit dem Verlassen der eigenen Komfortzone zu tun. Jeder Schritt zählt, man darf natürlich klein anfangen, aber vorschnelle Selbstzufriedenheit ist leider nicht zielführend.

Der Verzicht ist jedoch auch ein Gewinn. Er bringt uns dazu, darüber nachzudenken, wie wir leben wollen, was dem Planeten und damit auch uns guttut – und ob wir noch Politiker wählen, die behaupten, es gäbe weitaus Wichtigeres. Und dass man sich mit dem Weltretten

doch noch locker Zeit lassen könne, bis man am Polarkreis Sommer-
ferien machen kann.

„Genieß doch einfach mal, sei nicht so lustfeindlich, nimm mal
den Stock aus dem Arsch, lass mal fünfe gerade sein!", hat mir eine
Freundin gesagt. Sie findet das ganze Klimagedöns vollkommen
übertrieben. Sie lasse sich ihre Kaffeekapseln und ihren SUV nicht
verbieten. „In einen Drink gehört ein Strohhalm – und wenn ich Bock
habe, dann fliege ich Woche für Woche durch die Gegend." Sie will in
ihrem Verhalten nicht reglementiert werden. „Ich bin eben keiner dieser Müsli-Gutmenschen", meint sie und grinst. Sie gefällt sich in ihrer
Haltung. Findet sich lässig und irgendwie cool. Fast schon revoluzzer-
haft. Ich finde es dumm. Und ehrlich gesagt auch reichlich frech. Es
geht hier nicht nur um ihren Lebensraum, sondern um unseren Planeten. Ihren und auch meinen. Sie weiß, was sie tut, vor allem, was sie
nicht tut – und tut es trotzdem. Zum Teil aus Trotz. Wie eine Dreijäh-
rige. Dieses „Mir doch scheißegal!" von Leuten, die eigentlich genug
Verstand haben, um sich ausrechnen zu können, was sie mitanrichten
und hinrichten, ist doppelt ärgerlich. Als ich ihr genau das sage, ist sie
beleidigt. Egal. Mit kleineren Kollateralschäden, auch menschlichen,
muss man leben. Und: So ein Verhalten muss man dann eben aushalten. Man kann es nicht jedem recht machen. Das weiß ich nur zu gut.
Man ist immer zu dünn oder zu dick. Man ist immer zu wenig engagiert oder zu besessen. Allerdings gibt es im Leben auch Wichtigeres,
als jedem gefallen zu müssen. Nein, das ist nicht immer angenehm.
Aber jede Form von Haltung erfordert auch Mut. Sicherlich lässt sich
nicht jeder überzeugen. Manche sehen einen Elefanten selbst dann
nicht, wenn man ihn illuminiert und in ihr Wohnzimmer stellt. Weil
sie ihn nicht sehen wollen.

Natürlich kann man sich auch zurücklehnen und alles glattweg leugnen. Die globale Erwärmung für Quatsch halten, die Lügenpresse
ausgiebig beschimpfen und sich als neues Rolemodel Donald Trump
aussuchen. Dass 97 Prozent aller Wissenschaftler weltweit sich ei-

nig sind, wen interessiert es? Die wenigsten von uns haben profunde Sachkenntnis. Ich schon gar nicht. Deutsch- und Englischleistungskurs sage ich nur. Die Naturwissenschaften und ich waren noch nie enge Freunde. Ich versuche mich jedenfalls schlauer zu machen, aber es gibt genug Leute, die sich wirklich auskennen. Man kann natürlich jede Zahl infrage stellen und alles bestreiten. Das ist allerdings müßig. In diesem Buch sind nichtsdestotrotz einige Zahlen. Einfach um mal aufzuzeigen, dass es hier nicht um Pillepalle geht.

Ich lasse mich jedoch nicht mehr auf Zahlendiskussionen ein. Es bringt nichts. Man kennt die Übeltäter. Weiß um die wahren Klimakiller. Dazu passt, was die Bürgerrechtsanwältin Florynce Kennedy einmal zu Gloria Steinem sagte, als die wieder einmal versuchte, die Diskriminierung von Frauen anhand der Statistik nachzuweisen: „Wenn du unter einem Truck begraben liegst, schickst du dann jemand in die Bibliothek, um mehr über das Gewicht des Trucks zu erfahren? Nein, du sorgst dafür, dass du gerettet wirst."[56]

Ich kann nicht rund um die Uhr googeln, um Beweise aufzutreiben. Niemand da draußen, der in der Lage ist, sein Hirn zu benutzen, wird noch ernsthaft bestreiten, dass es nicht mehr kurz vor zwölf, sondern längst kurz nach zwölf ist. Ob Sie Greta blöd finden oder nicht, spielt dabei keine Rolle. Sie dürfen auch mich blöd finden. Sie dürfen das Thema blöd finden. Alles legitim. Sie können grob beleidigend, ignorant sein. Aber leugnen geht nicht mehr. Das wäre, gelinde gesagt, saudumm. Es ist also Ihre Entscheidung. Sie können es anpacken oder es lassen. Aber Sie können nicht mehr sagen, Sie hätten von nichts gewusst.

Was ich gelernt habe

„Es gibt nichts Gutes, außer: Man tut es."[57]

Erich Kästner

QUELLENNACHWEIS

[1] Seite „Ökologischer Fußabdruck", in: Wikipedia, Die freie Enzyklopädie, Bearbeitungsstand: 23.7.2019; https://de.wikipedia.org/w/index.php?title=%C3%96kologischer_Fu%C3%9Fabdruck &oldid=190695663, 24.10.2019

[2] WWF Deutschland; https://www.wwf.de/themen-projekte/klima-energie/wwf-klimarechner/, 8.10.2019

[3] Was ist eigentlich CO_2? Definition, Entstehung & Einfluss aufs Klima, co2online; https://www. co2online.de/klima-schuetzen/klimawandel/was-ist-co2/, 9.10.2019

[4] Vgl. ebd.

[5] Vgl. Beitrag der Landwirtschaft zu den Treibhausgas-Emissionen; https://www.umweltbundes amt.de/daten/land-forstwirtschaft/beitrag-der-landwirtschaft-zu-den-treibhausgas#textpart-4, 23.10.2019

[6] Vgl. Wissenschaftliche Dienste, Deutscher Bundestag, Dokumentation: Meeresspiegelanstieg und seine Auswirkungen auf die Bevölkerung, WD 8 - 3000 - 085/18, S. 10

[7] Christine Elsner: Wirtschaft und Umwelt gefährdet. Deutscher Wald im Dürre-Stress, ZDF, 26.7.2019; https://www.zdf.de/nachrichten/heute/deutscher-wald-im-duerre-stress-100.html, 9.10.2019

[8] Pestizide gefährden die biologische Vielfalt; https://www.bund.net/umweltgifte/gefahren-fuer-die-natur, 23.10.2019

[9] Ernten, Migration, Konflikte: Folgen für den Menschen, SZ.de, 19.1.2019; https://www. sueddeutsche.de/wissen/erderwaermung-was-forscher-ueber-den-klimawandel-wirklich-wissen-1.2757138-3, 23.10.2019

[10] Wissenschaftlicher Beirat der Bundesregierung Globale Umweltveränderungen: Zusammenfassung für Entscheidungsträger. Welt im Wandel: Sicherheitsrisiko Klimawandel, Berlin 21.5.2007, S. 6/7

[11] Nick Reimer, Dagny Lüdemann: Was, wenn die Welt am 1,5-Grad-Ziel scheitert?, Zeit Online, 8.8.2018; https://www.zeit.de/wissen/umwelt/2018-08/klimawandel-erderwaermung-duerre-risiko-klima-forschung-kippelemente, 9.10.2019

[12] G. P. Wayne/Michael K.: Gibt es wirklich einen Klimawandel?, klimafakten.de, 8/2010, zuletzt aktualisiert: 6/2018; https://www.klimafakten.de/behauptungen/behauptung-31000-wissenschaftler-oregon-petition-hypothese-klimawandel-menschgemacht-erderwaermung-falsch, 9.10.2019

[13] Mariel Reichard: Marc-Uwe Kling: Die Känguru-Apokryphen, 12.11.2018; https://www.wortmax. de/marc-uwe-kling-die-kaenguru-apokryphen/, 23.10.2019

[14] Philip Bethge, Annette Bruhns, Nils Klawitter, Simone Salden: Deutschlands dreckiger Rest. Die Müll-Lüge, Der Spiegel, Nr. 4/19.01.2019

[15] Ebd.

[16] Vgl. ebd.

[17] Nadja Ayoub: Laboruntersuchung: Mikroplastik in jedem Mineralwasser, utopia, 31.1.2018; https://utopia.de/mineralwasser-mikroplastik-studie-78009/, 10.10.2019

[18] Vgl. Marten Rolff: Avocado, die bittere Wunderfrucht, SZ.de, 9.7.2018; https://www.sued deutsche.de/stil/avocado-umweltbilanz-1.4043316, 25.10.2019

[19] Vgl. Universität Tübingen, Projektbüro Energielabor Tübingen (Hrsg.): Plastik oder Papier?, Tübingen 2018; http://u-216-ls055.rue23.uni-tuebingen.de/fileadmin/images/individual_projects/ Mythos_Papiertuete_plastikfreie_Woche.pdf, 25.10.2019

[20] Vgl. Konstantin Kumpfmüller: Treibhausgas-Emissionen. Wer wie viel CO_2 ausstößt, tagesschau. de, 12.7.2019; https://www.tagesschau.de/faktenfinder/co2-emissionen-103.html, 25.10.2019

[21] Werner Gruber, Heinz Oberhummer, Martin Puntigam: Wer nichts weiß, muss alles glauben, Salzburg 2010

[22] Simone Salden: Danone-Chef Emmanuel Faber: „Es gibt keine billigen Lebensmittel", Spiegel Online, 7.6.2019; https://www.spiegel.de/plus/danone-chef-emmanuel-faber-es-gibt-keine-billigen-lebensmittel-a-00000000-0002-0001-0000-000164302341, 23.10.2019

[23] Simon Hage, Anton Rainer, Thomas Schulz, Gerald Traufetter: Klimaschutz im Alltag. Die Welt retten, ohne sich einzuschränken – geht das?, Spiegel Online, 12.7.2019; https://www.spiegel.de/plus/klimaschutz-die-welt-retten-ohne-sich-einzuschraenken-geht-das-a-00000000-0002-0001-0000-000164871518, 23.10.2019

[24] Umweltbundesamt (Hrsg.): Repräsentative Erhebung von Pro-Kopf-Verbräuchen natürlicher Ressourcen in Deutschland (nach Bevölkerungsgruppen), Texte 39/2016, Desslau-Roßlau 4/2016, S. 16

[25] Simon Hage, Anton Rainer, Thomas Schulz, Gerald Traufetter: Klimaschutz im Alltag. Die Welt retten, ohne sich einzuschränken – geht das?, Spiegel Online, 12.7.2019; https://www.spiegel.de/plus/klimaschutz-die-welt-retten-ohne-sich-einzuschraenken-geht-das-a-00000000-0002-0001-0000-000164871518, 23.10.2019

[26] Ebd.

[27] Seite „Schmetterlingseffekt", in: Wikipedia, Die freie Enzyklopädie, Bearbeitungsstand: 8.9.2019; https://de.wikipedia.org/w/index.php?title=Schmetterlingseffekt&oldid=192069224, 24.10.2019

[28] Heike Kunert: Jagd nach textilen Erlösungsmitteln, Zeit Online, 27.6.2014; https://www.zeit.de/kultur/2014-06/primark-discount-shopping-berlin, 24.10.2019

[29] Madeleine Hill: How To Buy Less, Choose Well and Make it Last, Good On You, 8.6.2018; https://goodonyou.eco/how-to-buy-less-choose-well-and-make-it-last/, 24.10.2019

[30] Gabriela Herpell: Beth Ditto über Armut: „Wir hatten nie genug zu essen", SZ.de, 7.5.2016; https://www.sueddeutsche.de/leben/beth-ditto-ueber-armut-wir-hatten-nie-genug-zu-essen-1.2978103?reduced=true; 24.10.2019

[31] Dirk Schönlebe: Die Qual der Wahl. Barry Schwartz, in: Forum Ware, Internationale Zeitschrift für Warenlehre, H. 1–4/2006, S. 73

[32] Dirk Schönlebe: Die Qual der Wahl. Barry Schwartz, in: Forum Ware, Internationale Zeitschrift für Warenlehre, H. 1–4/2006, S. 74

[33] Jörg Oberwittler: Federn lassen fürs Gewissen?, FAZ.NET, 7.12.2018; https://www.faz.net/aktuell/stil/mode-design/so-weiss-man-ob-man-die-winterjacke-guten-gewissens-kaufen-kann-15918636.html, 24.10.2019

[34] Nadine Oberhuber: Sharing Economy. Gutes Teilen, schlechtes Teilen, Zeit online, 19.7.2016; https://www.zeit.de/wirtschaft/2016-07/sharing-economy-teilen-tauschen-airbnb-uber-trend, 16.10.2019

[35] Apple und Samsung müssen in Italien Millionenstrafen zahlen, Spiegel Online, 24.10.2018; https://www.spiegel.de/wirtschaft/unternehmen/apple-und-samsung-muessen-in-italien-millionenstrafen-wegen-obsoleszenz-zahlen-a-1234943.html, 16.10.2019

[36] Jost Maurin: Gesundheitsgefahr durch Fleisch. Steaksteuer könnte Tausende retten, taz, 8.11.2018; https://taz.de/Gesundheitsgefahr-durch-Fleisch/!5546513/, 17.10.2019

[37] Maike Backhaus, Frank Schmiechen: Höhere Steuer auf Wurst und Steak gefordert. Ist weniger Fleisch wirklich gut fürs Klima?, Bild, 8.8.2019; https://www.bild.de/politik/inland/politik-inland/steuern-auf-wurst-ist-weniger-fleisch-wirklich-gut-fuers-klima-63823514.bild.html, 17.10.2019

[38] Zur Ökobilanz von Pflanzenmilch, Albert Schweitzer Stiftung für unsere Mitwelt, 9.3.2018; https://albert-schweitzer-stiftung.de/aktuell/oekobilanz-pflanzenmilch, 24.10.2019

[39] Jörg Blech: Win-win-Diät. Gesund essen hilft, die Welt zu retten. Warum es an der Zeit ist, die Ernährung grundlegend umzustellen – ein Kommentar. Spiegel Online, 18.1.2019; https://www.spiegel.de/plus/gesund-essen-hilft-die-welt-zu-retten-a-00000000-0002-0001-0000-000161911819, 24.10.2019

[40] Vgl. Jan Rosenkranz: Das darf nicht weg! So viel Lebensmittel schmeißt jeder von uns in den Müll, stern.de, 1.12.2018; https://www.stern.de/wirtschaft/news/lebensmittel-landen-im-muell--wie-wir-das-aendern-koennen-8472510.html, 24.10.2019

[41] Jonathan Safran Foer: Wir sind das Klima! Wie wir unseren Planeten schon beim Frühstücken retten können, Köln 2019

[42] Ebd.

[43] Vgl. Auf Regenwald gegrillt, WWF Deutschland, 22.8.2017; https://www.wwf.de/2017/august/auf-regenwald-gegrillt/, 24.10.2019

[44] Nicht so einfach zu ersetzen, in: Öko-Test Ratgeber Kosmetik, 05/2017

[45] WWF-Bericht. Für Palmöl gibt es kaum umweltfreundliche Alternativen, Spiegel Online, 30.8.2016; https://www.spiegel.de/wissenschaft/natur/palmoel-alternative-oele-koennen-umweltprobleme-verschaerfen-a-1110104.html, 24.10.2019

[46] Kein Palmöl ist auch keine Lösung, WWF Deutschland, 30.8.2016; https://www.wwf.de/2016/august/kein-palmoel-ist-auch-keine-loesung/, 26.10.2019

[47] Christian Wüst: Schädlinge ohne Auspuff, in: Der Spiegel, 42/2018, 13.10.2018

[48] Gernot Kramper: Unfallzahlen 2018. Das Fahrrad ist das tödlichste Verkehrsmittel, stern.de, 10.7.2019; https://www.stern.de/auto/news/unfallzahlen---das-fahrrad-ist-das-toedlichste-verkehrsmittel-8793654.html, 20.10.2019

[49] Scheuers Fahrradhelm-Werbung. „Peinlich, altbacken und sexistisch", taz, 24.3.2019; https://taz.de/Scheuers-Fahrradhelm-Werbung/!5582661/, 20.10.2019

[50] Klaus Gietinger: Vollbremsung. Warum das Auto keine Zukunft hat und wir trotzdem weiterkommen, Frankfurt/Main 2019, S. 20/21

[51] Vgl. Julia Haase: Na, heute schon richtig geduscht?, Welt, 12.5.2017; https://www.welt.de/kmpkt/article164471625/Na-heute-schon-richtig-geduscht.html, 21.10.2019

[52] Vgl. Andrea Hoferichter: Klimaanlagen sind Klimakiller, SZ.de, 9.9.2019; https://www.sueddeutsche.de/wissen/klimaanlage-energieverbrauch-kuehlmittel-1.4589436, 21.10.2019

[53] Bye bye Stand-By: EU-Kommission sagt Leerlaufverlusten den Kampf an, Umweltbundesamt, 17.7.2008; https://www.umweltbundesamt.de/presse/pressemitteilungen/bye-bye-stand-eu-kommission-sagt-leerlaufverlusten, 24.10.2019

[54] Waschnüsse fallen bei Stiftung Warentest durch, SZ.de, 23.7.2019; https://www.sueddeutsche.de/wirtschaft/immobilien-waschnuesse-fallen-bei-stiftung-warentest-durch-dpa.urn-newsml-dpa-com-20090101-190723-99-167958, 20.10.2019

[55] Die drohende Klimakatastrophe, titel thesen temperamente, 21.10.2019; https://www.daserste.de/information/wissen-kultur/ttt/sendung/sendung-vom-20102019-138.html, 25.10.2019

[56] Gloria Steinem: Aufbruch. Wie die Hoffnung auf ein gerechteres Miteinander mein Leben bestimmt, München 2019

[57] Erich Kästner: Es gibt nichts Gutes, außer: Man tut es, Zürich 2015

IMPRESSUM

© 2020 GRÄFE UND UNZER VERLAG GmbH, München

Projektleitung: Maria Hellstern, Angela Gsell
Redaktion und Lektorat: Alexandra Bauer (textwerk, München)
Covergestaltung: independent Medien-Design, Horst Moser, München
Coverfoto: Gräfe und Unzer Verlag, Gaby Gerster
Herstellung: Markus Plötz
Satz und Innenlayout: Björn Fremgen, KONTRASTE
Reproduktion: Repro Ludwig, Zell am See
Druck und Bindung: CPI BOOKS, Ulm

ISBN 978-3-8338-7064-4
1. Auflage 2020

Die GU-Homepage finden Sie unter www.gu.de

 www.facebook.com/gu.verlag

Umwelthinweis:
Dieses Buch ist auf FSC-zertifiziertem Papier aus
nachhaltiger Waldwirtschaft gedruckt.

Ein Unternehmen der
GANSKE VERLAGSGRUPPE